유시민의 헌법 에세이
후불제 민주주의

유시민 지음

돌베개

후불제 민주주의
— 유시민의 헌법 에세이

유시민 지음

2009년 3월 9일 초판 1쇄 발행
2024년 12월 30일 초판 35쇄 발행

펴낸이 한철희 | 펴낸곳 주식회사 돌베개 | 등록 1979년 8월 25일 제406-2003-000018호
주소 (10881) 경기도 파주시 회동길 77-20 (문발동)
전화 (031) 955-5020 | 팩스 (031) 955-5050
홈페이지 www.dolbegae.co.kr | 전자우편 book@dolbegae.co.kr

책임편집 김희진 | 편집 이경아·조성웅·고경원·신귀영
교정·교열 오경철 | 표지디자인 박대성 | 본문디자인 이은정·박정영
마케팅 심찬식·고운성 | 제작·관리 윤국중·이수민 | 인쇄·제본 영신사

ISBN 978-89-7199-330-9 03340
책값은 뒤표지에 있습니다.

이 도서의 국립중앙도서관 출판시도서목록(CIP)은 e-CIP 홈페이지
(http://www.nl.go.kr/cip.php)에서 이용하실 수 있습니다.(CIP제어번호: CIP2009000706)

유 시 민 의   헌 법   에 세 이

후불제 민주주의

머리말

이 책은 대한민국 헌법에 관한 에세이인 동시에 나 자신의 삶에 대한 이야기이기도 하다. 나는 이 책에서 대한민국의 과거와 현재에 대한 나의 관점과 해석을 명료하고 정직하게 서술하려고 노력했다. 그 핵심은 '후불제 민주주의'라는 용어를 제안한 프롤로그와 선악에 대한 상념을 적은 에필로그에 요약해두었다.

제1부는 헌법의 당위當爲에 관한 것이다. 주로 헌법의 기본권 조항을 소재로 삼아, 우리 사회가 지향하고 실현해야 할 가치와 목표가 무엇인지를 살핀다. 이것을 이해하는 데는 특별한 법률 지식도 법학 이론도 필요하지 않다. 보통 수준의 문장 독해력과 최소한의 논리적 사고 능력만 갖추고 있다면 누구나, 이명박 정부가 대한민국 헌법이 담고 있는 민주공화국의 정신과 국민 기본권을 파괴하고 있다는 사실을 알 수 있다. 민주주의를 제대로 누리려면 국민이 그 비용을 지불해야 한다. 주권자로서의 권리를 잘 알고 그 권리를 적극적으로 행사하기 위해 수고를 아끼지 않는 국민들만이 헌법이 규정한 기본권을 제대로

누릴 수 있다. 나는 대한민국 국민이 헌법을 실현하는 데 들어가는 비용을 아직 충분히 지불하지 않았다고 생각한다.

제2부는 권력의 실재實在에 관한 것이다. 헌법의 절차에 따라 국민에게서 권력을 위임받는 대의민주주의 정부와 국회의 권력이 실제로 어떻게 만들어지고 운영되는지를 살폈다. 권력의 실재와 헌법의 당위 사이에는 많은 차이가 있다. 권력의 민주성은 당위와 실재 사이의 거리에 반비례한다. 이명박 정부가 출범한 후 당위와 실재가 크게 멀어졌다는 사실을 우리는 날마다 느끼고 있다. 여기에서는 정부와 국회와 정당에 참여하면서 얻은 경험을 토대로 당위와 실재의 격차를 만들어내는 요인이 무엇이며 이 격차를 줄이려면 어떻게 해야 할 것인지에 대한 내 생각을 밝혔다.

세계경제가 대공황을 방불케 하는 실물위기로 빠져드는 가운데 한국 경제와 국민의 삶은 그 끝을 내다보기 어려운 침체의 내리막길에 접어들었다. 여기에다 암울했던 독재 시대를 재현하는 정치권력의 천박한 속물적 행태가 시민들을 더욱 우울하게 만든다. 그래서인지 미래에 대한 희망을 말하는 사람을 찾아보기 어려워졌다. 그러나 나는 더 나은 미래가 기다리고 있다는 것을 믿는다. 한국인들은 대한민국 정부 수립 이후 60여 년 동안 다른 어느 사회와 비교해보아도 뒤지지 않을 정도로 잘해왔다. 지금 한국 사회를 덮친 경제적·정치적 위기가 어디에서 비롯된 것인지를 제대로 성찰하기만 한다면 앞으로 더 잘할 수 있을 것이다. 나는 이 책에서 그렇게 믿는 이유를 밝히려고 노력했다.

자유와 민주주의를 위해 번민하고 싸우고 헌신하고 목숨을 바친 동서고금의 모든 선인先人들에게 감사드린다. 오늘 나는 그분들 덕에 권력 비판을 담은 이 책을 펴낼 수 있다. 부모님과 아내, 형제자매와 아이들, 이웃과 학교의 선후배들, 지난 시기 정치적 선택을 함께했던 수많은 동지들, 공직 생활을 하는 동안 물심양면 힘을 보태주었던 모든 분들께 충심으로 감사드린다. 일일이 그분들을 거명하면서 감사 인사를 드릴 수 없어 너무나 송구스럽다.

지난 1년 동안 나는 '인간의 도리'를 다하지 못했다. 마땅히 가서 애도와 축하를 드렸어야 할 수많은 장례식과 결혼식을 그냥 흘려보냈다. 숱한 모임과 행사 초대를 받고서도 전화 한 통화로 양해를 구했다. 일상의 삶도 제대로 챙기지 못하는 무능력 때문에 본의 아니게 전화조차 하지 않은 채 건너뛴 모임과 행사도 하나둘이 아니었다. 그 모든 결례에 대해 이 지면을 빌려 용서를 청한다. 정치를 하면서 매우 다양한 인간관계를 맺었다. 주로 무엇인가 내가 받기만 하는 관계였다. 작은 정성이라도 돌려드리려 했으나, 읽고 생각하고 쓰고 또 읽어야 하는 내 존재 양식이 그것을 허용하지 않았다. 그 모든 분들께 감사드리며 다시 한 번 너그러운 용서를 구하고자 한다.

내가 어려울 때마다 집필실을 내주고 작업을 격려해주시는 돌베개의 한철희 사장님, 기획과 편집을 함께 하면서 꼼꼼하게 원고를 검토해준 김희진 님, 혹시 내 기억이 실제 있었던 일과 다른 점이 없는지 살펴준 여러 벗들에게 감사드린다. 그분들의 호의와 격려에 힘입어 집필을 마무리할 수 있었다. 혹시라도 사실관계나 해석에 오류가 있다면, 그것은 전적으로 내가 감당할 몫이다.

2009년 2월
유시민

 **차례**

머리말 4

프롤로그 권력의 역주행에 대처하는 현명한 자세 11

1부 헌법의 당위

행복 29 | 자유 36 | 주권 42 | 유신헌법 47 | 양복 입은 침팬지 54 | 존재와 당위 58
자연 63 | 진보와 보수 66 | 지구 행성 73 | 파시즘 78 | 경쟁 85 | 국가 88 | 복지 94
헌법애국주의 100 | 애국자 105 | 국가 정체성 109 | 법치주의 115 | 미네르바 123
차별 128 | 종교 133 | 학생 인권 141 | 체벌 146 | 재산권 149 | 통일 154

2부 권력의 실재

대의민주주의 163 | 이무기 169 | 역린 175 | 대통령 178 | 알바언론 악플언론 183
낚시 189 | 국부 197 | 정치 중립 200 | 위선 206 | 카리스마 212 | 심기보좌 216
측은지심 222 | 장관 227 | 코드 인사 232 | 이미지 237 | 추심 240 | 인내 244
관운 247 | 피터의 원리 253 | 장관 매뉴얼 256 | 공무원의 영혼 260 | 부정부패 263
리더십 268 | 멍텅구리배 274 | 신임 280 | 영어 286 | 도서관 291 | 국회의원 297
정치인 수입 개방 305 | 정당 311 | 최장집 320 | 지역주의 330 | 민주당 334
사회자유주의 337 | 연합정치 343 | 장하준 349 | 지식소매상 356

에필로그 선과 선의 연대를 위하여 361

프롤로그
권력의 역주행에 대처하는 현명한 자세

성공한 나라, 불행한 국민

세상은 제 갈 길을 간다. 세상의 변화는 때로 내 소망과 잘 어우러지기도 하지만 어떤 때는 정반대로 치닫기도 한다. 이런 상황에서는 어떻게 해야 하는 것일까? 1989년 중국 톈안먼天安門 사건 때 맨몸으로 인민해방군 탱크 행렬을 막아선 남자가 있었다. 탱크가 그를 깔아뭉개지 않으려고 좌우로 진로를 바꾸자 같은 방향으로 따라 움직이면서 막아섰다. 그 남자가 나중 어떻게 되었는지는 모르겠지만, 많은 지구촌 시민들이 아직도 그 장면을 기억할 것이다. 이 '이름 모를 영웅'은 그 '평범함' 때문에 보는 사람의 마음을 더욱 크게 움직였다.

그때 탱크를 움직인 것은 중국공산당의 실질적 지도자 덩샤오핑鄧小平의 명령이었다. 덩샤오핑은 톈안먼 민주화 시위 무력 진압을 지시하고 시위 주동자들을 처형하라고 명령했다. 대한민국 보통 시민들이 보기에 덩샤오핑은 중국 인민의 자유를 억압한 독재자였고 탱크를 막아선 남자는 민주화 투쟁의 영웅이었다. 그 남자는 자신의 소망을 짓밟는 권력의 문명 역주행을 온몸으로 저지하려 했고, 그 때문에 큰 고

프롤로그 _ 권력의 역주행에 대처하는 현명한 자세

초를 겪었을 것이다. 그런데 톈안먼 광장의 탱크 행진이 권력자의 명령이 아니라 다수 중국 인민들의 요구에 따른 것이었다고 가정하면 이야기가 달라진다. 탱크를 막아선 행위가 진짜 영웅적인 행위라고 단언하기가 힘들어지는 것이다.

이명박 대통령을 정점으로 한 보수 정부가 출범한 이후, 나는 어떤 비판과 반대에도 개의치 않고 불도저처럼 무작정 밀어붙이는 정치권력의 야만적 행태를 그저 보고만 있다. 이명박 정부는 시민의 자유와 인권을 억압하면서 헌법 정신과 민주주의 절차를 짓밟고 있다. 그 어떤 정책에 대해서도 공청회나 토론회를 여는 법이 없고, '그들만의 밀실'에서 결정한 정책에 항의하는 국민의 행동을 오로지 힘으로 제압하려 한다. 한반도 상공에 이념 대립과 군사력 대치의 먹구름이 다시 드리우면서 한때 다사롭게 비쳤던 평화의 햇살이 자취를 감추었다. 그런 가운데 국민경제와 서민의 삶은 출구가 보이지 않는 위기의 터널에 진입하는 중이다. 그런데 누구에게도 정치권력의 이러한 '문명 역주행'을 저지할 힘이 없다.

나는 나 자신에게 묻는다. 이런 일이 반드시 일어났어야만 했는가? 이렇게 보고만 있는 게 과연 옳은가? 잠정적인 결론을 말하자면, 오늘 우리가 목격하고 체험하는 상황이 반드시 벌어져야 할 불가피한 사태는 아니었을지 모른다. 그러나 그냥 생략하고 건너뛸 수 있었던 상황 또한 아니라고 본다. 이명박 정부와 보수 세력의 '문명 역주행'은 더 행복해지려고 하는 다수 국민의 욕망을 연료로 삼아 시동을 걸었으며, 아직도 그 동력을 상실하지 않았다. 이명박 대통령과 보수 세력에게 권력을 맡겼던 국민들은 당황하고 있지만 아직 판단을 명확하게 바꾸지는 않았다. 국민들이 추가적인 연료 공급을 완전히 중단하고 남아 있는 관성의 힘마저 다 소진한 후에야, 비로소 이명박 정부의 '문명 역주행'은 멈춰 서게 될 것이다. 지금 진행 중인 역주행의 끝이 어디쯤일지는, 아직 가늠하기 어렵다.

이명박 정부의 '문명 역주행'은 우연한 사건이 아니다. 그것은 대한민국의 성공한 역사가 만들어낸, 역설적이지만 피하기 어려운 현상이다. 대한민국은 분명히 성공한 나라다. 보통 성공한 게 아니라 크게 성공했다. 100여 년 전 한반도에는 왕이 다스리는 신분제 봉건국가 조선이 있었다. 조선왕조의 마지막 왕은 대한제국을 표방하고 황제를 칭했지만, 실제 조선은 형편없이 가난하고 허약한 나라에 지나지 않았다. 백성들에게는 말할 자유도 없었고 직업 선택과 거주이전의 자유도 없었다. 조선은 결국 총과 대포가 발언권을 행사하던 제국주의 시대의 격랑을 견디지 못하고 일제 식민지로 전락하는 비운을 맞았다.

제2차 세계대전이 끝나 제국주의 시대가 막을 내리면서 세계 각지에서 수많은 국가가 새로 태어났다. 대한민국도 그때 첫걸음을 내디뎠다. 그 많은 신생국가들 가운데 대한민국만큼 성공한 나라는 별로 없다. 우리 민족은 해방과 동시에 미국과 소련의 대결로 인한 분단의 비극을 겪었다. 게다가 한국전쟁으로 수백만 명이 죽거나 다쳤고, 국토가 온통 잿더미로 변했다. 그러나 대한민국은 그 무서운 시련을 이

프롤로그 _ 권력의 역주행에 대처하는 현명한 자세

겨내고 반세기 만에 높은 수준의 산업국가로 발전했다. 젊은이들의 대학 진학률은 세계에서 가장 높다. 유아사망률과 문맹률은 세계 최저 수준이다. 정치적으로도 미국과 유럽에 크게 뒤지지 않는 자유로운 민주주의 국가가 되었다. 과학기술도 선진국을 맹렬히 추격하는 중이며, 영화와 드라마 등 한국 문화의 명성은 좁은 국경을 넘어선 지 이미 오래다. 세계 역사에서 비슷한 예를 찾기 어려울 정도로 밝게 빛나는, 그야말로 기적과도 같은 성공을 거둔 것이다.

국가와 더불어 국민도 성공했다. 어느 정도 유복한 대한민국 국민의 소비생활은 100여 년 전 왕과 정승, 판서 들이나 누렸을 법한 수준을 넘어섰다. 국민 누구나 자기의 취향과 가치관에 따라 삶을 설계하고 나름의 꿈을 추구할 권리를 인정받으며, 권력의 눈치를 살피지 않고 자기 의견을 말할 수 있게 되었다. 북한을 제외하면 세계 어느 곳이든 마음대로 여행할 수 있다. 아무리 큰 어려움에 빠진다 할지라도 마음만 단단히 먹으면 거리에서 구걸하거나 굶어 죽지 않을 수 있도록 국가가 보살펴준다. 수백 년 민주주의와 산업화 역사를 가진 나라들에 비해서는 아직도 부족한 것이 많지만, 다른 어떤 신생국가의 국민도 이렇게 큰 경제적·정치적·사회적·문화적 진보를 성취하지는 못했다.

그런데 성공한 나라의 성공한 국민들이 행복하지가 않다. 지난 60여 년 동안 이룬 성취에 만족하지 않는 것이다. 몇 해 전 영국 신경제학재단 New Economics Foundation이 세계 178개국을 대상으로 조사한 국민행복지수 조사에서 대한민국은 102등을 차지했다. 문화방송 MBC과

후불제 민주주의

한국사회학회가 2008년 8월 실시한 조사에서 자기의 삶이 행복하다고 한 국민은 24.1%에 지나지 않았다. 국민의 무려 74.7%가 삶이 행복하지 않다고 대답했다. 세계를 통틀어 대한민국이라는 국가와 그 국민의 삶에 대한 평가가 제일 박한 곳이 바로 대한민국이 아닌가 싶다.

성공한 대한민국에서 행복하지 않았던 것은 국민만이 아니다. 이 성공을 이끈 국가 지도자들도 행복하지 않았다. 이승만 '건국 대통령'은 임기 중 하야하고 망명했다. 4·19혁명으로 집권했던 윤보선 대통령은 쿠데타 세력에게 권력을 빼앗겼다. 경제 발전의 기초를 마련했다는 공로를 인정받아 오늘날 전직 대통령 국민 인기도 1위의 명예를 누리는 박정희 대통령은 심복의 총탄에 목숨을 잃었다. 전두환, 노태우 두 대통령은 임기를 마친 후 12·12군사반란을 일으키고 천문학적 규모의 뇌물을 받은 죄로 구속되었다. 군부 쿠데타의 위험을 제거하고 금융실명제 등 혁명적 제도 개선을 이루었던 김영삼 대통령은 외환위기를 일으켜 국민의 지탄을 받았으며, 퇴임 후에도 존경받기 어려운 언행을 보였다.

외환위기에서 나라를 건져냈던 김대중 대통령은 아들들이 관련된 부패 스캔들로 인기를 잃었고, 퇴임 후에는 일생을 걸고 추진했던 한반도 평화 정책이 보수 정권에 짓밟히는 사태를 가슴 아프게 지켜보아야 했다. 정치권력과 경제권력, 언론권력의 '특권 카르텔'을 청산하고 국가균형발전의 새로운 길을 열고자 했던 노무현 대통령은 전임자의 모든 정책을 부정하는 후임자의 집요한 보복적 권력 행사에 속수무책

프롤로그 _ 권력의 역주행에 대처하는 현명한 자세

으로 당하고 있는 중이다. 취임하자마자 인기가 바닥으로 떨어진 현직 대통령은 혼자만의 열정과 확신을 가슴에 품은 채 불만에 가득 찬 표정으로 '진심을 몰라주는 국민'과 심각하게 다투고 있다. 이명박 대통령은 남은 임기 내내 그 싸움을 계속할 것이다.

경제적 번영과 민주주의, 어느 하나도 쉽게 얻을 수 없는 가치이지만 대한민국은 이 둘 모두를 손에 넣었다. 그런데 국민도 지도자도 행복하지 않았다. 이명박 정부 '문명 역주행'의 동력은 바로 여기에서 나왔다. 더 행복해지고 싶어하는 국민의 열망이 이명박 정부를 만들었으며, 문명의 흐름을 거슬러 가는 이 정부에 여전히 정치적 동력을 공급하고 있다. 이명박 대통령은 더 행복해지고 싶어하는 국민의 소망을 충족하기 위해 진지하게 노력하고 있다. 문제는 그가 선택한 방법이 국민들을 더 행복하게 해줄 수 없는 '문명 역주행'이라는 데 있다.

나는 지금 망명 중이다. '내적 망명'이다. 이웃이나 국가가 아니라 나 자신의 삶에 천착하고 있다. 철골 콘크리트로 만들어진 도시 한가운데 살면서 정신적·정치적 유배 생활을 하고 있는 것이다. 개인적으로는 아무 불만이 없다. 배역을 맡지 못한 배우에게 합당한 공간은 타인의 공연을 조용히 감상할 수 있는 어두운 객석이기 때문이다. 나는 지금 무대에 올라갈 권리가 없다고 생각한다. 그런데 이명박 정부의 '문명 역주행'은 그저 구경만 해도 되는 강 건너편의 불이 아니다. 나도 한 사람의 시민으로서 그에 대처하는 현명한 방법을 찾아야 한다. 모든 사람이 받아들일 수 있는 일반적인 방법을 찾으려는 욕심은 없다. 그저 조금이라도 덜 불행한 마음으로, 또는 조금이나마 더 행복한 마음으로 내 소망과는 정반대로 가는 세상의 변화에 적절하게 대처하는 나만의 방법을 찾아야 한다. 아주 만족스럽지는 않지만 그런대로 쓸 만한 답을 찾은 것 같기는 하다.

'행복을 찾는 나만의 방법'은 모든 것을 긍정적으로 생각하면서 현실의 변화를 받아들이는 데서 시작된다. 그리고 그 현실 속에서 나와 남을 조금이라도 더 행복하게 만드는 데 확실하게 도움이 되는 구체적인 일을 찾아 실천하는 데서 완결된다. 어떤 일이 나 자신과 다른 사람을 더 행복하게 만드는지를 찾는 데 지침이 되는 안내서는 대한민국 헌법이다. 거기에 행복을 추구하는 인류의 꿈이, 그 꿈을 이루기 위해 우리 사회가 지향해야 할 가치와 만인이 따라야 할 사회적 행동의 원칙이 다 들어 있기 때문이다. 나는 대한민국 헌법에서 사회적 인간으로서 추구하고 준수해야 할 가치와 규범을 다시 배우는 중이다. 현실이 암담해 보이는 때일수록 헌법의 가치와 규범은 더 환한 빛을 낸다.

이것 또한 지나가리라

지난 60여 년 동안 대한민국은 빠르게 변해왔다. 어느 한 해도 '국가적으로 중요'하지 않은 시기가 없었던 '격동 60년'이다. 2008년 역시 예외가 아니었다. 2008년은 대한민국 역사의 중대한 전환점이다. 우리는 1961년 5·16군사반란 이후 처음으로, 사회와 역사의 큰 흐름이

프롤로그 _ 권력의 역주행에 대처하는 현명한 자세

역류하는 상황을 체험하고 있다. 지금 대한민국에서는 헌법의 가치와 규범을 훼손하는 사회와 역사의 퇴행이 진행되고 있는 듯하다. 물론 이것은 어디까지나 개인적인 소견일 뿐이다. 절대적으로 옳은 견해라고 주장하지는 않겠다. 다만 이 책을 통해 최근의 사회 변화에 대해서 나와 비슷한 느낌을 받는 독자들을 만나려고 한다는 점만큼은 분명히 해두고 싶다. 이제야 나라가 제대로 서고 사회와 역사가 올바른 길에 들어섰다고 생각하는 분들은, 굳이 이 책을 읽을 필요가 없을 것이다.

　나는 지금 목격하는 역사의 퇴행을 나에게는 불가피한 현실로 받아들인다. '나에게는 불가피한 현실'이란, 내가 바람직하지 않다고 생각하지만 내 힘으로는 당장 바꿀 수 없는 현실을 의미한다. 아무리 욕하고 저주하고 한탄해도, 그 현실을 바꾸는 데는 별로 효과가 없다. 이럴 때는 그 현실을 있는 그대로, 내 삶의 조건으로 받아들여야 한다. 이렇게 하면 나 자신의 주관적 소망에 대해 적당히 비판적 거리를 유지하면서 삶을 영위할 수 있게 된다. '행복학'을 강의하는 차동엽 신부가 즐겨 인용하는 말씀도 도움이 된다. "이것 또한 지나가리라." 그렇다. 이 역사의 퇴행 또한 지나갈 것이다. 이렇게 생각하면 그 다음에 올 변화는 무엇일지 예측하고 준비하는 데 필요한 마음의 여유를 얻을 수 있다. 이것이 내가 취하고자 하는, '원하지 않는 세상의 변화에 대처하는 자세'이다.

　사실 나는 무척 운이 좋은 사람이다. 과거 지구 행성에 살았거나 지금 살고 있는 인간 일반의 관점에서 보면, 노력에 비해 너무나 큰 것

후불제 민주주의

을 받았다. 50년 전 유라시아 대륙 동쪽 끝 반도 국가 대한민국의 남쪽에서 태어난 것이 무엇보다 큰 행운이었다. 100년 정도만 일찍 태어났더라면 나는 왕권 국가 질서와 신분제도의 벽에 갇혀 사상의 자유와 표현의 자유를 빼앗긴 채 살아야 했을 것이다. 끊임없이 내전이 벌어지는 아프리카 오지에서 태어났다면 나이 50이 될 때까지 살아남기조차 어려웠을 것이다. 휴전선 북쪽에서 태어났다면 '인민의 자유와 권리'를 억압하고 박탈함으로써만 존립할 수 있는 국가체제의 피해자 또는 가해자가 되었을지 모른다.

게다가 나는 특별한 육체적·정신적 불편 없이 태어나 지금까지 큰 어려움 없이 살아왔다. 나쁘지 않은 재능을 상속받았고, 그리 어렵지 않게 공부해 좋다는 대학을 나왔다. 유럽 유학도 했다. 큰 재산을 모으지는 못했지만 대한민국 평균 이상의 소득을 얻으며 살았고, 내게는 이보다 더 훌륭할 수 없는 어머니와 아내와 아이들과 형제자매가 있다. 젊은 시절에 포악한 권력에 대들었다가 고초를 겪기는 했지만 죽지도 않았고 크게 다치지도 않았고 징역을 오래 살지도 않았다. 게다가 40대에 벌써 국회의원을 두 번 하고 장관까지 했다. 수십만 년 호모사피엔스의 역사에서 이만 한 행운을 누린 인간은 정말로 흔치 않을 것이다.

그런데 이 행운이 그저 우연히 주어진 것은 아니다. 그 대부분이 내가 아는 또는 알지 못하는, 동서고금의 수없이 많은 사람들이 선한 뜻을 실현하려고 분투한 덕분에 마치 우연인 양 내게 찾아왔다. 자유

프롤로그 _ 권력의 역주행에 대처하는 현명한 자세

를 위해 투쟁한 동서고금의 선지자와 투사들이 있었다. 대한민국이 있었다. 국립대학이 있었다. 출판 산업과 방송 산업이 있었다. 언론 자유와 민주주의가 있었다. 그랬기에 나의 삶도 그렇게 펼쳐질 수 있었다. 나는 이 행운을 온전히 받아들이면서 내 삶을 더 큰 행복으로 채우는 것이 그 선한 의지와 분투를 대하는 마땅한 도리라고 생각한다. 그리고 내 능력이 허용하는 범위 안에서, 내가 아는 또는 알지 못하는 다른 누군가의 행운을 위해, 내가 살아 있는 동안 할 수 있는 일을 힘닿는 만큼 하는 것이, 내 삶을 더 큰 행복으로 채우는 비결이라고 믿는다. 나는 그 일을 내가 잘할 수 있는 '나만의 방법'으로 해나갈 것이다.

이렇게 생각하면서 세상을 둘러보면 원치 않는 세상의 변화도 담담하게 받아들일 수 있다. 세상은 많은 사람들이 원하는 쪽으로 변화한다. 내가 원하지 않는 세상의 변화는 내 소망이 다수의 소망과 일치하지 않는다는 증거이다. 다수의 생각과 그에 따른 현실을 인정할 수밖에 없다. 나의 소망을 다수의 소망과 일치하도록 바꾸어서 마음이 편해진다면 그렇게 해도 좋을 것이다. 하지만 도저히 그렇게는 못 하겠다면, 다수가 나와 같은 소망을 가지게 만들어야 한다. 그러자면 노력을 많이 해야 하고 시간도 오래 걸린다. 숨을 깊게 들이쉬고 천천히 내쉬면서 걸어가야 한다. 그렇게 견디고 노력하면서 마침내 내 소망과 다수의 소망이 일치하는 때를 기다리는 것이다. 그런 면에서 분명 '기다리는 것'도 좋은 전략이 될 수 있다.

후불제 민주주의

후불제 민주주의

운이 따르면 어떤 개인은 노력한 것보다 훨씬 큰 성공을 거둘 수 있다. 개인뿐만 아니라 집단도 일시적으로는 그럴 수 있다. 그러나 한 사회나 국가가 긴 세월에 걸쳐 그런 행운을 누릴 수는 없다고 나는 생각한다. 개인은 공짜로 무엇인가 얻을 수 있지만 사회 전체가 공짜로 가치 있는 무엇을 가질 수는 없다. 그 '가치 있는 무엇'의 대표적인 예가 민주주의다.

대한민국은 처음부터 민주공화국이었다. 1948년 7월 17일 제헌의회가 대한민국을 민주공화국으로 규정하고 그 정치적·경제적·사회적 기본 질서를 담은 첫 헌법을 공포한 순간부터 그랬다. 대한민국의 역사는 3·1운동의 정신과 중국 상하이에서 수립된 임시정부에 그 뿌리를 두고 있다. 현행 헌법은 전문前文에서 '대한민국은 3·1운동으로 건립된 대한민국임시정부의 법통을 계승한다'고 명시해두었다. 제헌헌법 전문은 더 적극적으로, "유구한 역사와 전통에 빛나는 우리들 대한국민은 기미 삼일운동으로 대한민국을 건립하여 세계에 선포한 위대한 독립정신을 계승하여 이제 민주독립국가를 재건"한다고 선언했다.

제헌헌법에 따르면 대한민국은 1948년이 아니라 1919년에 건립되었다. 제헌헌법은 1919년에 건립되었던 대한민국을 '민주독립국가'로 '재건'하는 헌법이었던 것이다. 이명박 정부가 2008년을 '건국 60주년'으로 규정한 것은 심각하고 중대한 헌법 유린 행위이다. 이것은 대한민국 역사에서 처음 있는 일이다. 대한민국임시정부를 정치적

프롤로그 _ 권력의 역주행에 대처하는 현명한 자세

으로 홀대하고 헌법을 휴짓조각처럼 무시하면서 국민의 기본권을 탄압했던 과거의 독재자들도, 적어도 말로는 제헌헌법과 현행 헌법 전문이 선언한 대한민국임시정부의 법통을 부정하지 않았다. 헌법 전문을 공개적으로 짓밟는 정권이 헌법의 다른 기본권 조항을 존중할 리가 없다.

나는 대한민국 헌법 전문이 선언한 대로 대한민국이 3·1운동과 대한민국임시정부의 법통을 계승한 정통성 있는 민주공화국이라는 데 전적으로 동의한다. 그러나 우리 국민이 제헌헌법이 규정한 민주적 기본 질서를 온전히 누리기 위해 치러야 할 비용을 다 지불했다고는 생각하지 않는다. 대한민국 헌법은 충분한 대가를 지불하지 않고 손에 넣은 일종의 '후불제後拂制 헌법'이었고, 그 '후불제 헌법'이 규정한 민주주의 역시 나중에라도 반드시 그 값을 치러야 하는 '후불제 민주주의'였다.

대한민국 제헌헌법은 미군이 한반도의 북위 38도선 이남을 군사적으로 점령했기 때문에 그러한 모습을 가질 수 있었다. 마찬가지 이치에서 옛 소련 군대가 점령한 38선 이북에서는 소비에트 헌법을 본뜬 사회주의 헌법이 채택되었다. 제헌의회는 유럽과 아메리카 민주주의 선진국 헌법을 큰 틀에서 '복제'하면서 "농지는 농민에게 분배"(제헌헌법 제86조)한다는 등 특수한 한국적 현실에 대한 배려를 가미했다. 대한민국 헌법은 이렇게 해서 인류가 20세기에 도달한 최고의 문명 수준까지 단숨에 올라설 수 있었다.

후불제 민주주의

헌법이 담고 있는 국민의 기본권 조항 하나하나에는 인류의 문명사가 들어 있다. 자유와 평등, 인권과 평화, 복지와 사회적 안정을 갈망하는 인간의 오랜 꿈을 담은 헌법 조문들은 그 꿈을 현실로 만들기 위해 고뇌하고 싸우고 노력하고 헌신한 동서고금 수없이 많은 사람들의 땀과 눈물과 피로 쓰였다. 제헌헌법 덕분에 우리 국민들은 그 의미가 무엇인지 정확하게 알지 못하는 상태에서 사상과 표현의 자유, 집회와 결사의 자유, 공정한 재판을 받을 권리를 얻었다. 양성평등이 대중적 의제가 되기도 전에 여성들이 동등한 참정권을 부여받았다. 산업화가 이루어지기도 전에 노동3권이 주어졌다. 대한민국은 시민혁명을 거치지 않고 곧바로 민주공화국이 된 것이다.

대한민국임시정부와 독립지사들의 희생과 헌신만으로는 충분하지 않았다. 우리는 대한민국 정부 수립 이후 60여 년 동안 꾸준히 그 비용을 '후불'했다. 1960년 4·19혁명의 용감한 '형님'과 '언니'들이, 1980년 5·18 당시 전남도청의 시민군 전사들이, 1987년 6월 전국 주요 도시의 거리를 뒤덮었던 익명의 시민들이 엄청난 수고와 희생을 치렀다. 보이는 또는 보이지 않는 곳에서 헤아릴 수 없이 많은 지식인과 언론인, 노동조합 지도자와 대학생들, 종교인과 정치인, 농민과 회사원들이 체포와 구금, 해고와 고문의 위협을 무릅쓰고 민주주의를 이루기 위해 분투했다. 이 모두가 민주공화국에 들어가는 비용을 '후불'한, 위대한 시민 행동이었다.

민주주의는 헌법과 제도만으로 이루어지지 않는다. 자기가 나라

프롤로그 _ 권력의 역주행에 대처하는 현명한 자세

의 주인이라는 주권 의식, 헌법과 민주적 절차에 대한 적절한 이해, 공정한 경쟁 규칙의 수립과 경쟁 결과에 대한 승복, 생각이 다른 타인에 대한 존중과 배려. 이 모든 것들이 어우러져 민주공화국을 만든다. 대한민국 국민들은 지난 60년 동안 이 모든 것을 아주 잘해냈다. 우리는 앞으로도 긴 세월에 걸쳐 '후불제 민주주의'의 비용을 정산해야 할 것이며, 지난 시기 잘해낸 것처럼 미래에도 잘해나갈 것이다.

'후불제 민주주의'는 때로 권력자의 선한 의지에 의존한다. 대통령을 비롯해 각종 권력기관을 운영하는 사람들이 헌법의 정신과 민주주의 원칙을 존중하려는 자세를 지니고 있으면 국민들이 후불해야 할 민주주의 비용이 줄어든다. 그럴 때 국민들은 민주주의가 이제 돌다리처럼 튼튼해졌다고 생각한다. 그러나 그런 자세가 결여된 집단이나 개인이 권력을 장악하면 상황이 순식간에 역전된다. 국민을 두려워하지 않고 국민의 기본권을 존중하지 않는 권력에 맞서 자기의 자유와 권리를 지키고 행사하기 위해 주권자 스스로 나서야 하는 사태가 벌어지는 것이다. 이럴 때 민주주의를 원하는 국민들은 개인적·집단적으로 엄청난 비용이 드는 시민 행동을 스스로 조직할 수밖에 없다. 촛불집회가 바로 그런 것이었다.

이명박 정부의 '문명 역주행'은 후불제 민주공화국에서는 언제든지 일어날 수 있는 현상이다. 선거를 통해서든 직접행동에 의해서든 국민은 정치권력의 '문명 역주행'과 헌법 파괴 행위를 언젠가 반드시 끝낼 것이다. 그런데 짧은 기간에 제대로 끝내지 못하면 국가 전체가

후불제 민주주의

회복하기 어려운 손상을 입게 된다. 바이마르공화국의 '후불제 민주주의'를 무너뜨렸던 히틀러$^{Adolf\ Hitler}$의 나치 제국이, 독일 사회와 국가 전체에 아직까지도 회복되지 않은 심대한 타격을 입혔던 일을 타산지석으로 삼을 필요가 있다.

김대중 전 대통령은 2009년 신년하례 인사말에서 대한민국의 현재 상황을 '경제 위기', '남북관계 위기', 그리고 '민주주의 위기'로 규정했다. 나는 이 진단에 전적으로 공감하며, 특히 이 3대 위기 가운데서도 핵심은 '민주주의 위기'라고 생각한다. '남북관계 위기'는 '민주주의 위기'에서 곧바로 파생되었고, '경제 위기'는 '민주주의 위기' 때문에 더 극복하기 어려워진다. 그런데 작금의 민주주의 위기는 비정상적 병리 현상이 아니다. 이것은 '후불제 민주주의' 그 자체가 처음부터 내포한 잠재적 위험이 현실로 표출된 정상적 현상일 뿐이다. 이명박 정부 5년은 우리 국민이 헌법과 민주주의 절차의 소중함과 '후불제 민주주의'의 취약성을 더 깊이 체험하는 학습 기간이 될 것이다. 이 시기에 충분한 학습이 이루어지지 않으면 민주주의 위기는 더 길어질 수도 있다.

이것이 대한민국 헌법을 다시 공부하면서 얻은, 그리 특별할 것도 없는 결론이다. 어떤 부당한 권력도 영원히 지속되지 않는다. 이명박 정부의 '문명 역주행'은 아무리 오래 지속된다고 해도 2013년 2월을 넘기지 못한다. 문제는 그 다음이다. 그 다음에 또 무엇이 올 것인가? 그것은 그때 다수 국민이 품게 될 소망이 어떤 것이냐에 달려 있다. 그리고 그 소망을 만드는 것은 오늘의 현실에서 슬픔과 노여움을 느끼는 사람들의 몫이다. 각자가 선 자리에서 대한민국 헌법이 부여한 권리와 책임을 일상적으로 실천해나가는 '각성한 시민'이 많아질수록, 그런 시민들이 만드는 작은 공동체와 그들 사이의 연대가 끈끈해질수록, 그 연대를 기반으로 한 시민 행동의 폭과 깊이가 넓고 깊어질수록, 우리의 민주주의는 더 단단해지고 사회는 더 풍요로워질 것이다.

장기적으로 국가 수준은 국민의 평균 수준을 추월하지 못한다. 한국의 민주주의 역시 결국 시민 개개인이 각성하고 진보하는 만큼, 꼭 그만큼씩만 앞으로 나아갈 것이다.

1부
헌법의 당위

행복

나는 왜 태어났고 무엇을 위해 사는가? 어떻게 사는 게 잘 사는 인생인가? 혹시 내가 그 어떤 목적에 쓰이기 위해 태어난 것은 아닐까? 만약 그렇다면 그 목적은 도대체 무엇이라는 말인가? 어린 시절부터 수도 없이 스스로에게 던졌던, 존재의 이유 또는 삶의 목적에 관한 질문이다. 나는 이런 의문을 떠올린 사람이 나 혼자일 리는 없다고 생각했다. 하지만 누구도 마음에 와 닿는 대답을 주지 않았다. 어떤 책에서도 시원한 답을 찾지 못했다.

많은 세월이 흘러 나도 어느덧 나이 50줄에 들어섰다. 세파에 흔들리며 인생의 단맛과 쓴맛을 보는 동안, 나는 이 질문을 거의 잊어버렸다. 돌이켜보면 서른 넘은 후로는 그 누구에게도 물어보지 않았고, 내게 이런 질문을 하는 사람도 없었던 것 같다. 하기야 그 나이에 이런 '실존적 고민'을 토로했다면 철이 덜 난 사람 취급을 받았을지 모른다. 존재의 이유나 삶의 목적에 관해 한번쯤 자문해보지 않은 사람은 아마 없을 것이다. 그런데 또 많은 사람들이 그런 물음 자체를 잊어버린 채 오늘을 살아간다.

그 의문이 다시 찾아왔다. 너는 왜 사느냐? 네가 추구하는 삶의 목표는 무엇이냐? 아직 남은 삶이 너무 길기에 대답을 찾아야 한다. 통계청의 인구 추계에 따르면 큰 병 없이 마흔 살이 된 사람이라면, 예기치 못한 불행이 덮치지 않는 한, 여든까지는 살 것이라고 한다. 나도 앞으로 30년은 더 살 것이다. 이미 중년이나 노년에 접어든 사람도 남은 인생을 위한 지향과 좌표가 있어야 한다. 나도 그렇다.

인생의 목표 또는 삶의 목적에 대해 사람마다 다른 대답을 내놓을 것이다. 억만장자와 가난한 청년의 대답이 같기는 어렵다. 무신론자와 성직자, 철학자와 생물학자, 대기업 경영자와 노동자의 대답도 서로 다를 것이며, 어느 것이 정답이라고 말할 수 없다. 나는 적지 않은 책을 읽고 많은 사람들과 대화하면서 눈이 번쩍 뜨이는 좋은 답을 찾으려고 애썼다. 그런데 상상하지 못했던 엉뚱한 곳에서, 다른 무엇보다도 더 깊이 내 마음에 와 닿는 소리를 찾았다. 그것은 믿을 수 없을 정도로 평범하다. 그리고 아주 오래전부터 거기 있었으며, 사실 누구나 알고 있는 대답이기도 하다.

모든 국민은 인간으로서의 존엄과 가치를 가지며, 행복을 추구할 권리를 가진다. 국가는 개인이 가지는 불가침의 기본적 인권을 확인하고 이를 보장할 의무를 진다.

이것은 이른바 '행복추구권'을 명시한, 대한민국 헌법 제10조이다. 일제 강점기 『폐허』廢墟 동인으로 활동했고 빅토르 위고Victor Hugo의 소설 『레미제라블』Les Misérables을 최초로 번역해 소개했던 소설가 민태원 선생은, 듣기만 해도 가슴이 설레는 말이라며 '청춘'을 '예찬'했다. 선생께는 미안하지만, 나는 「청춘예찬」이 아니라 대한민국 헌법 제10조를 읽을 때 가슴이 설렌다. 괴롭지 않은 청춘이 어디 있으랴만 조금은 별나게 괴로운 청춘을 보내서 그런가. 「청춘예찬」도 설레게 하지 못했던 내 가슴을, 겉모양은 영어 번역문처럼 못나 빠진 헌법 제10조가 두근거리게 만든다. 그렇다. 나는 행복을 추구할 권리를 지닌 존엄하고 가치 있는 인간이다. 대한민국 최고 규범인 헌법이 내가 그런 존재임을 보증하고 있다. 나는 왜 태어났고 무엇을 위해 존재하는가? 헌법은 이렇게 대답한다.

당신은 행복을 추구하기 위해 태어났으며, 당신 자신이 행복하다고 생각하는 삶을 살기 위해 존재합니다. 당신이 재벌 회장의 운 좋은 상속자로 태어났든, 아니면 일하고 또 일해도 끝없이 가난한 비정규직 노동자의 딸 아들로 세상에 나왔든, 국가는 행복을 추구할 당신의 권리를 인정합니다. 당신이 빼어난 재능을 지닌 사람이든, 아니면 남들만큼의 평범한 재능만 가진 사람이든 상관없이, 국가는 당신이 행복을 추구할 권리를 보장합니다. 당신이 여자든 남자든, 당신이 키가 크든 키가 작든, 당신이 힘이 세든 힘이 약하든, 국가는 당신이 행복을 추구할 권리를 존중합니다. 당신은 그 권리를 가지고 태어났으며, 그 권리를 보장하기 위해 국가가 존재합니다. 당신이 국가를 위해서 존재하는 것이 아니라, 국가가 당신을 위해서 존재합니다.

나는 행복하게 살기 위해 태어난 존재이다. 나뿐만 아니라 모든 사람이 다 그렇다. 그런데 다른 누구도 나의 행복을 보장해주지는 않는다. 부모형제도 배우자도 헌법도 그렇게 하지 못한다. 행복한 삶은 나 스스로, 나 나름대로 만드는 것이다. 국가가 보장하는 것은 행복을 추구할 권리이지 행복 그 자체는 아니다.

행복한 인생은 어떤 인생인가. 평생 하고 싶은 일을 하면서, 그 일을 남들보다 잘하면서, 그리고 그 일로 돈을 벌어 가족과 함께 먹고사는 인생. 이런 인생이 행복한 인생, 성공하는 삶이 아닐까 싶다. 높은 지위나 많은 재산이 반드시 행복을 가져다주지는 않는다. 삶을 설계할 때 널리 퍼진 고정관념을 무작정 추종하거나 남의 시선을 지나치게 의식할 필요는 없다. 언제나 중요한 것은 스스로 느끼는 행복의 밀도와 지속 가능성이다. 가치판단의 무게중심을 타인의 평가가 아니라 자신의 내면에 두는 사람만이 농밀한 행복감을 지속적으로 맛볼 수 있다고 나는 믿는다.

읽고 싶은 책을 읽고 쓰고 싶은 글을 쓸 때, 나는 하루하루가 행복하다. 내면이 충만해지고 삶이 온전해지는 느낌에 사로잡힌다. 이 일만큼은 어느 누구한테도 크게 뒤지지 않을 수 있다고 생각하기에 더 행복하다. 풍족하지는 않아도 남에게 폐를 끼치지 않고 살면서 가끔씩은 주변을 돌아볼 수 있을 정도로 돈을 번다면 더 바랄 게 없을 만큼 행복할 것이다. 이것은 나의, 나만의 행복이다. 다른 사람은 나와는 다른 일을 하면서 이런 행복을 얻을 것이다. 나는 대한민국이 언제나 사람들이 각자 자기가 원하는 삶을 추구할 자유와 권리를 인정하고 보장해주는 나라이기를 바란다. 사실 대한민국은 어느 정도 그런 나라가 되었다. 나는 늦게 태어난 것을 큰 행운으로 여긴다. 우리 할아버지, 할머니들이 살았던 세상에는 행복을 추구할 권리를 보장하는 국가 같은 것이 존재하지 않았다.

대한민국 헌법 제10조가 내 가슴을 설레게 하는 것은 그것이 내 존재의 이유를 설명하기 때문이다. 그런데 이 아름다운 말은 도대체 언제부터 거기에 있었을까? 대한민국 헌법에 그것을 적어 넣은 고마운 이는 누구였을까? 그 주인공은 놀랍게도, 나를 포함하여 헤아릴 수 없이 많은 청년들에게 괴롭기 짝이 없는 청춘을 선사했던 바로 그 사람이었다. 자기 자신의 이익과 국민의 이익을 구별할 줄 몰랐던 사람. 그래서 군사반란을 일으키고 국민을 학살하면서 권력을 움켜쥐었던 사람. 대통령이 뇌물을 받지 않으면 기업인들이 불안해져서 투자가 위축되고 국가경제가 멍든다는 '애국적 소신'에 따라 천문학적 규모의 뇌물을 받았던 사람. 29만 원에 불과한 재산을 가지고도 품격 있는 노후생활을 즐기는 현대판 이적異蹟의 주인공. 이름을 대지 않아도 누구나 아는 바로 그 사람이 제5공화국 헌법 초안 작성에 협력한 어떤 헌법학자의 주장을 받아들여 1981년 여덟번째로 헌법을 개정하면서

'행복추구권' 조항을 넣었다.

그림자는 빛의 존재 증명이고 빛은 그림자의 존재 조건이다. 빛이 없으면 그림자도 없다. 만사에는 다 명암明暗이 있기 마련이다. 오로지 좋기만 한 것이 세상 어디에 있으랴. 사람도 그렇다. 아무리 뛰어난 사람도 약한 곳이 있다. 완벽한 인격자처럼 보이는 사람도 알고 보면 크고 작은 결점이 있기 마련이다. 그 역逆도 성립한다. 엄청난 범죄를 저지르고 만인의 손가락질을 받은 사람의 인생에도, 때로는 칭찬할 만한 대목이 없지 않다는 이야기다.

세상은 온통 아이러니로 가득하다. 그러나 무슨 상관인가. 누가 뭐라고 하든, 나는 행복을 추구할 권리를 가진 인간이다. 헌법이 나의 행복 그 자체를 보장해주지는 않지만, 나 스스로 행복을 추구할 권리는 인정하고 있다. 나는 그 권리를 마음껏 행사할 작정이다.

나는 오늘 하루 행복하려고 노력한다. 오늘보다 내일 더 행복해지려고 무엇인가 준비한다. 한번 흘러간 시간은 다시 돌아오지 않는다. 행복은 오늘을 희생해서 내일 얻을 수 있는 그 무엇이라기보다는, 오늘 다음에 내일이 차곡차곡 쌓이면서 만들어지는 것이다. 행복은 결과가 아니라 과정에서 나온다. 나를 우울하게 만드는 소식들이 사방에서 들린다 해도, 지금 이 시각 누릴 수 있는 기쁨과 행복을, 내일 누릴 행복을 준비하는 것을 그 때문에 포기하지는 않을 것이다.

"우리는 민족중흥의 역사적 사명을 띠고 이 땅에 태어"나지 않았다. 어떤 초월적 존재가 자기의 뜻을 드러낼 수단으로 창조한 피조물도 아니다. 국가와 민족의 영광을 위해 희생되어 마땅한 존재 역시 아니다. 우리 모두는 행복을 누릴 권리를 지니고 세상에 온, 스스로 귀한 존재들이다.

자유

행복은 객관적인 실체가 아니다. 행복은 각자의 내면에 있는, 만족스러운 심리상태를 말한다. 가슴이 벅차오르고, 입가에 억누를 수 없는 미소가 번지고, 자기 자신이 대견하게 느껴지면 그 사람은 행복하다. 사람은 다 다르다. 겉모습뿐만 아니라 마음도 다 다르다. 그래서 누구나 행복을 추구하지만 그 방법과 내용이 서로 달라진다. 평생 함께 산 일란성쌍둥이도 다른 점이 있다고 한다. 외모도 성격도 취향도 인생관도, 사람은 다 제각각이다. 그러나 행복을 추구하는 사람 모두에게 절대적으로 필요한 것이 있다. 그것이 자유라고 나는 믿는다.

　　타인의 자유와 권리를 부당하게 침해하지 않는 범위에서, 무엇이든 내가 원하는 일을 원하는 방법으로 할 수 있어야 사람은 행복할 수 있다. 내게 자유가 목숨을 바쳐도 아깝지 않을 만큼 소중한 것은 바로 그 때문이다. 인류 역사에서 수없이 많은 사람들이 자유를 얻기 위해 싸우다 목숨을 잃었다. 자유가 없는 곳에서는 자유를 얻기 위해 싸우는 것이 최고의 행복이 되기도 한다. 내가 오늘 대한민국에서 누리는 자유는 전적으로 그런 분들의 헌신과 희생 덕분에 얻은 것이다.

후불제 민주주의

　프랑스대혁명 당시 거리 전투에서 사망한 이름 모를 파리 시민들, 미국 헌법을 성안한 '건국의 아버지들', 백범 김구 선생과 같은 독립운동가들, 4·19혁명 때 서울 경무대 앞에서 총을 맞고 스러진 형님, 누님들과 5·18 당시 전남도청에서 죽음을 맞았던 시민군들에게 나는 자유를 빚지고 있다. 더 멀리 거슬러 올라가면 자유와 해방을 위해 반란을 일으켰던 로마제국의 노예 검투사 스파르타쿠스Spartacus에게까지 빚지고 있다. 나치 독일과 제국주의 일본의 전체주의 체제를 쓰러뜨리는 데 생명을 바친 자유세계의 전쟁 영웅들에게도 나는 빚지고 있다. 동서고금을 통틀어 자유를 위해 일어섰고 싸웠고 죽고 다치고 박해받았던 모든 사람에게 나는 자유를 빚지고 있다. 자유는 귀하고 아름답지만, 자유의 역사는 인간의 피와 눈물로 얼룩져 있다. 자유의 역사를 통해 그들 모두와 연결되어 있다는 사실이 나는 기쁘고 자랑스럽다. 자유로운 대한민국으로 가는 넓은 길을 만드는 데 작은 돌 하나를 놓았던 내 젊은 날에 대해서도 커다란 자부심을 느낀다.

　자유는 분할할 수 없는 보편적 가치이다. 자유는 전면적으로 보장되거나 전면적으로 억압된다. 자유를 삶의 어떤 영역에서는 허용하고 다른 영역에서는 박탈하는 사회는 장기간 지속될 수 없다. 자유를 전면적으로 보장하는 사회에는 일상적 삶의 단면마다 다양성이 흘러넘치기 마련이다. 음악을 예로 들면 클래식 마니아에서 나훈아 광팬까지, 자유로운 나라에서 사람들은 저마다 다른 장르의 음악을 즐긴다. 유신 정권과 전두환 정권은 수백 곡의 대중가요를 방송 금지곡으로 묶었다. 권력자의 가치관과 취향에 어긋난다는 것이 그 이유였다. 히틀러와 스탈린 Iosif Stalin 같은 독재자들도 모두 어떤 장르의 음악은 장려하고 다른 장르의 음악을 박해했다.

요즘 대한민국에서 다시 그런 일이 벌어지고 있다. 세계적인 가수 비의 노래 〈레이니즘〉 rainism 은 가사에 들어 있는 '매직 스틱' magic stick 과 '바디 셰이크' body shake 라는 표현 때문에 '19금' 판정을 받아 방송에 나올 수 없게 되었다. 형광 막대를 돌리면서 몸을 흔드는 비의 공연을 우리나라 방송에서는 볼 수 없게 된 것이다. 청소년보호위원회의 이 '검열'이 어디까지 확대될지 두고 볼 일이다.

나는 오래된 가수들 중에서는 심수봉 씨를 특히 좋아한다. 그의 노래 중에도 한때 방송 금지의 멍에를 썼던 것이 여럿 있다. 나는 심수봉의 음색을 흉내내지 못한다. 그는 '고음불가' 코너에 출연하면 딱 좋을 내 성대로는 접근조차 할 수 없는 음역 音域에서 노니는 가수이다. 하지만 1978년도 대학가요제에서 피아노를 치며 조금은 청승맞게 불렀던 〈그때 그 사람〉, 그 노래를 처음 들었던 그 순간 이후 지금까지 나는 변함없이 심수봉의 노래를 좋아한다. 요즘 가수들 중에는 〈싸구려 커피〉를 부른 '장기하와 얼굴들'에게 마음이 끌린다. 한대수, 송창식, 정태춘, 산울림을 몽땅 섞어놓은 것 같은 분위기와 민망하리만큼 리얼한 가사, '문방구 선글라스'를 끼고 매우 나태한 몸동작으로 일관하는 백댄서 '미미 시스터즈'까지, 뭐라 말하기 어려운 매력이 있다.

하필 왜 이 가수들이 좋은지는 설명하기 어렵다. 좋은 데는 이유

후불제 민주주의

가 있겠지만 그것을 늘 분석하고 설명할 수 있는 건 아니다. 다른 사람들은 역시 분석하기 어려운 다른 이유로 다른 가수들을 좋아한다. 그런데 가끔씩은 누가 일부러 그렇게 하지 않았는데도 대중의 음악 취향이 획일화된다. 아주 많은 사람들이 거리로 몰려나와 평소 좋아하는 노래를 팽개치고 똑같은 노래를 부른다. 월드컵처럼 국민 누구나 함께 즐길 만한 이벤트가 열릴 때, 또는 정부와 정치인들이 국민의 뜻에 어긋나는 대형 사고를 일으킬 때 이런 일이 생긴다. 대통령 탄핵 규탄 촛불집회와 한미 쇠고기협정 반대 촛불집회가 그랬다. 그때 불렀던 대표적인 노래가 〈헌법 제1조〉였다. 가사는 대한민국 헌법 제1조 그대로다. 작곡자는 〈전대협진군가〉를 비롯해 수많은 '민중가요'를 만들었던 윤민석이다. 대한민국 헌법 제1조는 이렇게 말한다.

① 대한민국은 민주공화국이다.
② 대한민국의 주권은 국민에게 있고, 모든 권력은 국민으로부터 나온다.

이것이 바로 행복을 추구하기 위해 내게 꼭 필요한 자유, 그 자유를 보장하는 헌법 조항이다. 대한민국이 민주공화국이고, 내가 그 민주공화국의 주권자이기 때문에 나는 자유를 누릴 수 있다. 촛불을 들고 거리에 나온 사람들은 행복을 추구할 권리를 보장받기 위해, 주권자로서 누리는 의사 표현의 자유와 집회 시위의 자유를 행사한 것이다. 그들은 대한민국 헌법 제1조가 진실임을 굳게 믿고 있었다.

그런데 헌법 제1조는 과연 진실일까? 깨달음은 당연해 보이는 것에 대한 회의에서 시작된다. 의심의 화살을 쏘아보지 않고는 진리에 대한 확신을 얻을 수 없다. 검증 없는 믿음은 이성의 무덤이다. 고대 그리스 철학자이자 알렉산드리아 대도서관 관장이었던 에라토스테네스Eratosthenes는 알렉산드리아에서 남동쪽으로 800킬로미터 떨어진 시에네라는 도시에서는 하지夏至 정오에 땅에 꽂은 막대기에 그림자가 생기지 않는다는 파피루스 기록을 보았다. 그는 같은 시각 알렉산드리아에서 측정한 막대기 그림자의 길이와 각도를 이용한 간단한 기하학적 계산만으로 지구 둘레가 약 4만 킬로미터라는 사실을 알아냈다. 무려 2,200년 전의 일이다. 그는 지구가 평평하다는 고정관념을 의심했고, 결국 지구가 둥글다는 사실을 명확하게 논증함으로써, 행성의 크기를 측정하는 데 성공한 최초의 인간이 되었다. 코페르니쿠스Nicolaus Copernicus의 지동설, 케플러Johannes Kepler의 행성 타원 궤도 역시 우주가 지구를 중심으로 돌고 행성은 완전한 원 궤도를 돈다는 당대의 고정관념을 의심한 데서 나온 발견이었다.

헌법이 보장하는 자유는 무엇보다 먼저, 만인이 신봉하는 것처럼 보이는 명제의 진실성을 의심하고 질문할 수 있는 자유이다. 그래서 묻는다. 대한민국은 민주공화국인가? 대한민국의 주권은 정말 국민에게 있는가? 우리가 일상에서 경험하고 목격하는 모든 권력은 정말로 국민에게서 나온 정당한 권력인가? 대한민국 헌법을 처음 읽어본 이

후불제 민주주의

후 35년이라는 긴 시간이 흘렀지만, 나는 아직도 그렇다는 확신을 얻지 못했다.

1부 헌법의 당위 _ 주권

주권

기나긴 인류의 역사에 비추어보면, 대한민국 헌법 제1조는 매우 새롭고 낯선 사상이다. 현생인류인 호모사피엔스는 적어도 십수만 년 전, 길게 보면 40만 년 전 지구 행성에 나타났다고 한다. 인간이 쇠와 구리 같은 금속을 다루고 문자를 쓰고 간단한 법률을 만드는 등 문명을 형성한 지는 '고작해야 5,000여 년밖에 되지 않았다. 단군 할아버지가 한반도에 나라를 세웠다는 신화가 역사적 사실을 제대로 반영한다고 치면, 우리 민족 문명의 나이는 이제 '겨우' 5,000년이다.

세계 모든 문명국가의 헌법 첫머리에 들어 있는 '주권재민'主權在民 또는 '인민주권'人民主權이라는 관념이 만들어져 널리 퍼진 것은 짧은 문명의 역사에서도 극히 최근에 벌어진 일이다. 루이 16세Louis XVI와 마리 앙투아네트Marie Antoinette 왕비를 단두대에서 처형한 1789년 프랑스 대혁명을 출발점으로 본다면 200년을 겨우 넘겼다. 남녀와 빈부를 따지지 않고 모든 국민에게 동등한 투표권을 주는 보통선거 제도가 인민주권 사상의 보편적 표현형식으로 자리 잡은 것은 100년도 되지 않았다. 대한민국은 1948년에 헌법을 제정했으니, 이제 막 60년이 지났다.

후불제 민주주의

단군 할아버지가 5,000년 전에 터를 잡은 한반도에서 이런 사상이 지배적 사상이 된 지가 겨우 60년밖에 되지 않은 것이다. 대한민국 국민들 가운데 연세가 아주 많은 분들은 나라의 주권이 '고종 황제 폐하'와 일본 왕에게 있던 시절을 직접 체험했다.

나라의 주권이 국민에게 있다는 헌법 제1조는 인간의 진화적 본능과 충돌한다. 인간은 장구한 세월 동안 지도자를 맹목적으로 추종하면서 살았다. 반항하는 자에게는 죽음과 파멸이 있을 뿐이었다. 유전학자들이 인간 화석의 '미토콘드리아 DNA'를 매개로 삼아 현생인류의 발생과 이동 경로를 추적한 결과에 따르면, 아프리카에서 처음 출현한 호모사피엔스는 수십만 년에 걸쳐 지구 행성의 모든 대륙으로 퍼져나갔다고 한다. 문명이 시작되기 전까지 호모사피엔스는 작은 무리를 이루어 다른 동물과 별 차이가 없는 삶을 영위했다. 이 무리를 지배한 것은 언제나 육체적·정신적으로 강한 개체였고, 무리의 다른 구성원들은 그를 추종해야만 생존을 도모할 수 있었다.

문명이 발생한 후에도 마찬가지였다. 지배권력을 차지하려면, 또는 지배자를 거역하려면 목숨을 걸어야 했다. 한반도에서는 통일신라 이후 지배자의 혈통을 교체하는 역성혁명易姓革命이 딱 두 번 성공했다. 성공한 지도자는 고려와 조선의 태조太祖가 되었다. 그 나머지는 모두 참혹한 최후를 맞았다. 지도자 또는 권력자에게 대항한 자는 본인은 물론이요, 배우자와 자식과 일가친척까지 모두 처형되거나 노예 신세로 전락했다. 살아남으려면 무조건 복종해야 했다.

이러한 진화적 시간의 흐름 속에서 지도자를 추종하라는 명령이 우리 몸 유전자와 뇌세포 안에 필수적인 행동 매뉴얼로 각인되었다. 동물행동학을 연구하는 학자들은 인간의 사회적 행동을 규제하는 행동 매뉴얼의 집합을 '문화유전자'meme라고 부른다. 『이기적 유전자』 The Selfish Gene라는 유명한 책에서 생물학자 리처드 도킨스Richard Dawkins는 문화유전자도 변이와 경쟁, 자연선택을 통해 다음 세대로 전승된다고 주장했다.

주권재민 사상이 지배하는 사회에 살고 있지만, 우리의 몸과 마음은 아직 이 사상에 진화적 적응을 하지 못했다. 자기가 나라의 주인이라고 생각하며 행동하는 것은 유전자에 새겨진 매뉴얼이 아니라 학습과 사회화를 통해 대뇌피질에 기록된 최신 정보들이다. 내가 행복을 추구할 권리를 지닌 귀한 존재이며 이 존엄성을 구현하려면 자유를 누려야 한다는 생각, 내가 나라의 주인이라는 의식, 국민에서 나오지 않았고 국민의 동의를 얻지 못하는 권력은 정당성이 없다는 가치판단, 내가 국가의 것이 아니라 국가가 내 것이라는 사상은 모두 본능이 아닌 지성적 사유의 산물이다. 이것이 국가권력과 국가 지도자를 여전히 두려움과 맹목적 추종의 대상으로 받아들이도록 하는 진화적 본능과 충돌하는 것이다.

대한민국 헌법 제1조는, 헌법 첫자리를 차지하고 있지만, 현실에서는 유리그릇만큼이나 깨어지기 쉬운 사상이다. 어떤 계기가 주어져 권력에 대한 공포와 맹목적 추종의 본능이 광풍을 일으키면 자유와 이성에 바탕을 둔 문명의 질서는 단박에 무너지고 만다. 인류의 문명사에는 그런 사례가 수도 없이 기록되어 있다. 이집트 알렉산드리아의 대도서관을 거점으로 삼아 만개했던 고대 그리스의 위대한 철학과 과학은 로마제국의 지배 아래서 병들어가다가 외부의 침략으로 폐허가 되었다. 세속권력과 손잡은 기독교의 종교권력은 유럽 대륙을 1,000년의 암흑에 빠뜨렸다. 독일 바이마르공화국이 인종주의와 국가주의, 지도자 숭배가 결합된 야만 국가 나치 제국으로 바뀌는 데 걸린 시간은 겨우 몇 해 정도에 불과했다.

탄생한 지 60여 년이 되었고, 국민이 실제적인 주권자로 등장한 지 겨우 20년이 지난 대한민국이 혹시 이와 비슷한 위기 상황에 직면해 있는 것은 아닐까? 나는 요사이 그와 같은 위기의 도래를 예고하는 징후를 감지한다. 자기 의견을 말할 자유를 억압하고 권력에 대한 공포감을 조장하면서 헌법이 보장한 국민 기본권을 파괴하는 권력 사용 행태, 다른 생각을 가진 개인과 집단에 대한 공공연한 공적·사적 폭력 행사, 이성적·논리적 논쟁에 대해 혐오감을 조장하는 일부 언론권력의 반지성주의 대중 조작과 같은 전조前兆들이 나타나고 있는 것이다. 민주공화국의 깃발을 높이 걸고 잠시 평탄하게 항해하던 대한민국 호는 바야흐로 원시적 본능과 문명적 이성이 충돌하는 거센 역사의 풍파 속으로 진입하는 중이다.

대한민국은 앞으로 더 거세질지도 모르는 이 풍파를 잘 헤쳐 나갈 것이다. 많은 고난과 희생이 따르겠지만, 그 누구도 한번 자유를 맛보고 권리의 소중함을 체험한 국민들을 다시 권력에 대한 두려움과 맹목적 추종의 본능 아래 복속시킬 수는 없다고 나는 믿는다. 동량재가 될 나무는 응달에서 자란다. 흔들리지 않고 피는 꽃은 없다. 모진 비바람 속에서 뿌리 깊은 나무가 선다. 이 시련을 통해 한국 사회는 권력자의 선의에 의지하지 않는 민주주의를 제대로 세우게 될 것이다.

후불제 민주주의

유신헌법

지도자를 맹목적으로 추종하면 삶이 간단해진다. 지도자에게 모든 것을 위임하면 무엇이 옳은지 머리 아프게 생각할 필요가 없다. 스스로 선택하지 않으면 책임질 일도 없다. 자유에는 책임이 따르지만 맹목적 추종은 그렇지 않다. 국가와 권력자에 대한 비판이 허용되지 않는 사회에서는 무소불위의 권력에 대한 공포감이 무조건적 추종의 본능을 증폭시킨다. 그래서 왕왕 국민들은 국가 지도자가 국민의 권리를 박탈하고 국가의 주권을 사유화하는 것을 보면서도 압도적 지지를 보낸다. 우리 역사에서 가장 특이한 헌법이었던 유신헌법은 이렇게 해서 탄생했다.

    100여 년 전 우리 조상들은 머리카락을 자르라는 국가의 명령을 거부해 폭동을 일으키고 목숨을 끊기까지 했다. 사람이 제 머리카락 모양과 길이를 마음대로 할 자유조차 없는 시절이 있었던 것이다. 어른들은 벌써 해방되었지만 대한민국의 청소년들은 여전히 머리카락 길이와 모양, 색깔에 대한 국가의 통제와 억압 아래 놓여 있다. 내가 속한 세대의 남자들은 중고등학생 시절 2센티미터 범위 안에서만 머리카락 길이를 자기 마음대로 할 자유를 누렸다.

　대한민국 헌법을 처음 읽은 것이 그때였다. 아마 국민윤리가 아니면 사회 과목 교과서였을 것이다. 당연히 그 헌법은 박정희 대통령이 1972년 10월 유신 쿠데타를 일으켜 만든 소위 '유신헌법'이었다. 그는 어느 날 갑자기 장갑차를 보내 정부청사와 방송사를 점령했고 국회를 해산했으며 야당 지도자를 잡아 가두었다. 이것이 바로 '10월 유신'이라고 일컬어지는 현직 대통령의 친위 쿠데타였다. 그는 국민을 공포 분위기에 몰아넣은 가운데 헌법을 개정했다. 유신헌법은 그 내용과 개정 절차 등 모든 면에서, 아홉 번 개정된 열 가지 헌법 중 단연 특이했다.

　유신헌법 제1조 제1항은 그 이전의 헌법이나 현행 헌법과 똑같았다. "대한민국은 민주공화국이다." 그런데 제2항이 특별했다. "대한민국의 주권은 국민에게 있고, 국민은 그 대표자나 국민투표에 의하여 주권을 행사한다." 이게 도대체 무슨 뜻인가? 국민이 주권자이기는 하지만 자기 마음대로 또는 직접 주권을 행사해서는 안 된다는 뜻이었다.

　국민은 아주 가끔씩 주권을 행사할 수 있었다. 국민들은 통일주체국민회의 대의원을 뽑았고, 이 대의원들이 서울에 모여 대통령을 선출했다. 예를 들면 1978년 7월 6일 오전 10시 통일주체국민회의는 서울 장충체육관에서 박정희 후보를 제9대 대통령으로 선출했다. 대의원 2,583명 가운데 심각한 사정이 있었던 다섯 명이 불참했다. 투표에 참가한 대의원 2,578명 중 2,577명이 박정희 단일 후보를 지지했다. 나머지 한 표는 반대가 아니라 무효였다. 통일주체국민회의는 득표율

99.9%라고 발표했지만 유효 투표만 계산하면 단일 후보에 100% 찬성이었던 것이다. 그들은 명색만 대의원이었을 뿐 국민 누구의 뜻도 대의代議하지 않았다. 박정희 대통령은 "북한 공산당의 위협에서 국가 안보를 지킨다"는 것을 명분으로 유신체제를 만들었지만, 정작 그가 만들고 운영한 선거제도는 공산당 일당독재만도 못한 것이었다. 이런 것에 과연 선거라는 이름을 붙일 수 있는지, 이런 일을 한 사람이 대한민국 역대 대통령 중에서 가장 인기 있는 대통령이라는 사실을 어떻게 해석해야 좋을지, 나는 모르겠다.

국회의원은 한 선거구에 두 명씩 뽑았다. 국회의원 정수의 3분의 1은 대통령이 임명했다. 여당 하나 야당 하나 당선되니 여당인 민주공화당이 전체 의석의 3분의 2를 차지했다. 대통령이 임명한 국회의원들은 '유신정우회'라는 단체를 만들었다. 1978년 제9대 국회의원 총선에서 집권 민주공화당은 득표율 38.7%로 딱 절반인 73석의 지역구 의석을 얻었지만, 유신정우회 73석을 합친 여당 의석은 정확히 의원 정수의 3분의 2인 146석이 되었다. 이렇게 하니 대통령이 마음을 먹으면 통과시키지 못할 법률이 없었다. 입법부立法府 국회는 '통법부'通法府라는 별칭을 얻었다.

국민들은 또한 대통령이 국민투표안을 발의해 투표하라고 할 때 투표했다. 국민투표는 유신헌법에 대한 찬반 투표 한 번밖에 없었다. 92.9%가 투표했고 91.5%가 찬성했다. 주권자인 국민은 통일주체국민회의 대의원 선거와 국회의원 선거, 그리고 국민투표 말고는 단 한

번도 주권을 행사할 기회를 가지지 못했다.

　　박정희 대통령은 국민들이 헌법을 잘 지킬 수 있도록 세심하게 배려하는 지도자였다. 당시 유신체제에 반대하는 '일부 몰지각한 국민'들이 헌법에 어긋나는 방식으로 직접 주권을 행사하려고 했다. '국부' 國父로서 자상하게 만백성을 보살폈던 박정희 대통령은 헌법을 잘 지키는 대다수 선량한 국민들을 극소수 불순한 국민들한테서 격리하고 보호하기 위해 만전을 기하였다. 유신헌법 제53조 대통령 긴급조치권은 이처럼 '자상한 배려'의 소산이었다. 대통령은 긴급조치를 발동하여 헌법의 모든 다른 조항들이 보장한 국민의 자유와 권리를 정지시킬 수 있었다. 이 조치는 어떤 다른 법률의 제약도 받지 않았다. 그 정당성과 효력에 대해 법원에서 다투는 것도 허용하지 않았다. 유신헌법에 대한 비판은 긴급조치 위반이었다. 긴급조치를 비판하는 것도 긴급조치 위반이었다. 심지어는 긴급조치 위반 사건에 대해서 허가 없이 보도하는 것도 모두 긴급조치 위반이었다.

　　이 얼마나 완벽하고 아름다운 독재의 폐쇄회로인가. 요즘 논란이 되고 있는 소위 '사이버모욕죄'나 국정원의 정보수집 활동 범위 확대를 위한 법안 같은 것은 여기에 비하면 그야말로 아이들 장난이나 다름없다. 박정희 대통령은 7년 동안 무려 아홉 번이나 긴급조치를 발동해, 헌법에 나와 있는 자유와 권리를 누리려 한 국민들을 영장 없이 체포하고 고문했다. 군법회의에 넘겨 감옥에 가두었고 심지어는 죽여서 몰래 갖다 버렸다는 의혹까지 있다. 그런데도 국민들은 그를 가장 훌

룡한 전직 대통령으로 평가한다. 박정희 대통령은 확실히 보통 사람이 아니었다.

나는 박정희 대통령이 나쁜 의도를 가지고 독재를 한 악당이라고 생각하지는 않는다. 그는 '수출 100억 달러'와 '1인당 국민소득 1,000달러' 같은 국가 목표를 종교적 숭배의 대상으로 승격시켰다. 이 목표를 이루는 데 도움이 된다면 어떤 나쁜 수단 방법도 마다하지 않았다. 오늘의 기준으로 보면 무척 소박한 목표이지만, 1인당 국민소득 100달러도 되지 않았던 시대로 돌아가 생각해보면 실로 야심만만한 목표였다. 그는 국민들이 이와 같은 국가 목표를 개인적 삶의 목표로 내면화하도록 언론과 교육을 통제하고 사상과 표현의 자유를 박탈했으며, 절대권력에 대한 공포감과 지도자에 대한 맹목적 추종 본능을 불러일으키는 데 탁월한 능력을 발휘했다.

유신체제는 '종신 대통령'의 죽음과 함께 무너졌다. 유신헌법도 폐기되었다. 박정희 대통령과 유신체제는 '자기 성공의 희생자'였다. 그는 민주주의를 파괴하는 방법으로 산업화의 기초를 놓는 데 성공했다. 그런데 그렇게 해서 탄생한 산업사회는 더 이상 독재자의 철권통치를 고분고분 받아들이지 않았다. 배가 너무 고픈 사람은 일시적으로 자유가 박탈되는 것을 어느 정도 참을 수 있다. 그러나 경제발전에 반드시 독재가 필요하지는 않는다는 것, 그리고 자유 없이는 삶의 행복을 누릴 수 없다는 사실을 언젠가는 반드시 깨닫게 된다. 주권자인 국민은 무엇이든 원하는 것을 가질 권리가 있으며 또 실제로 가지려고 한다. 헌법이 보장하는 자유와 인권에 한번 눈뜬 국민을 장기간 억누르는 일은 누구도 할 수 없다. 박정희 대통령도 예외가 아니었다.

유신헌법이 폐기되면서 헌법 제1조도 달라졌다. 헌법 제1조 제1항과 제2항은, 1948년 최초 제정 당시 제1조와 제2조로 헌법에 들어온 이후, 늘 그 자리에 그대로 있었다. 무려 아홉 번이나 개정되었지만 유신헌법의 경우를 제외하면 토씨 하나 달라지지 않았다. 전두환 대통령은 통일주체국민회의 이름을 대통령선거인단으로 바꾸는 새 헌법을 만들면서 헌법 제1조 제2항을 원래대로 돌려놓았다. 유신헌법 제53조 대통령 긴급조치권도 삭제했다. 전두환 씨는 목숨 걸고 쿠데타를 하긴 했지만 자기가 양아버지로 모셨던 박정희 대통령에 비하면 훨씬 순박하고 마음 약한 인물이었다고 할 수 있다.

1987년 6·10민주항쟁으로 전두환 대통령의 강권통치가 사실상 막을 내린 이후 국민의 주권이 꾸준히 강화되면서 지도자에 대한 맹목적 추종 본능은 사라진 것처럼 보인다. 대통령을 직접 선출한 지난 20년 동안 국민들은 두려움 없이 대통령을 욕했다. 그러나 지도자에게 의존하고 지도자를 맹목적으로 추종하려는 욕망 또는 본능은 여전히 살아 있다. 대통령을 향한, 왕왕 뚜렷한 사실적 근거가 없는 대중적 비난 풍조는 맹목적으로 추종해도 되는 지도자에 대한 갈망과 그리움의 이면裏面인지도 모른다. 책임 의식이 빈약한 사람일수록 좋은 지도자를 만들어내는 데 필요한 행동은 하지 않으면서 지도자에 대한 불평을 심하게 늘어놓는 경향이 있다. 다수 국민이 이런 식으로 행동하면 민주주의 그 자체가 위험에 빠지게 된다.

    민주주의에 대한 상식과 교양이 부족한 지도자는 민주주의에 대한 일시적 위협 요인이 된다. 이명박 대통령은 그런 면에서 우리의 민주주의를 위태롭게 한다. 그러나 그보다 더 위험한 것은 주권 의식과 책임 의식이 부족한 국민 자신이다. 억제할 수 없는 주관적 욕망에 사로잡혀, 아무런 방법도 제시하지 않은 채 그 욕망을 무제한 충족시켜 주겠다고 공언하는 거짓 구세주에게 열광적인 지지를 보내는, 그리고 그 욕망이 충족될 가능성이 없는 것으로 드러나면 가차 없이 돌아서서 또 다른 메시아를 고대하는 무책임한 주권자는 민주주의 자체를 위협한다. 결국 민주주의는 시민 개개인이 스스로를 계몽하고 발전시키는 꼭 그만큼씩만 앞으로 나아간다.

1부 헌법의 당위 _ 양복 입은 침팬지

양복 입은 침팬지

 유신헌법은 조잡한 습작이 아니었다. 그 세련된 터치를 보면 전문가의 솜씨임을 한눈에 알 수 있다. 이 '아름다운 독재의 폐쇄회로'를 디자인한 이는 누구였을까? 유신헌법은 두뇌는 명석하나 심성은 혼탁, 명문대학 출신의 법률 전문가들이 만들었다. 나는 그런 사람들을 '양복 입은 침팬지'라고 부르는 게 합당하다고 생각한다. 그들은 남이 아니다. 우리 자신이다. 내 안에도 그 침팬지가 살고 있다. 이 침팬지를 제압하고 길들이지 못하면 문명이 야만으로 복귀한다.
 대한민국은 텔레비전 드라마 왕국이다. 한국 드라마의 명성은 국경을 뛰어넘은 지 이미 오래다. 탤런트 이영애 씨가 출연한 〈대장금〉은 일본과 중국 등 동아시아뿐만 아니라 중동과 아프리카, 러시아에서도 전무후무한 시청률을 기록했다고 한다. 1990년대 중반 독일 베를린 어느 '친북 교민' 집에서 3박 4일 동안 라면만 먹으면서 드라마 〈모래시계〉를 본 북한 대남사업 관계자들이 이렇게 말했다고 들었다. "아하, 〈이름 없는 영웅들〉에 버금가는 대작이로다!" 〈이름 없는 영웅들〉은 한국전쟁 당시 미국 CIA를 상대로 맹활약한 북한 스파이 조직을 다룬 드라마라고 하는데, 국가보안법 때문에 아직 나는 감상할 기회를 얻지 못했다. '대발이 아버지' 이순재 씨를 국회의원으로 만들었던 대박 드라마 〈사랑이 뭐길래〉는 대가족 문화를 그리워하는 중국 시청자들을 단숨에 빨아들였다.

한국 드라마 왕국의 최고봉에 작가 김수현이 있다. 그 이름은 하나의 브랜드가 되었다. '김수현 드라마'는 그저 재미를 주는 드라마가 아니다. 그는 평범한 사람들의 삶이 내포한 모순과 부조리의 예민한 부위를 매우 유쾌한 방식으로 드러낸다. 그의 드라마가 매우 보수적이라고 비판하는 사람도 있지만 〈엄마가 뿔났다〉와 같은 것을 보면 꼭 그렇게 단정할 수도 없다. 드라마를 통해 느끼는 작가 김수현은 적당히 냉소적이면서 기분 나쁘지 않을 정도로 도도하다. 나는 이런 분위기가 좋아서 '김수현 드라마'를 즐겨 본다.

무척 오래전 일이다. 김수현 선생이 사위를 보았을 때 어느 품격 있는 잡지와 인터뷰를 했다. 사위는 명문대를 나온 소위 수재 스타일 남자라고 보도되었다. 정확한 문장은 기억나지 않지만 그와 기자 사이에 이런 대화가 이어졌다.

"사위의 어떤 점이 마음에 드세요?"
"맑은 사람이에요."
"머리 좋은 사람을 더 좋아하실 것 같은데……"
"명석하지 않은데 맑을 수가 있나요."

명석함과 맑음에 대한 이 말은 오래도록 내 기억에 남았다. 그렇다. 두뇌가 명석하지 않으면 심성이 맑기 어렵다. 분별없는 탐욕과 그 탐욕이 잉태하는 끔찍한 범죄는 우둔함과 관계가 깊다고 나는 생각한다. 그러나 두뇌가 명석하다고 해서 심성이 꼭 맑은 건 아니다. 명석한데 맑지 않은 사람은, 명석하지도 맑지도 않은 사람보다 훨씬 더 해로운 범죄를 저지른다.

명석하면서 맑지 않은 사람도 많다. 박정희의 유신헌법과 전두환의 제5공화국 헌법을 만든 전문가들이 그랬다. 쿠데타를 일으킨 군인들은 헌법 만드는 방법을 배운 적이 없다. 여기에 필요한 '전문 기술'을 제공한 사람은 우리나라에서 제일 좋다는 대학에서 법학을 공부한 법률가들이었다. 나는 이 머리 좋은 법률 전문가들에 대해서 지금까지도 분노 비슷한 감정을 느낀다. 몸에 맞지 않는 서양 옷을 한국인 체형에 맞게 창조적으로 손을 본 게 유신헌법이라고 철학적 사기를 쳤던 일부 정치학자와 철학자, 교육학자들에 대해서도 마찬가지다. 머리 좋은 사람이 심성이 나쁘면, 머리 나쁘고 심성 나쁜 사람보다 훨씬 더 심각한 반사회적 범죄를 저지른다는 것을 그들은 다시 한 번 입증해 보였다. 후자는 기껏해야 몇 사람을 죽이고 재산을 훔치는 데 그치지만, 전자는 한 세대를 망치며 멀쩡한 문명을 야만으로 바꾼다.

유신 시대와 제5공화국을 주름잡았던 '양복 입은 침팬지'들은 대부분 퇴장했다. 하지만 그 후예들은 옛날보다 더 세련된 방식으로 똑같은 일을 하고 있으며, 그중 일부는 '뉴라이트'라는 새로운 패션을 국민에게 선보였다. 그들은 헌법과 법률의 이름으로 민주공화국을 모욕하며, 국민이 낸 돈과 국민이 위임한 권력으로 국민의 주권을 박탈하는 데 가담한다. 누구라고 말하지 않아도 알 만한 사람은 누구인지 다 안다. 지식은 있으나 지성과 양식은 없고 두뇌는 명석하나 심성은 혼탁한, 이 '양복 입은 침팬지'들이 사라져야 대한민국은 비로소 온전한 민주공화국이 될 것이다.

존재와 당위

 다시 묻자. 대한민국은 민주공화국인가? 이것은 무척 이상한 질문일 수 있다. 헌법 제1조가 분명히 그렇다고 선언하고 있지 않은가. 그렇지만 이 질문은 여전히 유효하다. 만약 제2조부터 제127조까지 헌법의 다른 조항들이 규정한 국민의 기본권과 절차가 제대로 지켜지지 않는다면, 헌법 제1조는 그저 종이에 먹으로 써놓은 의미 없는 글자에 불과하기 때문이다. 과연 대한민국 헌법은 제대로 지켜지고 있는가?
 많은 정치인과 언론인들이 선거가 있을 때마다 '위대한 주권자의 현명한 선택'을 예찬한다. 지식인들은 대통령의 리더십과 정부의 정책을 비판할 때면 으레 '국민에게 항복하고 국민의 뜻을 따르라'고 말한다. 그들은 대한민국이 민주공화국임을 확신하는 듯 보인다. 그러나 나는 의심한다. 대한민국의 주권이 국민에게 있고 모든 권력이 국민으로부터 나온다는 헌법 제1조는 진실이 아닐지도 모른다. 지성과 문명의 진보는 모두 자명해 보이는 것에 대한 의심에서 비롯된다고 하지만, 일반적으로 통용되는 관념을 거부하는 일은 삶을 조금은 불편하게 만든다. 나는 이 불편함을 받아들이기로 했다.

후불제 민주주의

나는 대한민국이 '아직은' 민주공화국이 아니라고 생각한다. 우리의 민주주의는 아직 할부금을 다 치르지 않은 채 타고 다니는 승용차와 비슷하다. 우리는 아직 민주주의를 온전히 우리 것으로 만드는 데 들어가는 비용을 다 치르지 않았다. 헌법 제1조는 '존재'Sein를 서술한 것이 아니라 '당위'Sollen를 선언한 것일 뿐이다. 대한민국이 민주공화국이 되었다고 말하는 것이 아니라, 민주공화국이 되어야 한다고 외치는 것이다. 대한민국은 민주공화국으로 진화하는 중이며, 그 진화는 때로 매우 폭력적인 증상을 동반했다.

1948년 제헌헌법이 민주공화국을 선언한 이후, 우리 국민들은 여러 차례 '불법적'인 집단적 주권 행사를 통해 '합법적'으로 존재하고 있던 정부를 무너뜨리거나 헌법을 바꾸었다. 1960년 4·19혁명, 1980년 5·18광주민주화운동, 1987년 6·10민주항쟁은 모두 거대한 국민 불복종운동이며 저항운동이었다. 도로를 점거하고 돌과 화염병을 던지고 반정부 유인물을 뿌리고 야간에 도심을 행진한 그 모든 것이 당시 존재하던 실정법을 어긴 집단적 불법행위였다. 그러나 그것은 모두 정당한 행위였으며, 여기에 정당성을 부여한 것이 바로 대한민국 헌법 제1조였다. 그런 행위를 조직하는 데 들어간 희생과 노고는 모두 이 헌법을 획득하기 위해 미리 지불했어야 마땅한 비용을 후불한 것이었다.

대한민국은 이제 성숙한 민주공화국으로 진화하는 중이다. 이 진화를 추동하는 힘은 헌법 조문 그 자체가 아니라 거기 쓰인 대로 주권을 행사한 국민의 생각과 실제 행동이었다. 국민주권은 헌법 조문 덕분에 또는 헌법 조문 안에만 존재하는 것이 아니다. 국민주권은 그 자체로 존재한다. 헌법이 있든 없든, 헌법 안이든 밖이든 상관없이 존재한다. 때로 국민의 위임을 받아 탄생한 권력이 국민의 주권을 부당하게 제약하고 억압한다고 해도 이러한 역사의 퇴행은 결코 오래 지속될 수는 없다.

다시 말하지만 대한민국은 아직 완전한 민주공화국이 아니다. 지금까지 대한민국 국민은 가끔씩, 예외적으로만 주권을 행사했으며, 지금도 그런 상황이 완전히 해소되지는 않았다. 그런데도 많은 사람들이 자기가 늘 주권을 행사한다고 착각하거나, 그와 같은 착각을 하도록 강요당하면서 산다. 대한민국에는 국민에게서 나오지도 않았고 국민의 위임을 받지도 않았으면서, 국민의 행복을 해치고 국민 위에 군림하는 부당한 권력이 너무나 많고, 그 힘 또한 매우 강하다.

대한민국 민주주의는 여전히 권력자의 선의에 크게 의존하는 취약한 민주주의다. 국민의 정부와 참여정부 시절 한국 민주주의는 최소한 절차적인 면에서는 다시 무너지지 않을 만큼 튼튼한 기반을 마련한 것처럼 보였다. 그래서 민주주의라는 주제는 '아무도 찾는 이 없는 쓸쓸한 산장의 여인'처럼 되어버렸다. 그러나 헌법을 존중하고 민주주의 기본 원리를 지키려는 자세가 결여된 대통령과 집권 세력이 등장하자마자, 권력자의 선의에 의존하는 후불제 민주주의의 취약성이 한눈에 드러났다.

많은 지식인, 전문가, 언론인, 정치인 들이 대한민국은 아직 온전

후불제 민주주의

한 민주공화국이 아니라는 것을 알고 있다. 진보든 보수든 지식인은 사상과 표현의 자유를 존재의 조건으로 삼는다. 그들은 민주주의 안에서 경쟁하면서 공존한다. 한국의 진보적 지식인들은 자기의 견해 그 자체와 함께 사상과 표현의 자유도 매우 중하게 여긴다. 그래서 때로는 개인적 고초를 감수하면서까지 자유를 제약하려는 정치권력과 투쟁한다. 그러나 보수 지식인들은 그렇지 않은 것 같다. 그들은 사상과 표현의 자유 그 자체보다 자기의 견해를 더 중요하게 여긴다. 그들은 자신과 다른 사상을 가진 사람이 그로 인해 권력의 박해를 받는 것을 보면서도 방관한다. 심지어는 정치권력의 이러한 야만적 행태를 부추기고 옹호하기까지 한다. 어떤 보수 지식인들은 정당화할 수 없는 권력에 매수되거나 포섭되었다. 어떤 이들은 권력의 압도적인 힘에 두려움을 느낀 나머지 위험하지 않다고 생각하는 범위 안에 조용히 머무른다. 더러는 스스로 부당한 권력 그 자체가 되었다. 존경받을 자격이 있는 보수 지식인은 정말 드물다.

다시 말하지만 대한민국 헌법 제1조는 '존재'가 아닌 '당위'를 선언한 것이다. 이 당위를 존재로 전환하는 주체는 국민이다. 더 정확하게는 집단으로서의 국민 이전에 시민 개개인이다. 자기가 주권자임을 알고, 누구에게도 부당하게 나의 주권을 빼앗기지 않겠다는 확고한 의지를 지니고 있으며, 나의 주권을 제대로 행사하는 데 무엇이 필요한지 학습하고, 국민에게서 나오지 않은 부당한 권력이 나의 주권을 침해할 때 분연히 일어나 연대하고 투쟁할 줄 아는 개인. 그러한 개인이 민주공화국을 만들고 유지하는 힘의 원천이다. 대한민국에는 이런 주권자가 많다. 그러나 온전한 민주공화국을 실현하는 데 충분할 만큼 많다고는 할 수 없다. 말하고 보니 확실히 불편하다. 하지만 이것이 내가 보는 진실이다.

후불제 민주주의

자연

헌법에 따르면 인간은 누구나 행복을 추구할 권리를 가진 똑같이 가치 있는 존재이다. 그러나 실제 삶은 똑같지도 공평하지도 않다. 문명의 발전은 공평하지 않은 삶을 조금씩 덜 불공평한 것으로 만들어가는 사회적 진화 과정이라고 할 수도 있다. 그런데 사회의 진화는 순탄하거나 평화롭지 않다. 인간은 조용하고 질서 정연하게 더 정의롭고 공평한 세상을 만들어나갈 수 없는 동물이기 때문이다. 인간은 고도의 문명을 만든 지성적 존재이지만 모든 생명체의 삶을 지배하는 진화의 법칙을 초월하지는 못한다. 먹이와 서식지를 두고 벌이는 다툼과 경쟁에서 다른 동물과 인간의 차이는 흔히 생각하는 것만큼 크지 않다.

한국방송KBS 자연 다큐멘터리 프로그램에서 본 장면이다. 바위틈에 듬성듬성 풀 무더기가 박힌 가파른 절벽, 커다란 괭이갈매기가 솜털 보송보송한 새끼 한 마리를 부리로 사정없이 쪼고 물고 흔들어 팽개친다. 어미로 보이는 다른 갈매기가 바로 곁에서 속수무책 그 참상을 지켜본다. 주변의 다른 갈매기들은 아무 관심도 보이지 않는다. 비탈을 굴러 떨어지다 요행히 바위 턱에 걸려 겨우 일어선 어린 갈매기는 곧바로 거기 있던 다른 괭이갈매기의 공격을 받는다. 또다시 굴러 떨어진 새끼는 절벽 맨 아래 편편한 곳에서 힘없이 뒤척이다가 마침내 펼쳐보지도 못한 삶을 마감한다. 그곳에는 똑같은 고통을 받으며 숨을 거두었을 조막만 한 새들의 시체가 즐비하다.

겨우 걸음마를 뗀 어린것의 분별없는 실수, 제 어미가 확보해둔 손바닥만 한 서식지를 벗어나 다른 괭이갈매기의 역시 손바닥만 한 영토에 잠깐 발을 들여놓은 데 따르는 징벌은 이처럼 가혹하다. KBS 자연 다큐멘터리 제작팀은 바람, 파도, 악천후와 싸우면서 이런 장면을 고스란히 잡아내 시청자의 눈앞에 생생하게 펼쳐 보였다. 경남 통영에서 남쪽으로 50킬로미터 떨어진 작은 바위섬 홍도鴻島, 이름난 괭이갈매기 번식지 가운데 하나인 이 섬 바위 절벽에서 해마다 벌어지는 장면이다.

자연은 무자비하다. 중국을 국가 위기에 빠뜨린 대지진, 버마를 집어삼킨 사이클론, 미국 뉴올리언스를 강타한 허리케인. 측량할 수 없는 힘의 분출을 보면 저절로 두려움이 생긴다. 만물의 영장임을 자처하며 자연을 정복한다고 호언하는 인간이 사실은 얼마나 하잘것없는 존재인가. 그런데 홍도 바위틈에서 알을 낳고 부부가 번갈아 먹이를 물어 날라 새끼를 키우는 괭이갈매기에게서 나는 자연에 대한 두려움이 아니라 연민과 안타까움, 그리고 분노를 느낀다. 어쩌면 저다지도 냉혹할 수가! 석모도 가는 카페리 꽁무니를 떼 지어 따라오면서 아이들이 던지는 새우깡을 솜씨 좋게 받아먹던 놈들, 때로 먹을 것을 찾아 서울 여의도 밤섬 근처까지 날아오는 붙임성 좋은 녀석들이 어찌 저리도 야박할 수 있을까. 한 발짝 잘못 디뎌 내 안마당을 침범했기로서니, 그래 이웃의 철없는 자식을 그리도 모질게 쪼아 죽인다는 말인가.

그러나 어쩌랴. 삶은 투쟁이다. 생존을 위한 쉼 없는 경쟁이다. 서식지와 먹이를 놓고 벌이는 다른 종種과의 경쟁, 같은 종 다른 무리와의 투쟁, 같은 종 같은 무리 안에서 벌이는 개체 간의 경쟁. 심지어 한 배에서 깬 다른 형제자매와의 먹이다툼까지. 살아 있는 모든 것들의 삶은 매 순간 다툼과 경쟁과 투쟁의 연속이다. 태어나는 순간부터 사멸하는 순간까지. 개체 간, 집단 간, 종 간의 협력과 공생은 그 개체와 집단과 종의 생존에 도움이 되는 경우에 한해서만 존속한다. 예외는 없다. 인간도 예외가 아니다. 부처님 말씀이 맞다. 삶은 고해苦海다. 그것을 축복하든 저주하든 상관없이, 결핍과 경쟁은 삶에 주어진 피할 수 없는 외적 강제임이 분명하다고 나는 생각한다. 대한민국 국민 사이에도 홍도의 괭이갈매기 못지않은 살벌한 개별적·집단적 경쟁이 있다.

1부 헌법의 당위 _ 진보와 보수

진보와 보수

어떤 독자들은 인간의 생존경쟁이 괭이갈매기보다 훨씬 온화하고 '문명적'이라고 생각할지 모른다. 하지만 진실은 그렇지 않다. 인간도 자연의 일부일 뿐이다. 생존경쟁의 무자비함으로 치면 인간이 다른 모든 종을 능가하고도 남는다. 인간이 저지르는 대규모 동종살상同種殺傷은 괭이갈매기에 비할 바가 아니다. 살인, 강도, 약탈, 아동학대, 전쟁, 인종청소 등 인간이 일으켰고 지금도 일으키고 있는 개별적·집단적 동종살상 행위는 자연계에 존재하는 어떤 다른 동물과도 비교할 수 없을 만큼 규모가 크고 잔혹하다.

진시황, 알렉산드로스Alexandros 대왕, 칭기즈 칸Chingiz Khan, 나폴레옹Bonaparte Napoléon, 히틀러, 스탈린, 폴 포트Pol Pot, 사담 후세인Saddam Hussein. 이들은 인류 역사상 가장 큰 규모의 동종살상을 저지른 대표적인 인물들이다. 어떤 사람은 얼마 전 퇴임한 조지 부시George W. Bush 미국 대통령을 이 목록에 포함시키기도 한다. 프랭크 맥린Frank Mclynn이 쓴 『전사들』Heros&Villains은 인류 문명사의 걸출한 전쟁 영웅들이 어떻게 승리했는지를 다룬 흥미로운 책인데, 동서고금 전쟁 영웅들의 공통점은 잔인성과 무자비함이었다는 사실을 적나라하게 보여준다. 심지어는 사랑을 설파하는 종교의 경전에조차 경쟁 집단의 서식지(이민족의 거주지)에서 살아 숨 쉬는 모든 것을 절멸시키는 참혹한 동종학살의 사례가 숱하게 등장한다.

십자군전쟁을 비롯해 수없이 많았던 종교전쟁과 남북 아메리카 대륙의 원주민 학살, 백인들의 아프리카 노예사냥, 미국의 남북전쟁, 러시아와 중국의 사회주의 혁명과 내전, 히틀러가 저지른 홀로코스트. 일본군의 3·1운동 유혈 진압과 난징南京학살사건. 이런 것들은 인간의 오도된 신념과 편견이 먹이와 서식지에 대한 탐욕과 어우러지면서 일어난 대표적·집단적 동종살상 사건이다. 일본 히로시마에 투하된 원자폭탄은 지금까지 일어난 것 가운데 가장 '과학적'이고 '효율적'인 동종 대량학살이었다. 9·11테러와 이라크전쟁, 최근 벌어진 이스라엘의 가자 지구 침공에서 보듯, 대규모 동종살해는 21세기에도 여전히 진행 중인 현실이다.

동시대를 살면서 같은 사건을 경험하지만, 사람들은 그에 대한 견해와 태도를 달리한다. 괭이갈매기의 동종살해와 인간의 대규모 동종살해를 보면서 안타까움과 연민과 분노를 느낀다면, 당신은 이미 '진보적'이거나 앞으로 그렇게 될 가능성이 많다. 이런 것이 적자생존의 자연법칙인 만큼 불가피한 일이며, 무슨 수를 쓰든 간에 경쟁에서 이겨야 한다는 생각 말고는 별 느낌이 없다면 당신은 이미 '보수적'이거나 앞으로 그리 될 가능성이 많다. 진보는 선이고 보수는 악이라는 말이냐고 항변하지 말았으면 좋겠다. 나는 어느 한쪽도 선이나 악으로 규정하지 않았다.

진보와 보수를 나누는 기준은 여러 가지가 있다. 하지만 아주 거칠게 말하자면 한 가지다. 진보는 '당위'를 추구하고 보수는 '존재'를 추종한다. 진보는 아직 현실에 존재하지 않는 이상적 목표를 설정하고 그것을 실현하기 위해서 싸운다. 예컨대 '모두가 자유롭고 평등하게 살아가는 세상' 같은 것이다. 그래서 진보는 인간의 자유를 속박하고 불평등을 조장하는 제도와 문화를 변혁하려고 한다. 진보의 사고방식은 연역적 구조를 가진다. '인간은 평등하다'와 같은 추상적 공리公理에서 시작해 구체적 실천 전략과 전술에 이르기까지 여러 단계로 이어지는 일관성 있고 복잡한 논리 체계를 만든다.

어느 한 곳에서라도 의견이 갈라지면 누가 옳은지를 두고 논쟁한다. 그들 사이의 내전은 때로 보수와의 싸움보다 더 치열하고 처절하다. 독일 바이마르공화국 시절 독일공산당은 사회민주당 정부를 공격하는 데 전력투구했다. 공산주의자들은 사회민주주의자들을 향해 개량주의자, 베른슈타인주의자, 수정주의자, 이념의 배신자라는 비난을 퍼부었다. 히틀러와 나치스는 진보파의 분열을 이용해 손쉽게 권력을 장악했다. 스페인 내전 당시 바르셀로나는 마지막까지 프랑코$^{Francisco\ Franco}$에 대항했다. 그러나 공화주의 진영은 내부에서 벌어진 격렬한 이념 논쟁과 무력 충돌 끝에 자멸했고 프랑코 군대는 바르셀로나에 사실상 무혈 입성하는 행운을 누렸다. 진보의 경쟁력은 이상을 향한 열

후불제 민주주의

정과 논리의 힘이며, 망할 때는 거의 언제나 '연합하는 능력'의 부족 때문에 망한다.

보수는 이미 존재하는 현실을 불가피한 자연적 질서로 간주하고 그것을 지키려 한다. 어떤 질서든 상관없다. 전제군주제, 개발독재, 천황제, 심지어는 공산당 일당독재조차도 보수가 지키려는 대상이 될 수 있다. 보수는 진보와 달리 경험주의적·실증주의적 사고방식을 가지고 있다. 철학과 견해의 차이는 별로 중요하지 않다. 이익이 일치하기만 하면 언제든지 단결한다. 보수의 경쟁력은 가장 강력한 권력을 중심으로 단일한 위계질서를 수립하는 줄서기 문화와 냉철한 이해타산 능력이다. 그래서 보수가 망할 때는 걷잡을 수 없는 부패로 망한다. 이런 특징 때문에 보수의 힘은 일반적으로 진보를 능가한다. 보수의 무능과 부패와 나태함이 민중의 참을 수 없는 분노와 혐오감을 불러일으킬 때에만 진보가 승리를 거두며, 그 진보의 승리는 보통 그리 오래 지속되지 않는다.

어떤 기준으로 진보와 보수를 구별하느냐는 매우 흥미로운 논쟁거리이다. 그런데 그보다 더 흥미로운 질문은, 왜 어떤 사람은 진보 쪽에 서는데 다른 사람은 보수 편에 서게 되었느냐는 것이다. 이해관계, 학습, 경험, 이런 요인들이 영향을 준다고 한다. 그러나 인간의 선택은 이러한 객관적 요인을 초월하는 경우가 많다. 자본가의 아들이자 그 자신 자본가였던 프리드리히 엥겔스 Friedrich Engels는 탁월한 철학자였던 카를 마르크스 Karl Marx와 함께 사유재산제도의 폐지를 핵심 내용으로 하는 '과학적 사회주의'를 창안했다. 그들은 사회적 존재가 사회적 의식을 규정한다(또는 사회적 의식은 사회적 존재를 반영한다)고 주장한 유물론자였지만, 스스로는 자기의 '사회적 의식'을 '사회적 존재'와 반대편에 세우는 관념론적 선택을 했다. 객관적 조건이 큰 영향을 주는 건 맞지만, 개인의 의식을 완전하게 지배하지는 못한다는 것을 증명하는 사례는 두 사람 말고도 수없이 많다.

사회과학자들이 이 흥미로운 질문에 대해 명료한 답을 찾지 못하는 가운데 현대의 진화생물학자와 뇌 과학자들이 다양한 연구 결과와 가설을 제시했다. 자동차만 하이브리드hybrid가 나오는 게 아니라 과학도 그런 모양이다. 탐욕, 공격성, 경쟁심 등을 관장하는 뇌 부위와 배려, 공감, 소통 등을 관장하는 뇌 부위가 서로 다르다는 것이다. 사람마다 뇌의 하드웨어가 다른 만큼, 똑같은 학습과 경험을 하고 이해관계까지 같은 사람이라 할지라도 서로 다른 가치관과 사상적 성향을 가지게 될 수 있다는 이야기다.

이유야 어찌 되었든 세상에는 이런 사람도 있고 저런 사람도 있다. 5,000만 대한민국 국민은 5,000만 가지의 서로 다른 사상을 가질 수 있다. 민주공화국은 그런 생각의 차이를 모두 인정하고 용납한다. 유신 시대 청년들의 사상적 은사였던 리영희 선생은 『새는 좌우의 날개로 난다』라는 책에서 보수와 진보의 경쟁과 공존이 건전한 사회 발전의 필수 요소임을 강조했다. 그런데 사회라는 새는 훨씬 더 많은 수의 날개를 가지고 있다. 사회를 새에 견주는 것은 지나치게 단순한 비유일지 모른다. 사회는 매우 다양한 사상과 신념과 이익이 서로 의존하고 경쟁하면서 균형을 이루고, 그 균형 상태가 점진적으로 변화해가는 지적^{知的} 생태계 또는 이해관계의 생태계라고 하는 편이 더 나을지 모르겠다.

민주공화국은 지적 생태계의 종^{種} 다양성을 보장한다. 홍세화 선생이 정치적 망명을 끝내고 돌아오면서 귀국 선물로 들고 왔던 『나는 빠리의 택시운전사』는 우리나라에서 처음으로 '톨레랑스'tolerance(관용)의 가치를 대중적으로 전파한 기념비와 같은 책이다. 지구 생물이 산소와 이산화탄소, 수소 등이 안정된 비율로 섞인 지구 대기 없이 생존할 수 없는 것처럼, 사상의 종 다양성은 관용이 없으면 유지될 수 없다. 그래서 민주공화국은 딱 한 가지를 배제한다. 그것은 바로 지기 깃과 나른 생각을 관용하지 못하고 힘으로 말살하려는 '앵톨레랑스'intolerance(불관용)이다. 민주공화국에서 관용의 대상이 될 수 없는 것은 불관용 그 자체뿐이라는 뜻이다.

'불관용'은 민주주의를 내부에서 파괴하는 폭탄과 같다. 불관용으로 무장한 보수는 극우가 된다. 히틀러를 보면 안다. 불관용으로 무장한 진보는 극좌가 된다. 스탈린을 보면 된다. 대한민국은 50년 동안 불관용을 공개적으로 자랑하는 극우 세력이 지배했다. 거기서 풀려난 지 겨우 10여 년밖에 되지 않았다. 그러나 관용의 정신이 승리를 거둔 것은 아니다. 힘으로, 폭력으로, 때로는 국가보안법과 같은 법률과 제도를 동원하여 이견 집단을 배제하고 말살하려는 시도는 지금도 계속되고 있다. 대한민국 극우 세력은 그 힘이 약화되었기는 하지만 여전히 국민주권과 민주공화국의 기본 질서를 위협할 만한 힘을 보유하고 있다.

    대한민국 헌법 제1조가 선언한 '당위'는 아직 '존재'로 전환되지 못했다. 나는 온전히 실현되지 못하고 있는 대한민국 헌법 제1조에 절대적인 충성을 서약하며, 이것을 실현하기 위해 힘닿는 데까지 노력할 작정이다. 그 이유는 두 가지다. 첫째는 나와 내 아이들의 행복을 위해서다. 민주공화국은 자유롭게 생각하고 자유롭게 말하면서 자기가 하고 싶은 일을 할 수 있는 기회를 보장한다. 둘째는 대한민국이라는 공동체의 생존과 번영을 위해서다. 나는 민주공화국이 국민국가 수준의 생존경쟁에서 승리할 확률을 높이는 가장 경쟁력 있는 국가체제라고 믿는다. 여기에 대해서는 뒤에서 다시 살피기로 한다.

후불제 민주주의

지구 행성

제행무상諸行無常. 우주 만물은 늘 변하고 돌아 하나의 모양으로 머물지 않는다. 태어나는 것은 모두 죽는다. 형태가 있는 것은 반드시 사라진다. 불가佛家에서 널리 쓰는 표현이다. 한 걸음 더 나가면, 삶 그 자체가 허망하다고 말하는 사람도 있다. 하기야 수천억 개의 은하가 있고 은하마다 수천억 개의 별과 행성이 있는, 빅뱅 이후 150억 년이 너 지났다는 광대무변廣大無邊의 대우주에 비하면 기껏해야 100년을 살 뿐인 우리네 인생이야 얼마나 하잘것없는 것인가. 우리들 개개인은 그야말로 찰나에 불과한 삶을 사는, 위대한 코스모스의 한낱 미물微物에 지나지 않는다.

이런 상상을 해보자. 만약 지구가 시골 대청마루 아래 쥐똥이라면? 인간은 그 쥐똥 또는 쥐똥 한 귀퉁이를 세상 전부로 알고 살아가는 박테리아, 혹은 진드기보다 작아서 잘 보이지도 않는 미생물이 된다. 누군가 대청마루에 엉덩이를 걸치고 앉은 채 허리를 굽혀 그 쥐똥 주변을 관찰하고 있다면, 우리에게 그 관찰자는 외계생명체, 즉 에이리언이 된다. 관찰자가 재미 삼아 지푸라기로 쥐똥 근처를 살살 건드린다면, 그 지푸라기는 미확인비행물체, 즉 UFO가 될 것이다.

　무한우주, 그것도 계속 팽창하는 무한우주에서 지구는 사실 대청마루 아래 쥐똥만도 못한 존재일지 모른다. 그런데 사실을 말하자면, '무한'이라는 개념이 내게는 잘 와 닿지 않는다. 논리적으로는 이해할 수 있는데 직관적으로 감이 오지 않는 것이다. 내 직관의 한계는 3차원인데, 수학을 공부하는 아내는 '휘어진 공간', '4차원 공간', '무한차원 공간' 어쩌고 하는 말이 나오는 책을 읽는다. 경제학도는 다른 사회과학도와 합석한 자리에서 예의 그 알량한 수학 실력을 뽐내다가 정당한 보복적 왕따를 당하곤 하는데, 수학도들은 경제학도가 쓰는 수학은 수학이 아니라 산수라고 비웃는다. 경제학을 공부한 내가 집에서 공처가恐妻家도 부족해 경처가敬妻家의 '비굴한 인생'을 살아야 하는 두 가지 이유 가운데 하나가 이것이다.

　어쨌든 무한우주에서 지구는 시골집 대청마루 아래 쥐똥만큼이나 보잘것없는 행성이다. 과학자들이 추정한 바에 따르면, 지구는 약 45억 년 전에 태양 주위의 먼지와 돌이 뭉치면서 만들어졌다고 한다. 지구는 여러 차례 소행성과 충돌한 경력이 있다. 멕시코 유카탄 반도 어느 항구 근처에는 6,500만 년 전, 지름 9.6킬로미터 소행성이 지구와 충돌하면서 생긴 큰 구덩이가 있다. 이 충돌의 위력은 히로시마 원자폭탄 50억 개와 맞먹는 것이었다. 50개도 50만 개도 아니다. 무려 50억 개다. 너무 엄청나 혹시 오역이 아닐까 의심하기까지 했다. 20세기 최고의 유전학자 가운데 한 사람으로 손꼽는 스티브 존스Steve Jones는

『진화하는 진화론』 *Almost Like a Whale* 이라는 책에서 그때 일어난 일을 이렇게 묘사했다.

충돌 지점 1.6킬로미터 내의 모든 것이 1초 안에 사라졌고, 1분 안에 남북 아메리카 대륙이 흔들렸다. 9분 뒤에는 아메리카 대륙의 숲이 대부분 불길에 휩싸였다. 그날이 다 가기 전에 지구의 모든 해안에 거대한 해일이 밀어닥쳤다. 연기와 먼지로 뒤덮인 지구에는 아홉 달 동안 밤만 계속되었다. 바다가 완전히 죽었고 공룡도 그즈음에 사라졌다. 그후 수천 년 동안 새로운 해양생물이 전혀 출현하지 않았다. 지구가 정상으로 돌아가는 데는 200만 년이 걸렸다. 2억 4,000만 년 전에는 더 큰 폭발이 있었다. 태양 주위에는 1조 개의 혜성이 돌고 있다. 가까운 궤도를 도는, 문명을 파괴하는 데 충분한 크기를 가진 소행성만 2,000개가 넘는다.

지금까지 발견한 영장류 화석 가운데 제일 오래된 것이 '겨우' 6,500만 년 전 것이다. 발견 장소인 아프리카는 그 당시에 따뜻하고 습한 지역이었다. 유인원의 조상이라고 할 수 있는 생물이 나타난 것은 그로부터 1,500만 년이 지난 뒤였다. 지금으로부터 500만 년쯤 전에 침팬지와 고릴라와 인간의 혈통이 갈라졌다. 현대인의 조상인 호모 사피엔스가 출현한 것은 불과 수십만 년 전이다. 인간이 대단해 보이지만 사실 별것 아니다. 6,500만 년 전 부딪친 것의 수십분의 1밖에 되지 않는 소행성과 다시 충돌한다면 인간은 지구상의 다른 모든 생물 종과 함께 사라지게 될 것이다.

인간의 종말은 다른 방식으로 찾아들지도 모른다. '가이아 이론'을 창안한 제임스 러브록^{James Lovelock}이 『가이아의 복수』^{The Revenge of Gaia}에서 제시한 예측이 적중한다면, 21세기가 다 가기 전에 인류의 대다수가 사망할 것이다. 그는 온실가스 배출로 인한 지구온난화가 이대로 계속된다면 양 극지방을 제외한 지구 표면 전체가 인간이 생존할 수 없을 정도로 뜨거워질 것이라고 전망했다. 레이철 카슨^{Rachel Carson}이 『침묵의 봄』^{Silent Spring}에서 경고한 것처럼 대기와 물과 토양에 끝없이 축적되는 살충제와 제초제 등 유독성 화학물질로 인해 생태계가 심각하게 훼손되고, 그 결과 지구의 종말 이전에 호모사피엔스라는 종과 그 종이 만든 문명의 종말이 먼저 찾아들 수도 있다.

이렇게 보면 인생이 조금 허무하게 느껴질 수도 있겠다. 우주를 관찰하고 연구하는 천문학자들이 발견한 사실들은 우리에게 겸손을 요구한다. 여기에다 인간은 유전자가 자기 복제와 증식을 위해 일시적으로 머무르는 운반기계에 불과하다는 유전학자들의 견해와 환경 전문가들의 무서운 경고까지 듣고 나면, 삶이 왠지 낯설어 보이기까지 한다. 하지만 그렇다고 해서 지레 좌절감을 느끼거나 허무 의식에 빠질 필요는 없다. 영겁의 세월 동안 존재해온 무한우주에 비하면 그야말로 찰나에 불과한 삶이기에, 우리는 한순간도 헛되이 보내지 말고 알뜰하게 인생을 즐겨야 한다. 미래의 지구 행성에서 살아야 할 후손들의 삶을 배려하고, 인류와 더불어 수십억 년 동안 함께 진화하면서 하나의 지구 생태계를 이루고 있는 모든 생명체를 더욱 귀하게 존중하면서 말이다.

무언가 좋지 않은 일이 자꾸 생겨 낙담하게 될 때, 나는 대한민국 헌법 제10조를 읊조린다. "모든 국민은 행복을 추구할 권리를 가진다." 그러면 조금 설레는 느낌이 든다. 삶이 찰나에 불과하다는 생각을 해보면, 나에게 주어진 짧은 시간이 더욱 소중하게 다가온다. 무엇인가를 더 깨닫고 누군가를 더 사랑하는 데도 부족한 시간이다. 나와 다른 생각을 한다는 이유로 남을 괴롭힐 여유가 도대체 어디 있다는 말인가. 지난 시기 헛되이 쓴 시간들을 헤아려보면서 자탄한다. 조금만 더 일찍 이런 생각을 했다면 내 삶이 얼마나 더 행복해졌을까!

파시즘

한국인은 개를 잡아먹는다. 특히 남자들이 즐겨 먹는다. 더러는 과학적 근거를 제시하면서, 더러는 개고기가 정력에 좋다는 주술적 신앙에 입각해서 개고기를 먹는다. 한때 한국에서도 높은 인기를 누렸던 어느 프랑스 여배우는 한국인의 개고기 섭취를 맹비난한 죄로 한국 개고기 애호가 또는 민족문화 애호가, 문화상대주의자들 사이에서 공공의 적이 되었다. 그 여배우는 왜 개고기를 먹는 것을 비난했을까? 그건 아마도 개가 사람과 '정서적·인지적 교감'을 할 수 있는 동물이기 때문일 것이다.

반려동물이 대체로 그렇지만 개는 인간과 특별히 잘 교감한다. 개는 주인과 침입자를 구별하며 영리한 개는 사람의 말을 제법 알아듣는다. 애완견은 주인과의 신체 접촉을 즐긴다. 훈련을 받으면 장애인 길안내를 하거나 간단한 심부름을 하기도 한다. 개는 위험에 빠진 주인을 살리기도 한다. 때로 개는 '가족'의 일원이다. 사람이나 마찬가지라는 뜻이다. 사람은 사람을 먹는 것을 사람을 죽이는 것보다 더 끔찍한 죄악으로 여긴다. 가족이나 마찬가지인 개를 먹는 것이 사람에 따라

식인 행위를 연상시킬 수도 있다.

　나도 개고기를 먹지만 그리 즐기는 편은 아니다. 보신탕집에서 굳이 삼계탕이나 닭백숙을 시키려고 하면 어딘가 성격이 까칠한 사람으로 보일지 몰라서 다들 먹는 분위기에서는 나도 그냥 먹는다. 먹으면서 이런 생각을 한다. 왜 개를 먹는 것은 비난하면서 닭은 그냥 먹을까? 개는 불쌍하고 닭은 불쌍하지 않은 걸까? 사실 그런 면이 있다. 개는 닭보다 사람과 훨씬 친밀하게 교감하는 동물이다. 그래서 죽은 닭은 죽은 개보다 덜 불쌍하다. 적어도 내게는 그렇다.

　남자들끼리 보신탕을 먹는 자리에서 한 남자가 이렇게 말했다. "개고기 먹는 건 뭐 그렇다고 치자고. 나도 먹으니까. 그런데 키우는 개를 잡아먹는 건 좀 그렇더라고. 난 그건 못 하겠어." 모두들 공감하는 표정으로 고개를 끄덕이는데 왕성한 식욕을 자랑하며 한입 가득 수육을 씹던 다른 남자가 퉁명스러운 한마디를 던졌다. "안 잡아먹을 거면 뭣 하러 키운대요?" 이런 '강적'을 제외하면, 사람들은 대체로 교감을 나눌 수 있는 반려동물에 대해 연민의 정을 품는다. 고래가 환경주의자들의 '토템 동물'이 된 것도 고래의 높은 지능과 소통 능력 때문일 것이다.

　그런데 인간이 개에게 동질감과 연민을 느끼는 것이 혹시 유전적 근친성 때문은 아닐까. 그럴지도 모른다. 인간과 개는 공히 40억 년 전 지구에 나타난 최초의 유기분자에서 진화한 존재이고, 개는 인간과 같은 포유강에 속한다. 사실 인간과 다른 생물 종 사이의 유전적 차이는 흔히 생각하는 것만큼 크지는 않다. 한국 최초 우주인 이소연 씨의 우주여행에는 초파리가 동행했다. 초파리는 유전자의 75%가 인간과 같다. 초파리를 우주선에 실은 것은 우주공간에서 인간의 유전자에 일어날지 모르는 변화를 연구하기 위해서였다. 초파리가 이럴진대 개는 인간과 유전적으로 얼마나 더 가까울 것인가.

인간과 유전적으로 가장 가까운 것은 영장류 동물이다. 그중에서도 단연 가까운 동물이 바로 침팬지다. 생물학자들의 연구 결과를 보면 침팬지는 유전자 98.8%를 호모사피엔스와 공유한다고 한다. 유전학적으로 볼 때 침팬지는 98.8% 인간이라는 것이다. 그런데 침팬지는 생물학적으로만 인간과 가까운 게 아니다. 사회학적으로도 매우 가까운 사이다. 인간이 하는 짓은, 수준이 좀 달라서 그렇지 침팬지도 어지간하면 다 한다. 본질적으로는 별반 다를 게 없다.

침팬지는 무리 지어 공동생활을 한다. 지도자와 추종자가 있고 권력 서열도 뚜렷하다. 최고 지도자는 제일 힘이 센 수컷이다. 어린 수컷이 자라나 늙어가는 두목보다 힘이 세지면 기회를 봐서 혁명을 일으킨다. 혁명이 성공하면 실권한 지도자는 비참하게 추방당하고 암컷들은 새로운 지도자에게 복종을 서약한다. 새끼를 양육하는 건 전적으로 암컷 몫이다. 어딘가 많이 보던 풍경이 아닌가.

침팬지는 사회생활을 한다. 그들은 공동체의 생존에 유익한 내부 질서를 만든다. 평상시 침팬지 무리를 지배하는 사회적 행동은 개체 간의 경쟁이 아니라 강고한 서열과 규칙, 그리고 그에 따른 분업과 협

후불제 민주주의

업이다. 자연 다큐멘터리를 찍는 데 미친 사람으로 유명한 최삼규 프로듀서는, 단출한 카메라 팀을 이끌고 아프리카 탄자니아 탕가니카 호수 근처 밀림에 들어가 침팬지 사회의 권력 교체 현장을 촬영하는 데 성공했다. 2007년 12월 MBC가 1부와 2부로 나누어 방영한 〈탕가니카의 침팬지들〉을 보면 인간 사회보다 더 '노골적으로 인간적인' 침팬지 세상이 화면 가득 펼쳐진다.

이보다 더 충격적인 영상도 있다. 쿠데타를 일으켜 늙은 두목을 추방하고 새로 취임한 젊은 두목이 수컷들을 이끌고 공동체의 안보를 지키는 활동에 들어간다. 서식지를 정찰하고 침입자를 사냥하는 것이다. 평소에도 원숭이 사냥을 즐기는 침팬지들이 서식지 변두리에서 열매를 따 먹으며 놀고 있는 다른 침팬지 무리를 발견한다. 그들은 정찰, 포복, 매복, 기습 등등 다양한 군사 전술을 동원해 침입자들에게 심각한 타격을 입힌다. 그러고는 일패도지敗塗地하는 적의 대오에서 낙오한 침팬지 하나를 사로잡아 처형하고 살점을 함께 뜯어 먹으며 전승戰勝의 축제를 연다. 동족을 잡아먹는 소위 카니발리즘cannibalism이다. 이것은 뉴질랜드 마오리족을 비롯해 세계의 여러 원시 부족에게서 관찰되었던 사회현상이다. 전사들이 적의 살점을 잘라 먹으며 전승 축제를 여는 식인 풍습을 침팬지도 완벽하게 보여주는 것이다. 이 장면은 영국 BBC 다큐멘터리 〈살아 있는 지구〉 시리즈 '정글' 편에 처음 방송되어 시청자들에게 큰 충격을 주었다.

침팬지 무리가 성문헌법을 도입한다면, 제1조는 이렇게 시작되는

1부 헌법의 당위 _ 파시즘

게 합당하다. "우리나라는 전체주의 국가이다. 우리나라의 주권은 '짱'에게 있고, 모든 권력은 '짱'에게서 나온다. 힘이 제일 센 수컷이 '짱'을 먹는다." 이 나라는 완벽한 파시즘 국가다. 제2조 영토 조항은 아마 이런 정도가 되지 않을까 싶다. "우리나라 영토는 강 옆 바나나 숲에서 뒤쪽 봉우리까지이며 허락 없이 여기 들어와 과일을 따 먹는 놈은 모두 죽인다." '짱'은 모든 암컷들에 대한 성적 결정권을 가진다는 둥, 수컷들은 예외 없이 사냥 참가 의무를 진다는 둥, 마초 스타일의 파시즘 국가에 어울리는 조항들이 그 뒤를 이을 것이다.

탕가니카 침팬지들이 만든 사회는 히틀러가 만들었던 또는 만들려고 했던 전체주의 체제와 98.8% 문화유전자를 공유한다. 지도자에게 반항하거나 명령에 따르지 않는 자는 다 추방하거나 죽인다. 히틀러는 허가받지 않은 침입자로 생각한 유대인들의 재산을 모두 빼앗은 다음 가스실에서 죽였다. 희생자가 무려 600만 명이나 되었다. 히틀러가 독일 영토라고 주장한 땅은 모두 독일 영토가 되었다. 여자들에게는 직장을 떠나 살림하고 아이 키우고 주일에 열심히 교회에 나갈 임무를 주었다. 집시와 동성애자 같은 문화적 소수집단을 수용소에 가두었고, 파시즘에 반대하는 공산주의자, 사회주의자, 노동조합 지도자, 자유주의자들을 차례차례 잡아들여 모두 감옥에 집어넣었다.

대한민국 헌법 제1조는 얼마나 고마운가? "대한민국의 주권은 국민에게 있고 모든 권력은 국민으로부터 나온다." 이것은 무엇과도 견줄 수 없을 만큼 크고 귀한 축복이다. 유전자의 불과 1.2%를 침팬지와 달리하는 대한민국 국민들은 제일 '센' 놈이 제멋대로 '짱'을 먹는 침팬지와 전혀 다른 방식으로 지도자를 뽑는다. 마음에 들지 않으면 한번 뽑은 지도자도 아주 우아하게 갈아 치울 수 있다. 그뿐인가, 저 혼자 잘나서 '짱' 먹은 줄 알고 멋대로 굴면, 임기가 다 차기 전에라도 쫓아낼 수도 있다.

대한민국, 참 좋은 민주공화국이다. 그러나 문제는 있다. 히틀러는 쿠데타를 일으키거나 폭력으로 권력을 탈취한 게 아니라 선거를 통해 합법적으로 정권을 잡았다. 주권자인 독일 국민들이 문화유전자의 98.8%를 침팬지와 공유하는 인물을 국가 지도자로 선출한 것이다. 이런 일이 우리에게 일어나지 않는다는 보장이 있을까? 누구도 그런 것을 보장해주지 않는다.

역사가 기록되기 시작한 이래 지금까지 인간 그 자체는 생물학적으로 진화하지 않았다. 사마천司馬遷이 『사기열전』史記列傳에 기록한 3,000년 전 인간의 모습과 현대인의 모습에서 뚜렷한 생물학적 진화의 증거를 발견하기는 어렵다. 그 대신 도구와 제도가 진화했다. 민주공화국이라는 제도는 호모사피엔스가 수십만 년 걸려 이룩한 문명 진화의 산물이다. 히틀러와 스탈린이 만든 전체주의 체제는 이 진화의 방향을 일시적으로 거슬러 갔던 문명적 퇴행이었다.

인민주권 또는 주권재민을 선언하는 헌법 조항은 이미 진행된 사회 진화의 결과를 뒤늦게 법제화한 것이다. 민주공화국에 이르는 국가 제도의 진화는 수없이 많은 폭동, 반란, 혁명과 반혁명, 전쟁과 그에 따른 대규모 동종살상을 동반했다. 이 진화를 추동한 동력은 왕왕 먹이와 서식지에 대한 벌거벗은 욕망 그 자체였다. 그러나 더 합리적이고 정의로운 규칙과 질서를 도입함으로써 이 욕망을 제어하고 유도하고 통제하려는 관념적 이상이 제도의 진화를 촉진하기도 했다.

다시 말하지만 헌법은 이미 이루어진 진화의 결과를 공고히 하는 데는 도움이 되지만 그 자체가 진화를 추동하는 동력을 제공하지는 않는다. 주권자인 국민이 헌법이 보장하는 주권을 제대로 행사하지 못하거나 잘못 행사하면, 헌법은 실제적인 힘을 잃고 만다. 헌법 규정과 법률이 정한 절차에 따라 국민이 내린 집단적 의사결정이, 가끔은 멀쩡하던 문명사회를 탕가니카 침팬지 무리 수준으로 떨어뜨리기도 한다. 이럴 때 헌법은 한낱 장식품으로 전락한다.

힘자랑을 능사로 아는 대한민국 권력기관에는 생물학적으로는 인간이지만 사회학적으로는 침팬지에 더 가까운 동물이 드물지 않게 출몰한다. 그들은 권력 쥔 자들이 하는 말을 비판 없이 받아들이고 권력이 시키는 대로 고분고분 따르는 어리석은 국민을 숙주로 삼아 번성한다. 잡아먹히지 않으려면 깨어 있어야 한다. 다른 사람을 깨우고, 깨어 있는 다른 사람과 손잡아야 한다. 다른 길은 없는 것 같다.

후불제 민주주의

경쟁

 진보는 흔히 경쟁 그 자체를 혐오한다. 내 주장이 아니다. 진보를 표방하는 사람들이 많이 모인 인터넷 사이트 게시판을 들여다보라. 그들 스스로 경쟁 그 자체에 대한 도덕적 혐오감을 자랑 삼아 토로한다. 보수는 흔히 경쟁 그 자체를 예찬한다. 이것도 내 주장이 아니다. 재벌 기업들이 돈을 대는 각종 연구소에서 부지런히 글을 쓰는 박사 연구원들 스스로 경쟁에 대한 종교적 경외감을 숨기지 않고 고백한다.
 하지만 내 생각에 경쟁 그 자체는 혐오나 숭배의 대상이 되기에 적합하지 않다. 경쟁은 그저 피할 수 없는 삶의 조건일 뿐이다. 인간은 지구가 산소로 '오염'되는 지질학적·기상학적 대사건이 일어난 덕분에 생겨난 생물이다. 산소가 없으면 길어야 수백 초 지나지 않아 뇌세포가 궤멸되고 신진대사가 중지된다. 산소는 광합성이라는 식물의 화학 공정이 배출하는 '유독가스'다. 동물은 대부분 이 광합성 배기가스로 숨을 쉬면서 식물이 만든 에너지를 훔쳐 살아간다. 그렇지만 산소 그 자체를 예찬하거나 혐오하는 사람은 없다. 경쟁도 그렇다. 서식지와 먹이, 또는 그와 관련된 유형무형의 추상적·고차원적인 가치를 둘러싼 경쟁은 불가피하다. 음식, 성적, 돈, 사랑, 명예, 지위, 권력 등 인간의 삶에 필요한 모든 것이 다 경쟁과 다툼의 대상이 된다.

경쟁은 여러 수준에서 이루어진다. 개인 사이의 경쟁은 따로 설명할 필요가 없겠다. '엄친딸'과 '엄친아'라는 유행어는 학교에서 벌어지는 성적 경쟁이 학생 개인 수준이 아니라 가족이라는 작은 혈연집단 단위로 진행된다는 사실을 알려준다. 학부모의 인격과 가족의 명예가 자녀의 성적에 따라 서열이 매겨진다고 한다. 동네 유소년 축구 클럽 사이에는 혈연집단을 넘어선 사회적 경쟁이 전개된다. 유소년 클럽 대항 축구 시합에서 졌다고 대성통곡하는 일곱 살짜리 꼬마들을 보면 인간의 유전자에는 경쟁의 본능이 들어 있음이 분명하다. 둘 이상의 동네가 하나의 선거구로 묶이면 후보의 고향을 중심으로 유권자가 뭉치는 소지역주의 선거전이 벌어진다. 국회의원 총선이나 대통령 선거에서는 아예 몇 개 광역시도가 한 묶음이 되는 대규모 지역주의 표 대결이 벌어진다.

무엇보다 격렬하고 살벌한 경쟁은 국민국가 수준에서 진행되는 경쟁이다. 문화적·정서적·종교적·역사적 차이를 배경으로 영토와 자원을 둘러싼 대립이 빚어지면 별것 아닌 일이 불씨가 되어 전쟁과 대량학살로 번진다. 심지어는 월드컵 축구 예선전을 하다가 전쟁을 한 나라들도 있다. 1969년 100시간 동안 전쟁을 벌인 엘살바도르와 온두라스가 그 주인공이다. 온두라스 공화국 축구 대표팀은 2008년 베이징 올림픽 예선 리그 같은 조에서 한국팀과 맞대결했다. 한국팀이 우세한 경기를 펼친 끝에 1대 0으로 이겼다. 두 나라가 멀리 떨어져 있는 탓으로 '먹이'와 '서식지'를 둘러싼 분쟁이 일어날 소지가 없어 전쟁이 일어나지는 않았다. 그렇지만 베이징 올림픽 개막식 축포가 터지는 바로 그 순간에 남오세티아에 대한 지배권을 두고 러시아와 그루지야 사이에 전쟁이 터졌다. 말이 전쟁이지 러시아가 그루지야를 손봐준 일방적 침략이었다. 원래 전쟁은 가까이 있는 나라들 사이에서 벌어진다.

국가

유전자 연구를 토대로 다윈Charles Darwin의 진화론을 재창조한 도킨스는 『이기적 유전자』에서 진화에 결정적인 역할을 하는 경쟁과 자연선택이 개인이나 집단이 아니라 유전자 수준에서 벌어진다는 이론을 폈다. 나는 그의 이론이 과학적으로 타당한지 여부를 판단할 능력이 없다. 그러나 정치적으로 볼 때 도킨스의 이론은 무척 매력적이다. 도킨스의 이론이 옳다면 보수주의의 철학적 거점인 사회다윈주의social darwinism는 다윈주의를 오독誤讀한 것이 되기 때문이다. 적자생존의 원리는 강자의 지배를 합리화하는 이론이었다. 빈민구제 활동과 국가의 공중보건 정책이 대중의 빈곤과 사회악을 더 심화시킨다고 한 경제학자 맬서스Thomas R. Malthus의 주장이나 식민지를 획득하기 위한 세계 침략을 옹호했던 제국주의 시대의 지배 이데올로기는 모두 적자생존 이론과 연결되어 있다. 오늘날에도 부자와 강자를 옹호하는 보수주의자들은 모두 다윈주의를 좋아한다.

그런데 도킨스는 경쟁과 자연선택이 개체나 집단이 아니라 유전자 수준에서 일어난다고 주장한다. 자신을 많이 복제하여 널리 퍼뜨리는 것이 이기적 유전자의 활동 목적이다. 그런데 유전자는 혼자 성공할 수 없다. 개체의 유전자 풀에 함께 존재하는 다른 유전자들과 잘 협동하여 개체의 생존 능력을 높이는 유전자가 성공한다. 개체도 이기적으로 행동하지만 늘 반드시 이기적이어야 할 이유는 없다. 유전자가 그런 것처럼 개체도 같은 집단에 속한 다른 개체와 잘 협동해야 성공할 수 있다. 같은 원리에 따르면 집단도 다른 집단과 잘 협동할 때 생존 능력을 높일 수 있다. 개체든 집단이든 이타 행동과 협동을 통해 더 큰 이익을 얻는 방법을 배우는 게 유리하다는 것이다. '이기적 유전자' 이론은 다윈의 『종의 기원』 On the Origin of Species 을 유전학의 토대 위에서 재해석함으로써 전통적인 사회다윈주의 이론을 반박하는 '이타주의 동물행동학'의 새로운 논리를 제공했다.

  이런 관점에서 보면 개인 사이의 경쟁을 최대한 조장하고 장려함으로써만 사회의 발전을 도모할 수 있다고 보는 보수주의적 견해는 그 타당성을 의심할 수밖에 없다. 여기서 제기하려는 질문은 이런 것이다. '국민국가라는 집단의 번영과 개인 간의 경쟁은 어떤 관계를 맺고 있는가?' 이 질문을 좀더 이해하기 쉽게 바꾸면 이렇게 된다. '개인들 사이에서 벌어지는 경쟁에 어떤 규칙과 질서를 도입하면 그 개인들이 속한 국민국가가 번영하고 성공할 수 있는가?' 만약 만인이 만인에 대해 수단과 방법을 가리지 않고 무제한적으로 투쟁하는 자연 상태에서라면, 인간 사회는 홍도의 괭이갈매기 집단과 크게 다르지 않을 것이다. 인류는 이런 상태를 극복할 수 있는 사회질서를 발명한 덕분에 탕가니카 침팬지 무리와는 비교할 수 없는 고도의 문명사회를 창조했다.

17세기 영국 철학자 토머스 홉스Thomas Hobbes는 인간이 만든 사회질서의 특징을 묘사하기 위해 기독교 구약성서「욥기」에 등장하는 불사不死의 괴수를 불러들였다. 레비아탄 또는 리바이어던Leviathan. 누구도 죽일 수 없다는 이 무소불위의 사회적 생명체에게 더 품격 있는 이름이 있으니, 그것이 바로 '국가'이다. '만인이 만인에 대해 늑대와 같은 상태'에서 벗어나 공동의 번영을 누리기 위해 시민들이 사회계약을 맺고 자기의 권리를 위임한 '사회적 인격체'. 홉스는 사회계약에 따라 민중이 지도자에게 주권을 전면적으로 위임하는 이상국가를 꿈꾸었다. 그러나 역사는 홉스의 소망과는 달리 민중이 국가 지도자에게 점점 더 적은 권력을 위임하는 쪽으로 흘러갔다. 절대권력을 가진 한 사람의 군주, 그를 받드는 소수의 귀족, 그리고 왕과 귀족에게 복종하는 신민臣民으로 이루어져 있던 초기의 국가는, 이렇게 해서 법 앞에서 만인이 평등하며 모든 권력이 국민에게서 나온다는 신화가 지배하는 민주공화국으로 진화했다.

서로 다른 질서가 지배하는 다양한 인간 집단 사이의 경쟁에서 민주공화국은 다른 모든 형태의 국가를 압도했다. 원시적 부족국가나 왕국은 말할 나위도 없다. 강력한 전제군주제, 민족사회주의를 표방했던 히틀러의 파시즘 체제, 그 변종이었던 일본의 군국주의 체제, 프롤레타리아 독재를 표방한 소련·동유럽의 공산당 독재 체제, 이런 것들은 모두 국민국가 수준의 경쟁에서 패배해 소멸했다. 쿠바, 리비아, 북한 등 변종 사회주의 체제는 물론이요, 이슬람 세계의 몇몇 신정국가神政國家와 아시아·아프리카 곳곳의 왕국들도 이르든 늦든 종국적으로 같은 운명을 맞이하게 될 것이라고 나는 전망한다. 국민국가 사이의 경쟁이 전개되는 지구촌의 '국가 생태계'에서 장기적으로 생존 번영할 수 있는 적자適者로 선택받은 가장 경쟁력 있는 국가체제는 다름 아닌 민주공화국이다.

민주공화국은 국가의 생존과 번영을 도모하기 위해서 국민들 개개인이 벌이는 경쟁의 자유를 최대한 보장하면서 그 수단과 방법을 적절하게 제약하는 규칙을 도입했다. 이것이 법률 시스템이다. 법률 시스템은 헌법과 법률, 그리고 다양한 하위 법령으로 구성되어 있다. 제일 중요한 것이 헌법이다. 민주공화국에서 개인들은 마음껏 남과 경쟁해도 된다. 다만, 타인의 권리와 자유를 부당하게 침해하지 않는 범위에서 그렇다. 나는 나의 자유와 권리를 제한 없이 행사할 수 있다. 남을 죽이거나 팔다리를 부러뜨리거나 속이거나, 그 밖에 법률이 명시적으로 금지한 다른 부당한 방법을 쓰지 않는 한 그렇다. 경쟁의 승자는 패자보다 더 많은 자원과 권력과 명예를 얻으며 그 정당성을 인정받는다.

민주공화국은 또한 경쟁이 만들어내는 승자와 패자의 명암 차이를 완화하고 경쟁 기회의 불평등을 억제하는 제도를 만들었다. 이것이 복지 시스템이다. 복지 시스템은 이렇게 말한다. "경쟁에서 이기려고 노력하라. 하지만 당신이 졌다고 해서 굶어 죽거나 병들어 죽거나 남의 노예가 되거나 자식을 학교에도 보내지 못하거나 부모를 봉양하지 못하게 내버려두지는 않겠다. 당신과 가족의 힘으로 도저히 극복할 수 없는 난관에 봉착했을 때는 당신이 다시 일어설 수 있도록 자구自救 노력에 대한 지원을 국가가 제공할 것이다." 이러한 법률 시스템과 복지 시스템이 있기 때문에 인간 사회는 홍도의 괭이갈매기 집단이나 탕가니카 침팬지 집단과는 근본적으로 다른 것이 되었다.

경쟁의 규칙과 질서가 달라지면 국민국가의 경쟁력도 달라진다. 국가의 '경쟁력'이란 국가 사이의 치열한 생존경쟁이 벌어지는 지구촌에서 하나의 국가가 환경 변화에 잘 적응하면서 장기간 존속하고 번영할 수 있는 능력을 의미한다. 여기서 제기하는 질문은 이런 것이다. 국가의 특정한 내부 질서가 그 국가의 경쟁력을 좌우하는 결정적 요인이 될 수 있을까? 만약 그렇다면 어떤 내부 질서와 규칙이 국가의 다원주의적 경쟁력을 높이는 것일까?

인류 역사에서 실제 나타난 적이 있거나 이론적으로 생각해볼 수 있는 다양한 국가 형태 중에서 가장 뒤늦게 나타나 지구 전체에 퍼져나간 것이 민주공화국이다. 고도의 지성적 사유 능력을 가진 인간이 지금까지 지구 행성에서 일어난 생물 진화의 최고봉이라면, 민주공화국은 호모사피엔스의 문명사에서 일어난 제도 진화의 최고봉이다. 민주공화국은 두 개의 토대 위에 선 문명의 건축물이다. 하나는 개인의 자유를 토대로 한 법률 시스템이고, 다른 하나는 인격적 가치의 평등을 지향하는 복지 시스템이다. 대한민국 헌법은 이 둘 모두를 명문화했다.

우리 헌법이 규정한 정치사회적 경쟁 규칙과 질서, 그것을 존중하는 행동방식과 문화양식을 모두 합친 것을 나는 '민주공화국의 기본질서'라고 부른다. 정치를 하는 동안 나는 '국민에게 꿈과 비전을 주는 지도자'가 나오기를 바란다는 유권자들의 말을 숱하게 들었다. 그런데 나는 그 말이 조금 위험하다고 생각한다. 유신 시대의 '잘살아보세'나 김영삼 시대의 '세계화', 이명박 시대의 '7·4·7'과 '국민성공시대' 같은 구호가 '꿈과 비전'으로 통용되는 사회가 과연 건전한 사회일 수 있을까 하는 의구심 때문이다. 나는 우리가 지향해야 할 꿈과 비전은 대한민국 헌법에 다 들어 있다고 생각한다. 대한민국의 지도자가 해야 할 일은 헌법이 담고 있는 '꿈과 비전'을 실현할 수 있는 구체적 방법을 찾아 국민과 대화하고 소통함으로써 그것을 사회적 합의로 만들어 실천하는 것이 아닐까 싶다.

이런 의미에서 대한민국 헌법은 내 정치적 사유와 행위의 시발역始發驛인 동시에 종착역終着驛이다. 나의 정치적 사유와 행위는 헌법의 정신에서 출발하며 그 정신의 실현을 목표로 삼는다. 물론 현행 헌법이 완전무결한 것은 아니다. 그러나 헌법이 우리 국민이 국민투표라는 집단적 의사결정을 통해 합의한 보편적 가치와 규범을 담고 있다는 사실은 누구도 부정하지 못한다. 오늘 우리는 헌법이 규정한 절차에 따라 만들어진 정치권력이 헌법의 가치와 규범을 짓밟는 역사의 퇴행을 목격하고 있다. 나는 이것이 다음 단계의 비약을 준비하는 일시적 웅크림이라고 본다. 웅크리는 시간이 길면, 그 다음에 오는 도약은 그만큼 더 강해진다.

1부 헌법의 당위 _ 복지

복지

자유가 국가의 경쟁력을 높이는 가장 중요한 요소라는 것은 길게 설명할 필요가 없을 것이다. 인류 문명이 만인에게 더 많은 자유를 허용하는 쪽으로 진화해온 것은 더 많은 자유를 허용하는 국가들이 그렇지 않은 국가들을 압도했기 때문이다. 나폴레옹은, 비록 일시적이었다고 할지라도, 프랑스대혁명의 정신을 압살하기 위해 모든 유럽 국가 절대주의 군주들이 만든 '신성동맹'을 군사력으로 제압했다. 두 차례의 세계대전에서 미국과 영국 등 민주주의 국가들이 독일, 이탈리아, 일본 등의 전체주의 국가를 격파했다. 민주주의 경험이 전혀 없었던 우리가 미국과 유럽 국가의 헌법을 모방한 민주주의 헌법을 채택한 것은 이러한 세계사의 대세가 있었기 때문이다.

나는 복지 제도 역시 국가의 다원주의적 경쟁력을 높이는 데 꼭 필요한 요소라고 본다. 그런데 많은 경제학자와 정치인, 언론인들은 복지가 국가 경쟁력을 해친다고 주장하면서 복지 제도를 확충하려는 정부의 노력을 향해 비난을 퍼부었다. 인기영합주의에 빠진 '친북좌파'들이 부자의 돈을 빼앗아 가난한 사람에게 나누어줌으로써 국가 경쟁력을 훼손하고 국민경제를 파탄에 빠뜨린다고 주장했다. 심지어 경제성장을 위해서는 국민의 자유를 제한하고 복지를 축소해야 한다는 외침까지 들렸다. 이명박 정부가 출범한 뒤로 이런 시각은 정부의 정책 기조를 형성하기에 이르렀다.

복지와 국가 경쟁력의 관계에 대해서는 상이한 견해가 대립한다. 그러나 그 견해들이 현실을 바꾸지는 못한다. 1인당 국민소득과 과학기술 수준, 기업의 경쟁력 등 모든 면에서 우리를 앞선 나라들은 모두 우리보다 강력하고 풍부한 복지 제도를 가지고 있다. 선진국 클럽이라는 경제협력개발기구^{OECD} 주요 회원국들은 1인당 국민소득이 우리의 두 배가 넘는다. 국가재정이 국민총생산에서 차지하는 비중은 50%를 넘나든다. 국가재정에서 복지 지출이 차지하는 비중은 60% 수준이나. 우리는 국민총생산 대비 국가재정 비중이 30% 남짓이고, 국가재정에서 복지 지출이 차지하는 비중 역시, 지난 10여 년 동안 크게 늘어났지만, 여전히 30%에 불과하다. 각종 경제사회 지표에서 드러나는 OECD 주요 회원국 국민들의 삶과 우리나라 국민들의 삶을 비교해보면 이렇게 요약될 것이다.

한국 국민들은 가장 오래 일한다. 산업재해로 죽거나 다칠 확률이 제일 높다. 생산 활동을 할 수 있는 사람 중에 실제로 경제활동에 참가하는 비율이 제일 낮다. 일하는 사람 중에 비정규직인 사람의 비율은 제일 높다. 여성 경제활동 참가율이 아주 낮고 일하는 여성은 대부분

비정규직이며 소득은 남자보다 훨씬 적다. 고용주와 노동자들이 서로를 믿지 않는다. 국가가 일을 하면서도 가난한 사람들의 소득 지원을 거의 하지 않으며, 병든 국민들을 치료하고 건강을 회복시키는 데 쓰는 돈도 제일 적다. 절대빈곤 인구와 상대적 빈곤 인구 비율이 높으며 소득 격차가 갈수록 확대되고 있다. 노인이나 중증장애인과 같이 노동능력이 없는 국민들을 위한 소득 지원도 매우 빈약하다. 그래서인지 스스로 행복하다고 느끼는 국민의 비율이 다른 어느 나라보다 낮다.

상세한 내용에 관심이 있는 독자들은 2006년 7월 대통령자문정책기획위원회가 발표한 「사회지표를 활용한 국가 경쟁력 개념연구」를 참조하시기 바란다. 이 자료는 국가기록원에서 운영하는 '제16대 대통령 웹 기록 서비스' pcpp.pa.go.kr 에서 무료로 내려받을 수 있다.

이런 나라가 과연 경쟁력을 가질 수 있을까? 나는 어렵다고 본다. 복지 정책에 반대하는 사람들은 선진국들이 좋은 복지 시스템을 가진 것이 경제적으로 성장해 여유가 생긴 덕분이라고 주장한다. 복지 확충에 원칙적으로 반대하지는 않지만, 우선 더 성장하고 난 다음에 복지를 확충하자는 것이다. 일리가 있는 이야기다. 경제적으로 여유가 있어야 복지도 할 수 있다. 그런데 이것은 동전의 한 면일 뿐이다. 그들은 좋은 복지 제도가 경제성장을 가능하게 하고 국가 경쟁력을 높이는 데 긍정적인 효과가 있다는 동전의 뒷면을 애써 외면한다. 경제적 번영 또는 국가 경쟁력과 복지, 이 둘 사이에 서로를 누적적으로 강화하는 '양의 되먹임'positive feedback 현상이 있다는 사실을 인정하지 않으려는 것이다.

국가 경쟁력은 경제적 부가가치를 창출할 수 있는 능력만을 의미하지 않는다. 국가 경쟁력은 국민 개개인이 각자가 지닌 잠재적 능력을 삶의 모든 영역에서 최대한 발휘하면서 행복을 느끼고, 모든 국민들이 공동체의 생존과 번영을 위해 공감을 이루고 협동함으로써 공동체의 환경 적응력과 생존 가능성을 높이는 국가의 총체적 능력을 의미한다. 찬란한 과학기술과 철학을 꽃피웠던 고대 그리스 국가와 로마제국이 왜 몰락했을까? 여러 원인이 있겠지만 핵심은 노예제도였을 것이다. 다른 인간의 소유물이 된 노예들은 자기가 타고난 재능을 발견할 수도 발휘할 수도 없었다. 여성도 일반적으로 노예나 다름없는 처지에 있었다.

노예제도는 노예뿐만 아니라 노예 소유자들의 경쟁력도 저하시켰다. 태어날 때부터 노예제도의 혜택을 누리는 사람이 자기의 재능을 발견하고 그 재능으로 무엇인가 창의적인 일을 하기 위해 노력할 확률은 그 제도가 없는 경우에 비해 현저히 낮기 때문이다. 인구의 대다수에 대해 재능을 발견하고 꽃피울 기회를 원천적으로 박탈하거나 그 동기를 약화시키는 국가는 특별히 뛰어난 생존 능력을 지속적으로 확보하기 어렵다.

신분제도를 토대로 성립했던 유럽과 아시아의 중세 봉건국가들 역시 다르지 않았다. 자유와 평등을 기준으로 볼 때 노예제 국가보다는 나았지만 천한 신분에 속한 압도적 다수에게 재능을 발견하고 꽃피울 수 있는 기회를 주지 않았다. 직업 선택의 자유도, 교육받을 권리도, 거주이전의 자유도 허용하지 않았다. 여성들은 중세기에도 고대와 마찬가지로 거의 전적인 무권리 상태에 놓여 있었다. 히틀러의 독일제국과 군국주의 일본, 소련과 동유럽의 사회주의 국가들은 국민에게 자유를 허용하지 않았기 때문에 파탄을 맞았다. 자유가 없는 곳에서는 기회의 평등도 실현할 수 없다. 이런 시각에서 보면 여성에게 인권을 허용하지 않고 수천 년 묵은 종교적 도그마에 복종하도록 아이들을 양육하는 이슬람의 신정국가들은 결코 밝은 미래를 기대할 수 없을 것이다. 또 자유를 폭넓게 허용하는 민주주의 국가라 할지라도 가난한 아이들에게 충분한 기회를 제공하지 않는 불평등한 사회라면 장기적으로 국가 경쟁력을 확보하기 어렵다.

지금 대한민국이 마주 선 주요한 경쟁 상대는 거의 모두 자유를 기본 질서로 하는 민주주의 국가이며 압도적으로 우월한 복지 제도를 보유한 나라들이다. 이런 나라들과의 경쟁에서 결정적으로 중요한 것은 사람이다. 자기 나라에서 태어나는 모든 아이들, 거기서 사는 모든 어른들에게 각자의 재능을 발견하고 발전시키고 발휘할 수 있는 기회를 주는 나라는 성공하고 그렇지 못한 나라들은 뒤처지게 되어 있다. 능력 있는 부모를 만난 아이들은 문제가 적다. 그러나 가난한 부모를 만난 아이들은 충분한 기회를 얻지 못한다.

인구의 절반인 여성들이 재능을 발휘할 기회를 충분히 가지도록 하는 것도 매우 중요하다. 경쟁에서 한번 실패한 어른들이 자기의 지적 자본 또는 인적 자본을 폐기하지 않고 다시 일어설 수 있도록 새로운 기회를 제공하는 것 역시 빠뜨릴 수 없는 일이다. 복지 정책은 이런 것을 하기 위한 수단이다. 좋은 복지 정책은 경제적 번영을 추동한다. 경제적 번영은 더 좋은 복지 정책으로 가는 길을 연다. 이것이 둘 사이에 작동하는 '양의 되먹임' 현상이다.

그런데 우리나라의 사회적 약자들은 자신과 같은 사람에게 더 많은 도전의 기회를 제공하는 정책을 가진 정당과 정치인을 별로 지지하지 않는다. 그들은 모든 국민에게 더 많은 기회를 골고루 제공하려는 복지 정책에 '좌익 포퓰리즘'이라는 딱지를 붙여 공공연하게 비난하는 신문들을 읽는다. 그 신문들과 똑같은 주장을 하는 보수 정당을 더 많이 지지한다. 부자를 더 부유하게 하기 위해 부자들이 내는 세금을 없애고 깎아주면서 가난한 아이들을 위한 재정지출은 삭감하는 정당에 표를 던진다. 아이들 과외비에 허리가 휜다고 하소연하면서도 사교육을 부추기는 교육 정책을 들고 나온 후보를 지지한다.

국가 경쟁력은 국민의 정치적 개명開明을 요구한다. 정치적 개명이란 주권자인 시민들이 자기의 이익과 공동체의 선에 대한 나름의 합리적 판단을 근거로 삼아 발언하고 선택하는 것을 의미한다. 국민이 정치적으로 개명하지 않으면 경제적 번영과 복지 사이의 긍정적 되먹임을 일으킬 동력이 사라진다. '큰 시장 작은 정부'라는 이데올로기에 눈이 멀어 복지 정책에 거의 무조건적으로 반대하는 보수 정당과 보수 언론은 지금 이 시각에도 대한민국의 국가 경쟁력을 해치고 있는 것이다.

1부 헌법의 당위 _ 헌법애국주의

헌법애국주의

인간은 이기적 동물이다. 인간만 그런 게 아니라, 모든 생명체가 다 이기적이다. 하지만 그렇다고 해서 인간 그 자체를 불신하거나 사회정의의 실현을 포기할 필요는 없다. 동물도 인간도 이타 행동을 하기 때문이다. 인간은 가까운 이웃을 돕기도 하고 공동체의 안전과 번영을 위해 자기 목숨을 버리기도 한다. 동물들도 그렇게 한다. 맹금猛禽의 출현을 인지하면 높은 소리로 울어대는 새가 있다. 어떤 산양은 맹수의 접근을 무리에게 알리기 위해 높이 뛰어오른다. 천적의 눈길을 끌어 맨 먼저 먹잇감이 될 위험을 무릅쓰고, 무리에게 경고를 보내기 위해 날카롭게 울면서 높이 뛰어오르는 것이다.

미국 고등학교에서는 총기 난사 사건이 벌어졌을 때 학생을 살리려다가 대신 총탄을 맞고 희생된 여교사가 있었다. 평생 김밥을 팔거나 휴지를 주워 모은 거금을 대학에 기부한 할머니들도 있다. 가수 김장훈 씨를 보면 기부가 직업이고 노래하는 일은 부업이 아닌가 하는 생각이 든다. 배우 문근영 씨는 애칭이 '국민여동생'에서 '기부천사'로 바뀌었다. 이런 분들은 이타 행동을 하는 데서 다른 어떤 일보다 큰 행복을 맛본다. 독립운동에 목숨을 바친 애국선열, 민주화 투쟁을 하다 희생된 분들, 우리가 보통 애국자라고 하는 인물들도 모두 이타 행동을 한 개인들이다. 인간은 그저 이기적이기만 한 동물이 아니라, 이타적 행동을 하는 이기적 동물이다.

인간이 본질적으로 이기적이라는 말을 오해해서는 곤란하다. 이것을 오해하면 이기적 행동이 윤리적으로 정당하다거나 이타적 행동을 해봐야 소용없다는 식의 잘못된 결론으로 빠질 수 있다. 인간은 본질적으로 이기적이기 때문에 이타주의를 배워야 한다. 서로를 해치는 이기적 경쟁보다 서로를 이롭게 하는 협력적 행동이 모두를 더 행복하게 만든다는 것을 깨닫도록 학습하고 경험을 쌓아야 한다. 오랜 역사를 가진 민족 또는 국가들은 모두 나름의 복지 제도 또는 상부상조의 전통을 가지고 있다. 이런 전통은 오랜 세월 호혜적 이타 행동의 장점을 경험하고 학습하는 과정에서 형성되었다.

집단의 생존과 번영은 개체에게 이익을 준다. 나라가 잘된다고 해서 개인이 잘된다는 보장은 없지만, 나라가 잘되면 개인이 잘될 가능성이 더 커진다. 극단적으로 말하면 망한 나라의 성공한 국민보다는 융성하는 나라의 평범한 국민이 낫다. 물론 제일 좋은 건 번영하는 나라의 성공하는 국민이 되는 것이다. 우리 모두는 이런 사실을 안다. 그래서 누구나 애국자를 존경하며, 자신도 기왕이면 애국자가 되기를 바란다. 여기서 '기왕이면'에 유의하자. 누구나 애국자가 되기를 원하지만, 그렇다고 애국하기 위해서 무제한적 위험을 감수하는 건 아니라는 사실도 잊으면 안 된다.

　독도를 빼앗으려고 일본 자위대가 쳐들어온다고 하자. 어떤 정치인은 그럴 경우 칠십 노구를 이끌고 종군하겠다고 했지만, 모든 국민이 다 그런 건 아니다. 그분은 그럴지 몰라도 출산을 위해 미국 원정을 갔던 며느리는 미국에서 태어난 그 아이를 데리고 인천공항으로 달려갈지 모른다. 나라가 망해도 내 아이는 살려야 하니까. 우리는 모두 관념적인 애국자이다. 그러나 누구나 다 애국 행동을 하지는 않는다. 공동체의 존속과 번영을 위해 자기 목숨을 바치는 이타적 행동은 극소수에게서 지속적으로, 그리고 다수에게서는 아주 일시적으로만 관찰할 수 있는 예외적 행동방식이다.

　진짜 애국을 하려는 경우에도 어려움이 있다. 주관적 애국 행동이 늘 객관적·실제적 애국으로 귀결되는 건 아니기 때문이다. 자기는 애국한다고 한 일인데 실제로는 해국害國을 하는 경우도 많다. 애국은 무엇인가? 국어사전을 보면 이렇게 나와 있다. "자기 나라를 사랑함." 참으로 허무한 설명이다.

　나는 '애국'을 국가라는 공동체의 생존과 번영 가능성, 또는 국가의 다원주의적 경쟁력을 높이는 행동으로 규정한다. 나라의 발전에 실제로 기여하는 행위라고 해도 좋겠다. 이렇게 보면 누구나 애국자가 될 수 있으며, 때로는 애국하려는 마음이 전혀 없어도 애국자가 될 수 있다. 예컨대 큰 기업을 일구어 많은 젊은이들에게 일자리를 주고 국부國富를 증진하는 것, 좋은 교양서를 발간하여 국민의 지적 수준을 높이는 것, 뛰어난 연구 결과를 내서 국가 과학기술 발전을 이룩하는 것. 이런 일들은 어떤 동기와 목적을 가지고 했든 상관없이 단지 돈이나 명예를 얻으려는 동기에서 한 일일지라도, 그 자체로서 칭찬할 만한 애국 행위가 된다. 그러나 어떤 행동은 그 사람이 주관적으로 나라를 너무나 사랑한 나머지 한 것일지라도, 지탄받아 마땅한 '해국' 행위가 될 수 있다. 마치 어떤 여인을 주관적으로 너무나 사랑한 나머지 그 여인과 가족에게 말로는 다할 수 없는 고통을 주는 스토커처럼 말이다.

애국이 무엇인지에 대해서는 주관적 심리상태와는 구별되는 객관적 기준이 필요하다. 내 기준은 단순하다. 대한민국 헌법은 국가의 다원주의적 경쟁력을 최대화하는 민주공화국의 질서와 규칙을 담고 있다. 따라서 헌법의 규정과 정신을 온전하게 실현하는 데 기여하면 애국이 되고 그 반대면 해국이 된다. 이런 기준에 따른 애국 행동을 함으로써 삶의 보람과 긍지를 느끼려고 하는 생각과 태도를 나는 '헌법애국주의'라고 부른다. 이 말은 내가 발명한 게 아니다. 『넙치』Der Butt와 『양철북』Die Blechtrommel을 쓴 독일 작가 귄터 그라스Günter Grass에게 들은 말이다. 그는 1995년 독일 통일 문제를 다룬 작품 『광야』Ein weites Feld를 발표하면서 방송 인터뷰를 했다.

그라스는 히틀러의 국가주의 범죄에 대한 악몽 때문에 애국주의라는 가치를 우파의 전유물로 방치한 것을 독일 좌파의 중대한 오류라고 지적했다. 자신은 독일연방공화국 헌법 정신 실현에 기여하는지 여부를 애국의 기준으로 삼는다고 말하면서 우파의 국가주의적 애국주의 또는 배타적 민족주의와 구별하기 위해 헌법애국주의^{Verfassungspatriotismus}라는 용어를 사용했다. 이 개념은 독일 철학자 위르겐 하버마스^{Jürgen Habermas}가 민족주의에 입각한 우파의 공격적 애국주의를 대체하기 위해 만들었다는 이야기도 있다. 누구의 발명품인지 확인하지는 못했지만, 여기서는 그라스가 생각한 것과 똑같은 의미로 이 용어를 사용하고자 한다.

후불제 민주주의

애국자

잠시 타임머신을 타고 시간을 거슬러 1979년 유신 정권 막바지로 날아가보자. 서울대학교 총장이 어떤 '문제학생'을 너무나 사랑한 나머지 휴학을 명령했다. 그때는 학생 본인의 희망과는 전혀 무관하게, 대학 총장이 어떤 학생을 특별히 사랑하면 휴학을 명령할 수 있었다. 이른바 '지도휴학제'다. 그런데 지도휴학의 대상이 되는 학생을 고른 것은 대학 총장이 아니라 중앙정보부(오늘날의 국가정보원)와 경찰청 대공과對共課였다.

문제의 법대 학생은 "국민은 그 대표자나 국민투표에 의하여 주권을 행사한다"는 유신헌법 제1조 제2항을 우습게 여기면서, 도서관 옥상 같은 위험한 곳에 올라가 '언론 자유 보장하라'라든가 '독재 타도 민주 쟁취' 같은 불순한 구호를 외치는 방식으로 자기의 주권을 직접 행사할 가능성이 많다는 판정을 받은 탓에 강제로 휴학을 당했다. '원, 휴학을 강제로 당하다니, 별일도 다 있네.' 이런 생각을 하는 분들은 이것이 불과 30년 전 대한민국 수도 서울에서 일어난 사건임을 기억해주시기 바란다. 300년 전이 아니다. 그리고 이런 일을 했던 '양복 입은 침팬지'의 충성스러운 후예들이, 지금 내로라하는 권력기관을 모조리 장악하고 있다는 사실도 잊지 마시기 바란다.

지도휴학을 당한 학생이 남자라면 병역법에 따라 즉시 군에 가야만 했다. 대학 총장이 지도휴학 명령을 내리자 병무청은 곧바로 징집영장을 보냈다. 중앙정보부가 지휘한 이 원스톱 서비스 시스템은 대한민국 행정 서비스 발전의 역사에 새로운 장을 연 획기적인 것이었다. 그런데 그 문제학생은 자취방에 돌아오지도 않고 시골의 가족들과도 연락하지 않은 채 사라져버림으로써, 이 깜찍한 문명적 서비스의 향유를 거부했다. 관악경찰서 정보과 담당 형사는 몸이 달았다. 그 학생이 주권을 직접 행사하는 대형 사고를 칠 경우 인사고과에 나쁜 영향이 오는 것도 문제이지만, 무엇보다도 촉망받는 명문대 학생이 감옥에 가면 이 얼마나 큰 국가적 손실인가. 그 형사는 이렇게 생각하는 주관적인 애국자였다. 영장을 받아든 부모님은 아들이 병역기피자가 될까 노심초사 잠을 이루지 못했고, 여기에 깊이 공감한 친구들이 학교 곳곳에 소자보小字報를 붙였다. "아무개야, 유신 군대가 너를 부른다!"

며칠 후 그가 모습을 드러냈다. 학교 건물 3층 유리창을 깨고 베란다에 나타난 것이다. 왼손에는 식칼을, 오른손에는 메가폰을 들었다. 식칼은 그 광고 효과 덕분에 체포조의 접근을 잠시 지체시킬 수 있는 무기였다. 그가 유인물을 뿌리고 예의 그 발칙한 구호를 외치면서 헌법이 보장한 언론과 표현의 자유를 직접 행사한 순간, 안타까운 마음으로 며칠 동안 그를 찾아 헤맸던 담당 형사가 나타나 베란다를 올려

다보며 외쳤다. "야, 아무개. 너만 애국자냐!"

형사는 전도유망한 청년이 감옥에 가지 않고 군에 갈 수 있도록 해주는 것이 공무원으로서 애국하는 일이라고 생각했을 것이다. 진심을 몰라주는 청년이 야속했고, 그래서 화를 낸 것이다. 어떤 독자들은 고개를 끄덕일지도 모르겠다. '그래, 우리 모두는 나름대로 애국자야. 서로 존중해야지.' 그런데 정말 그래야 할까? 마음 넓게 역지사지易地思之하는 삶의 자세는 흔쾌히 미덕으로 인정할 수 있겠다. 그러나 그 형사의 행위는 애국이 될 수 없다. 국민의 자유와 인권을 최대한 보장하고 개인의 창의성과 개성을 마음껏 꽃피우게 하는 민주공화국이 국민국가 수준의 생존경쟁에서 확실한 우위를 가지는 체제임이 확실하다면, 국민 기본권을 탄압하는 데 가담함으로써 민주공화국의 기본 질서를 파괴하는 행위는 국가의 생존 능력을 저하시키는 '해국 행위'가 될 수밖에 없기 때문이다. 만약 어떠한 객관적 기준도 적용하지 않고 주관적으로 나라를 사랑하는 마음으로 한 모든 행위를 애국으로 인정한다면, 우리는 필연적으로 히틀러와 스탈린, 처칠Winston Churchill과 드골Charles de Gaulle, 사담 후세인과 조지 부시, 그들 모두에게 공평하게 애국자라는 명예로운 작위를 부여해야 하는, 매우 곤란한 상황에 직면할 것이다.

혹시 궁금해하는 독자가 있을지 몰라서 뱀발을 단다. 강제로 휴학을 당했던 그 문제학생은 대통령 긴급조치 9호 위반으로 현장에서 체포되었지만, 며칠 지나지 않아 10·26사건이 나는 바람에 아무 일 없이 석방되었다. 그러나 다음 해인 1980년 5·18이 터진 후 전두환의 신군부를 규탄하는 유인물을 뿌리다가 계엄사령부에 잡혀갔고, 교도소가 너무 붐비는 바람에 다른 병역미필자들과 함께 결국 군대로 직행했다. 지금은 어떻게 살까? 공장에도 다니고 노동운동도 했던 그는 뒤늦게 사법시험에 합격해 서울 강남에 번듯한 사무실을 열고 변호사로서 할 수 있는 애국적 행동을 많이 하고 있다. 그 담당 형사는? 아직 생존해 있다면 공무원연금을 받으며 어느 정도 품위 있는 생활을 할 것이다. 어떤 애국을 더 하고 있는지는 유감스럽게도 아는 바 없다.

후불제 민주주의

국가 정체성

 자칭 애국자 또는 주관적 애국자는 정치와 행정 분야에 가장 흔하게 출몰한다. 주관적 애국심에 사로잡혀 심각한 객관적 해국을 하는 분들은 대부분 이곳을 주요 서식지로 삼고 있다. 그런데 요즘은 사업 다변화 전략에 따라 시민단체라는 이름표를 달고 서식지를 크게 확장했다. 그들은 입으로 자유민주주의 체제를 지키자고 외치면서 행동으로는 민수공화국의 기본 질서를 파괴한다. 국가의 안정과 번영을 위해 개인의 자유와 권리를 제한하고 박탈하자고 외친다. 물론 자기네가 누리는 자유와 권리는 해당사항이 없다. 자기네와 다른 견해를 가진 사람들의 자유와 권리를 박탈하라는 것이다. 전혀 새롭지 않은, 수천 년 문명의 역사를 지배했던 이 야만적 견해는 외견상 새로워 보이는 장식을 달고 나타났다. 그들 스스로 그 장식을 가리켜 '뉴라이트'라고 한다.
 그들에게 '나의 자유는 언제나 정치적 반대자의 자유'라고 하는 계몽주의 시대 이후 정립된 민주주의 상식은 아무 의미도 없다. 헌법이 보장한 사상과 표현의 자유는 사회 구성원 대다수가 터무니없다고 생각하는 견해에 대해서까지도 자유로운 표현을 허용한다는 것을 그들은 인정하지 않는다. 그들은 '잘못된 생각'을 하고 그 생각을 입 밖에 내는 사람을 감옥에 가두어야 한다고 주장한다. 그들은 또한 우리 헌법이 대한민국의 국가 정체성을 민주공화국으로 못 박은 지 벌써 반세기가 넘었는데도 여전히 사회주의·공산주의에 반대하고 북한과 대결하는 것을 국가 정체성이라고 주장한다.

하기야 무슨 주장을 하든 그건 그들의 자유다. 그 주장 자체가 민주공화국을 해치지는 못한다. 민주공화국은 국민 대다수가 터무니없다고 생각하는 견해를 말할 자유까지도 너그럽게 관용하는 체제이니 말이다. 그들도 헌법의 보호를 받는 덕분에 그런 터무니없는 주장을 자유롭게 펼칠 수 있다. 마찬가지 이치에서 사회주의·공산주의를 선전하고 찬양하는 자유도, 그런 생각을 타인에게 강요하거나 폭력을 동원해 관철하려고 하지 않는 한 모두 허용할 때 대한민국은 진짜 민주주의 사회가 된다. 문제는 자기의 견해를 관철하기 위해 사적·공적 폭력을 동원하는 데 있는 것이지 터무니없는 주장을 하는 것 그 자체가 아니다.

2008년 2월 25일을 기점으로 민주공화국이라는 대한민국 국가 정체성이 다시금 위협받고 있다. 이명박 대통령이 이끄는 대한민국 정부가 세계사의 진화를 거스르는 '문명 역주행'을 시작한 것이다. 호국단체 또는 애국단체 회원임을 주장하는 사람들이 애국을 명분으로 내걸고 곳곳에서 폭력을 행사하기 시작했다. 국가권력과 일부 보수 신문들은 그들을 비호했다. 법 앞에서 만인이 평등하다는 헌법 제11조는 힘을 잃었다. 그들은 공영방송을 빨갱이 방송이라고 욕하고 정연주 KBS 사장의 사임을 요구하면서 가스통을 장착한 차량에 쇠파이프와 각목을 싣고 다녔다. 또 그들과 정반대 주장을 하면서 평화롭게 1인시위를 하던 여성을 백주 대로에서 폭행했다.

경찰과 검찰은 그들의 사적 폭력에 한없이 관대했다. 그러면서도 정부와 대통령을 비판하는 국민에 대해서는 이현령비현령耳懸鈴鼻懸鈴 자의적인 법 집행을 했다. 정부 정책을 비판하고 반대하는 촛불집회에 참석한 '유모차 부대' 엄마들과 평화시위를 유도하기 위해 봉사활동을 벌였던 '촛불예비군'들을 조사하고 기소했다. 미국산 쇠고기 수입 반대운동을 주도했던 인터넷 카페 운영자를 구속하고, 이 문제와 관련해 정부를 편든 '조·중·동' 보수 신문에 광고를 한 기업에 대해 불매운동을 선개한 네티즌도 구속했다. 정부를 비판하는 인터넷 게시물을 삭제하도록 통신망 운영자들을 압박했다. 경찰관에게 쇠파이프를 휘두르거나 위험한 액체를 투척했다는 혐의를 받은 시위자들도 체포했다. 사적 폭력을 행사한 사람을 제지하는 것은 정당한 일일 것이다. 문제는 정부를 편들기 위해 똑같은 일을 한 사람들은 자유롭게 거리를 활보하도록 내버려두었다는 사실이다. 집권 한나라당은 이런 행동을 한 우익 단체에 특별한 재정 지원을 하는 법률까지 제출했다.

법 앞에서 만인이 평등하다는 헌법 정신이 무너지면 법치주의가 설 곳이 없다. 이 원리가 무너지면 법률은 '큰 고기만 빠져나갈 수 있는 촘촘한 그물'이 되고 만다. 유전무죄 무전유죄有錢無罪 無錢有罪, 유권무

죄 무권유죄有權無罪 無權有罪가 통하는 사회에서는 준법정신이 설 땅을 잃고 만다. 그런데 경찰과 검찰은 정확하게 그 길을 걸었다. 더욱 심각한 사태는 허가를 받지 않은 야간 집회를 주도했다는 이유로 광우병국민대책위원회 활동가들을 구속 기소한 것이었다. 야당 시절 국가보안법을 지키기 위해서 이명박 대통령 자신도 박근혜 당시 한나라당 대표와 함께 청계천 광장에서 야간 촛불집회를 한 적이 있다. 그런데도 이명박 정부는 다음과 같은 대한민국 헌법 제21조를 없는 것이나 마찬가지로 취급하면서 촛불집회를 주도한 단체 실무자들을 구속했다.

① 모든 국민은 언론·출판의 자유와 집회·결사의 자유를 가진다.
② 언론·출판에 대한 허가나 검열과 집회·결사에 대한 허가는 인정되지 아니한다.

다행히 이 사건 재판을 담당한 판사가 야간 집회를 원천적으로 금지한 집회 및 시위에 관한 법률 관련 조항을 헌법 제21조 위반으로 보고 헌법재판소에 위헌심사를 청구하면서 피고인들에 대한 보석을 허가했다. 사법부의 독립성이 어느 정도는 살아 있고, 권력의 분산과 상호 견제라는 민주주의 원리가 부분적으로라도 작동하고 있다는 증거이다. 판사들이 이렇게 할 수 있는 것은 다음과 같은 헌법 조문 덕분이다.

제103조 법관은 헌법과 법률에 의하여 그 양심에 따라 독립하여 심판

한다.

제106조 ① 법관은 탄핵 또는 금고 이상의 형의 선고에 의하지 아니하고는 파면되지 아니하며, 징계 처분에 의하지 아니하고는 정직·감봉 기타 불리한 처분을 받지 아니한다.

제107조 ① 법률이 헌법에 위반되는 여부가 재판의 전제가 된 경우에는 법원은 헌법재판소에 제청하여 그 심판에 의하여 재판한다.

국방부도 검찰과 경찰에 뒤질세라 헌법을 무시하는 행동을 했다. 군 장병들이 읽어서는 안 되는 '불온도서 목록'을 모든 병영에 내려 보낸 것이다. 문화단체와 교육 관련 단체, 학술단체, 심지어 공영방송의 유명한 책읽기 프로그램이 좋은 책이라고 추천했던 학술서적과 교양서적, 문학작품 들이 무더기로 포함되었다. '큰일이다. 잘못하면 내가 쓴 책도 들어갈 것 같다. 먹고사는 데 지장이 생길지도 모르겠다.' 이런 걱정을 하고 있는데, 웬걸! 인터넷 서점 알라딘이 대박을 터뜨렸다. 메인 페이지에 이벤트 배너를 띄웠는데 제목이 걸작이었다. '2008 국방부 선정 불온서적 23선.' 위대한 시장의 힘! 국방부가 반미, 반정부, 반자본주의 불온서적으로 지목해 수거를 지시한 그 책들이 날개 돋친 듯 팔려나갔다. 늘 그런 것은 아니지만 때로 시장은 권력보다 확실히 강하다.

게다가 젊은 군법무관들이 연대하여 소위 '불온도서'를 읽지 못하게 한 국방부의 조처가 위헌이라며 헌법재판소에 제소했다. 법무관들의 위헌론은 명료했다. 헌법에는 군인과 민간인의 기본권을 다르게 보장하도록 하는 조항이 없다. 합법적으로 출판되어 시장에서 유통되는 특정한 책을 군인들이 읽지 못하게 하는 것은 행복추구권을 침해하는 동시에 헌법 제21조가 단호하게 금지한 '출판에 대한 검열'에 해당한다. 당연한 일이지만 또한 놀라운 일이다. 우리 헌법이 젊은 법무관들의 영혼에 이렇게까지 깊이 스며들어 있는지 나는 몰랐다.

대한민국의 국가 정체성은 위협받고 있지만 아직 변질되지는 않았다. 대통령과 정부에서 독립해 있는 헌법기관과 공공기관 종사자들은 민주공화국의 기본 질서를 구현하기 위해서 헌법과 법률이 보장한 자신의 권한을 적절히 활용하고 있다. 그렇기 때문에 국민들은 가만히 사태 전개를 주시할 뿐 특별한 행동에 나서지 않고 있는 것이다. 만약 사법부와 헌법재판소마저 행정부의 헌법 파괴를 방조하거나 방관한다면, 그때는 주권자인 국민이 헌법과 민주주의를 지키기 위한 대규모 행동을 직접 조직하게 될 것이다.

후불제 민주주의

법치주의

자유는 행복 추구의 필수 조건이다. 그러나 자유를 무한대로 누릴 수는 없다. 내가 누리는 자유는 타인의 자유와 권리를 부당하게 침해하지 않는 선까지만 확장할 수 있다. 헌법과 법률은 개인의 자유가 그 한계를 넘어가지 못하도록 제한한다. 국민은 법률을 잘 지켜야 한다. 한계를 침범하면 처벌을 받고 타인에게 끼친 손해를 물어주어야 한다. 이것이 우리가 모두 아는 상식이다.

그런데 대통령과 법무부 장관과 경찰청장과 검찰총장 등 권력기관의 수장들이 이 상식을 엉뚱한 곳으로 끌고 간다. 대통령이 직접 국민 앞에 나와 법치주의를 강조한다. 법무부 장관도 법치주의를 외치면서 '떼법'을 근절하겠다고 말한다. 이걸 어떻게 보아야 할까? 아무리 부드럽게 평해도 무교양의 소치라고 할 수밖에 없다.

그들은 국민이 법을 지키게 만드는 것을 법치주의 확립이라고 주장한다. 물론 대통령부터 시장바닥의 장삼이사까지 국민은 누구나 법을 잘 지켜야 한다. 법을 어기면 누구나 법에 따른 처벌을 받고 책임을 져야 한다. 그러나 그것이 법치주의는 아니다. 법치주의의 본질은 국가와 권력자들이 법에 따라 통치하는 것이다. 법치주의의 반대말은 국민들의 법 무시가 아니라 권력자와 국가의 자의적인 통치 또는 인치人治라고 하는 게 옳다. 헌법 제69조를 보자.

대통령은 취임에 즈음하여 다음의 선서를 한다. "나는 헌법을 준수하고 국가를 보위하며 조국의 평화적 통일과 국민의 자유와 복리의 증진 및 민족문화의 창달에 노력하여 대통령으로서의 직책을 성실히 수행할 것을 국민 앞에 엄숙히 선서합니다."

문장이 거슬리는 건 어쩔 수 없다. 영어와 일본어 번역문 분위기가 물씬 나고 주술관계도 명료하지 않은 이 선서의 문장을 고치려면 복잡한 헌법 개정 절차를 밟아야 하니 그냥 넘어가자. 47년 동안 아이들을 가르치고 정년퇴직한 이수열 선생은 『우리가 정말 알아야 할 대한민국 헌법』이라는 예쁜 책에서, 뜻을 하나도 손상시키지 않으면서 대통령 취임 선서를 다음과 같이 바로잡아두었다.

나는 헌법을 준수하고 국가를 보위하며 조국의 평화통일을 위해 힘쓰면서 국민의 자유와 복리를 증진하고, 민족문화 창달에 노력하여 대통령의 직책을 성실히 수행할 것을 국민 앞에 엄숙히 선서합니다.

대통령 취임 선서의 첫 구절이 "헌법을 준수"한다는 것이다. 그렇다. 법치주의는 대통령이 헌법을 준수하는 것이다. 자기 마음대로 하는 게 아니라 헌법에 따라서 나라를 다스려야 한다는 것이다. 헌법은 온통 국가가 국민들에게 해서는 안 될 일에 대한 규정, 또는 국가가 국민에게 보장해주어야 하는 규정으로 가득하다. 헌법의 국민 기본권 조항은 제11조에서 제37조까지 이어진다. 그 핵심 내용을 알기 쉬운 표현으로 바꾸어 요약하면 다음과 같다. 주권자 노릇을 제대로 하려면 누구도 침해할 수 없는 나의 기본권이 무엇인지 알아야 한다.

모든 국민은 법 앞에 평등하다. 남자든 여자든, 어떤 종교를 믿든, 사회적 신분이 높든 낮든, 돈이 많든 적든, 많이 배웠든 배우지 못했든 상관없이 차별을 받지 않아야 한다.(제11조)

모든 국민은 신체의 자유를 가진다. 경찰이나 검찰은 판사가 발부한 영장이 없이는 국민을 잡아가거나 가두거나 집을 뒤지거나 강제로 노역을 시킬 수 없다. 고문을 해서도 안 되고 불리한 진술을 강요해서도 안 된다. 자백이 유일한 증거인 경우 국가는 국민을 처벌하지 못한다.(제12조) 국가는 당사자가 아닌 친족이 나쁜 짓을 했다는 이유로 국민 누구에게든 불이익을 주어서는 안 된다.(제13조)

국민은 자기가 살고 싶은 곳에 살 수 있고 어디든 가고 싶은 곳에 갈 수 있으며 자기가 원하는 직업을 선택할 수 있다.(제14조와 제15조) 국민은 또한 사생활의 비밀과 자유를 누린다.(제16조) 국민은 자기의 양심에 따라 살면서 어떤 것이든 자기가 원하는 종교를 믿거나 아무

종교도 믿지 않을 자유가 있다. 종교와 정치는 분리된다.(제19조와 제20조)

국민은 자기가 생각하는 바를 마음대로 말할 수 있고 책으로 낼 자유가 있으며, 같은 생각을 가진 사람들과 단체를 만들고 한데 모여 그 생각을 표현하고 주장해도 된다. 국가는 이런 것을 검열하거나 허가할 권한이 없다. 무엇을 공부하고 연구하든, 어떤 예술형식으로 생각과 감정을 표현하든, 모두 다 자유다.(제21조와 제22조)

국가는 국민의 재산권을 보장해야 한다. 그런데 국민은 공공복리에 적합하도록 그 재산권을 행사해야 하고, 이를 위해 국가가 국민의 재산권을 가져가거나 제한하는 경우에는 정당한 보상을 해야 한다.(제23조)

국민은 대통령과 국회의원 등 공직자를 뽑는 데 참가할 권리가 있고, 그런 공직자가 될 권리도 있다. 무슨 요구가 있으면 국가에 문서로 청원할 권리가 있고 국가는 그 청원을 심사할 의무가 있다.(제24조, 25조, 26조)

국민은 법률에 따라 신속하게 공개재판을 받을 권리가 있다. 군인이 아니면 군에 대한 중대 범죄를 저지르지 않는 한 군사법원에서 재판받지 않는다. 법원이 유죄를 확정하기 전까지는 죄인 취급을 받지 않을 권리가 있다. 국가가 죄 없는 국민을 잡아 가두었을 때는 보상을 해야 한다. 국민은 다른 사람의 범죄 때문에 죽거나 다칠 경우 국가에 구조를 요청할 수 있다.(제27조, 28조, 30조)

국민은 능력에 따라 균등하게 교육을 받을 권리가 있다. 국민은 일할 권리가 있으며 국가는 국민이 인간다운 조건에서 일할 기회를 얻고 적정한 임금을 받을 수 있도록 보장하기 위해 노력할 의무가 있다. 근로자는 노동조합을 만들고 사용자와 단체교섭을 하고 필요할 때는 파업 등 단체행동을 할 권리가 있다.(제31조, 32조, 33조)

모든 국민은 인간다운 생활을 할 권리가 있고, 국가는 이를 위해 노력할 의무가 있다. 국가는 여자, 노인, 청소년, 장애인의 권익 향상과 보호를 위해 노력할 의무가 있다. 국민은 건강하고 쾌적한 환경에서 살 권리가 있고 국가는 환경 보전을 위해 노력할 의무가 있다. 국가는 또한 혼인과 가족생활이 개인의 존엄과 양성의 평등을 기초로 성립되고 유지되도록 보장하고 국민을 건강하게 살 수 있도록 할 의무가 있다.(제34조, 35조, 36조)

호모사피엔스의 역사 수십만 년, 문명의 역사 5,000년 동안 인간은 한순간도 이러한 권리와 자유를 누리지 못했다. 국가와 국가를 지배한 권력자들은 제 마음대로 사람을 잡아가고 재산을 빼앗고 죽였다. 가고 싶은 곳으로 가지 못하게 했고 자기 생각을 말하지 못하게 했다. 신분제도를 만들어 귀족의 자식은 귀족의 직업을, 천민의 자식은 천민의 직업을 가지게 했다. 약자를 짓밟으면서 강자에게는 특권을 주었다. 인간은 권력과 권력자에 대한 두려움에 떨면서 그 긴 세월을 살았다.

법치주의는 문명의 진화가 만들어낸 최고 걸작 가운데 하나이다.

국가와 권력자들은 이제 헌법과 법률의 규정에 따라서 권력을 행사해야 한다. 자의적인 권력 행사와 공평하지 못한 법 집행을 헌법이 금지한 것이다. 이것이 법치주의의 본질이다. 국민에게서 권력을 위임받은 대통령이나 고위 공무원들이, 헌법이 규정한 국민의 자유와 권리를 침해하는 행위를 공공연하게 하면서, 텔레비전에 나와 국민이 법을 잘 지키는 것이 법치주의라고 설교하는 것은, 아무리 너그럽게 봐도 문명의 역사에 대한 교양 없음을 드러내는 것이며, 엄하게 보면 법치주의를 무너뜨리고 주권자인 국민에게 도전하는 발칙한 망동妄動이라고 할 수밖에 없다.

이 많은 자유와 권리를 국민에게 부여한 위대한 대한민국 헌법은 국민에게 단 네 가지 의무만을 지운다. 법률이 정한 의무교육 기관에 자녀를 보낼 것, 무슨 일이든 근로를 할 것, 법률이 정한 대로 세금을 낼 것, 그리고 건강한 남자들은 군대에 갈 것. 국민의 의무는 이 네 가지밖에 없다. 반면 국가는 모든 국민이, 다른 국민의 자유와 권리를 부당하게 침해하지 않는 범위에서, 이 모든 자유와 권리를 한껏 누릴 수 있도록 보장하고 노력해야 한다는 엄청난 의무를 진다. 민주공화국의 헌법은 국가와 개인의 관계를 역전시켰으며, 우리의 유전자와 두뇌에 입력된 낡은 매뉴얼의 폐기를 요구한다. 지도자와 권력자를 맹목적으로 추종하는 본능적 행동과 결별하라는 것이다.

아직 말하지 않은 헌법의 기본권 조항이 하나 더 있다. 헌법 제37조는 이렇게 선언한다.

① 국민의 자유와 권리는 헌법에 열거되지 아니한 이유로 경시되지 아니한다.
② 국민의 모든 자유와 권리는 국가안전보장·질서유지 또는 공공복리를 위하여 필요한 경우에 한하여 법률로써 제한할 수 있으며, 제한하는 경우에도 자유와 권리의 본질적인 내용을 침해할 수 없다.

인간이 타고난 자유와 권리의 범위는 문명의 발전과 더불어 지속적으로 확장되었다. 우리 헌법의 나이는 환갑이 넘었다. 세월이 가면 사회도 변하고 사람의 생각도 변한다. 1948년 최초의 대한민국 헌법을 만든 분들은 아직 그 존재와 가치를 파악하지 못한 국민의 기본권이 더 있을 수 있다는 이론을 받아들여 제1항을 넣었을 것이다. 훌륭한 선택이었다. 국가는 헌법에 명시되지 않았다 하더라도 우리의 이성이 인간의 기본권으로 인정하는 권리를 존중해야 한다.

제2항은 더욱 중요하다. 헌법이 보장한 국민의 자유와 권리는 법률을 통해 제한할 수 있다. 그러나 어떤 경우에도 그 본질적 내용을 침해해서는 안 된다. 법률이 그 본질적 내용을 침해할 수 있도록 허용한다면 헌법은 법률에 종속되고 만다. 예컨대 집시법을 보라. 국가는 집회 및 시위에 관한 법률에 따라 집회 시위를 사전에 신고 받는다. 신고를 받아주지 않으면 집회를 할 수 없다. 꼭 집회를 하고 싶은 사람들이 집회를 강행하면 이것을 불법 집회라고 규정하고 주동자를 잡아 가둔다. 질서유지를 위한 신고제를 사실상 허가제로 운영하는 것이다. 집

시법이 헌법 제21조와 제37조 제2항의 효력을 박탈하는 것이니 당연히 위헌이 된다. 제37조 제2항은 4·19혁명으로 이승만 정권이 무너진 직후 헌법을 개정했을 때 처음 도입되었다. 그런데 이제 와서 다시 집회 허가제를 실시한다니, 헌법을 내놓고 무시하는 대통령이 아니고서는 감히 이렇게 하지 못한다.

국가보안법 역시 마찬가지다. '생각과 의도', 그리고 그것을 표현하는 행위를 범죄 구성요건으로 보는 국가보안법은 헌법 제37조 제2항을 공공연히 짓밟는 위헌 법률이다. 그것은 법률이라는 형식을 갖추었지만 자유의 본질적 내용을 침해한다. 이런 판단을 하는 데 복잡한 법철학이나 법률 이론은 필요하지 않다. 일정 수준의 문자 해독 능력과 역사에 대한 상식만 있으면 충분하다. 그런데도 우리의 헌법재판관들은 지난날 국가보안법에 대해 '위헌'이 아니라 '한정합헌' 결정을 내렸다. 헌법과 국민 기본권의 수호자여야 할 헌법재판관들이 아직 '양복 입은 침팬지'들과 완전히 결별하지 못한 탓이다.

후불제 민주주의

미네르바

미네르바는 로마 신화에 등장하는 여신이다. 원래는 예술 분야를 관장하는 여신이었는데 나중에는 그리스 신화의 아테나처럼 전쟁에서 승리를 안겨주는 지혜의 여신으로 숭앙받았다. 그런데 미네르바는 부엉이한테서 지혜를 얻었다고 해서 로마 신화를 다룬 그림에서 부엉이와 함께 등장한다.

'미네르바의 부엉이'도 미네르바 못지않게 유명하다. 독일 철학자 헤겔G. W. F. Hegel은 "미네르바의 부엉이는 황혼이 깃들기 시작한 후에야 날개를 편다"는 유명한 말을 남겼다. 이 말을 흔히들 철학이 현실에 대해 무기력하다는 뜻으로 해석한다. "철학자들은 세계를 이리저리 해석하기만 했다"며 "중요한 것은 세계를 변혁하는 일"이라고 한 마르크스의 비판은 이렇게 해석한 헤겔의 견해를 겨냥한 것으로 볼 수 있다.

그러나 헤겔이 틀렸다고 말하기는 어렵다. 인간의 지적 능력에는 한계가 있다. 인간은 자기가 사는 세계를 있는 그대로 인지하기 어려운 동물이다. 이해관계나 주관적 욕망, 갖가지 고정관념, 두뇌 용량과 기능의 제약 등으로 인해 현실을 있는 그대로 온전하게 인식하지 못한다. 자연과 사회의 법칙을 파악하고 이를 토대로 미래를 예견하거나 설계하기는 더욱 어렵다. 만약 현실의 변화가 먼저 일어나고 인간이 이를 뒤늦게 인지하는 경우가 일반적이라면, 철학은 불가피하게 현실을 뒤따라갈 수밖에 없는 것인지도 모른다.

그런데 심오한 철학 논쟁과는 무관하게 미네르바는 대한민국에서 가장 유명한 이름 가운데 하나가 되고 말았다. 로마 신화를 한 줄도 읽지 않은 시골 할머니도 미네르바를 안다. 2008년 하반기 이후 미네르바가 인터넷과 신문, 잡지를 거쳐 텔레비전 9시 뉴스에까지 진출했기 때문이다. 2009년 1월 검찰은 미네르바라는 닉네임으로 인터넷에 글을 올린 30대 남자 박 아무개 씨를 긴급체포해 구속영장을 청구했다. 여기서는 편의상 그를 '박 미네르바'라고 하자. 서울 중앙지법 김용상 영장전담판사는 구속영장을 발부했다. "범죄 입증이 있고 국민경제와 국가 신인도에 심각한 악영향을 준 중대한 사건"이라는 것이 영장을 발부한 이유였다.

'박 미네르바'가 리먼브러더스의 파산과 미국 금융위기의 도래, 원화 가치 폭락과 실물경제 붕괴를 상당히 정확하게 예측한 바로 그 미네르바인지 여부가 언론의 관심을 끌었다. 2008년 12월호에 미네르바의 기고문을 실었던 월간 『신동아』는 2009년 2월호에서 미네르바가 사실은 일곱 명의 금융 전문가로 이루어진 팀이라고 주장하는 인터뷰를 다시 실었다. 그런데 구속된 '박 미네르바'와 검찰은 '신동아 미네르바'가 가짜라고 주장했다. 우리는 홍길동, 임꺽정, 일지매 등 민중의 사랑과 국가권력의 미움을 동시에 받았던 실존 인물 또는 가상 인물을 알고 있다. 이런 '저명인사'들에게도 '짝퉁'이 있었다. 결국 월간『신동아』는 자기네가 인터뷰한 '자칭 미네르바'가 '짝퉁'이었음을 인정하고 사과문을 실었다.

그런데 소위 '미네르바 사건'에서 정말 중요한 것은 그의 정체가 아니다. 우리가 눈여겨보아야 할 것은 검찰이 '박 미네르바'에 대해 구속영장을 청구했고 판사가 영장을 발부했다는 사실이다. 우리 헌법 제27조는 이렇게 말한다.

④ 형사피고인은 유죄의 판결이 확정될 때까지는 무죄로 추정된다.

헌법에 따르면 '박 미네르바'는, 그가 다음 아고라의 '그 미네르바'라고 할지라도, 유죄 판결이 확정되기 전에는 죄인이 아니다. 국가는 무죄로 추정되는 사람을 함부로 구속해서는 안 된다. 피의자를 구속하는 것은 불가피한 상황이 있을 때 예외적으로 취하는 조처이다. 형사소송법은 이러한 헌법 규정을 존중하여 도주와 증거인멸 우려, 두 가지를 구속 사유로 인정한다. 불구속 재판을 받는 동안 도망을 가거나 증거를 없앨 우려가 있을 때만 구속하라는 것이다. 그런데 '박 미네르바'는 주거가 일정하다. 집에서 컴퓨터로 글을 올린 사실을 인정했다. 그러면서도 자기가 한 일이 범죄가 아니라고 주장했다. 전국적 유명인사가 되었으니 어디 도망가 숨을 곳도 없다. 검찰이 컴퓨터 하드디스크를 압수했기 때문에 증거인멸도 할 수 없다.

많은 법률 전문가들이 그의 행위가 범죄 구성요건을 충족하는지에 대해 의문을 제기했다. 이것은 법률적 판단의 문제인 만큼 여기서는 영장을 발부한 판사의 견해를 존중하기로 하자. 그렇다고 하더라도 도주와 증거인멸의 우려가 아니라 "국가 신인도에 심각한 악영향을 준" 사건의 중대성을 구속 사유로 든 것은 헌법과 법률을 무시한 것이라고 나는 판단한다. 검찰은 미네르바의 글이 국가 신인도에 얼마나 그리고 어떻게 악영향을 미쳤는지를 입증하지 않았다. 판사 역시 마찬가지였다. 그것은 그의 주관적·심정적 판단일 뿐이다. 만약 국가권력이 이런 객관적 타당성이 전혀 논증되지 않은 주관적·심정적 판단에 따라 구속영장을 청구하고 발부한다면 헌법이 보장한 '표현의 자유'와 법치주의는 설 곳이 없어진다. 권력의 기분에 따라 사람을 처벌하는 '인치'人治만 있을 뿐이다.

표현의 자유는 오류를 말할 수 있는 자유를 포함한다. 만약 오류를 말할 자유가 인정되지 않는다면 그 누구도 표현의 자유를 온전히 누릴 수 없다. 오류를 저지를 위험에서 벗어난 인간은 없기 때문이다. 그래서 표현의 자유는 곧 사회 구성원 대다수가 터무니없다고 생각하는 것을 말할 자유를 의미한다. 검사나 판사도 마찬가지다. 그들 역시 타인의 주장이 오류인지 아닌지를 재단할 수 있는 전지전능한 인간은 아니다. 내가 쓰는 이 글도 이미 오류로 판명되었지만 그런 줄 모르고 쓴 것이 있을지 모른다. 지금은 진리라고 생각하지만 나중에 오류로 밝혀질 것도 들어 있을 것이다. 한나라당 대변인이 논평한 것처럼 "표현의 자유에는 책임이 따라야" 하지만, 그 책임의 범위와 책임을 지우는 방식을 권력자가 정한다면 그 사회에서 표현의 자유는 조만간 질식하고 말 것이다. 이명박 정부는 한국 사회를 그 막다른 골목으로 몰아넣고 있다.

차별

헌법 제11조 제1항은 모든 국민이 법 앞에서 평등하다고 했다. 여기에서 자연스럽게 다음과 같은 제2항 규정이 나온다.

사회적 특수계급의 제도는 인정되지 아니하며, 어떠한 형태로도 이를 창설할 수 없다.

이것은 대한민국에 법률적 신분제도가 존재하지 않는다는 것을 의미한다. 불과 100여 년 전인 조선시대만 해도 한반도에는 신분제도가 있었다. 양반과 중인, 평민, 천민 등의 구분이 있었고, 법률은 신분에 따라 사람을 차별했다. 유럽도 마찬가지였고, 미국에는 사람을 가축이나 재산으로 취급하는 노예제도가 존재했다. 인도의 카스트제도 역시 미국 노예제도 못지않게 악명 높은 신분제도였다. 적어도 대한민국에는 법률로 용인되는 계급제도가 존재하지 않는다.

그러나 경제학적·사회학적 의미의 계급은 여전히 존재한다. 모든 국민은 법 앞에서 평등하지만 사회의 생산 체계에서 차지하는 지위,

부를 획득하는 방식, 생산된 부를 처분할 수 있는 권한은 같지 않다. 이런 차이를 이유로 법률을 다르게 적용하면 그것이 곧 실제적인 신분제도가 된다. '유전무죄 무전유죄'라는 속설이 옳다면 대한민국에는 사실상 헌법이 금지한 특수계급 제도가 존재하는 셈이다.

대한민국에는 법률적으로는 특수계급이 없지만 사실상으로는 존재한다. 대표적인 것이 선출되지 않는 시장권력이다. 수만 명의 종업원을 고용한 대기업 또는 재벌 기업 오너들은 보통 사람보다 훨씬 큰 범죄를 저질러도 매우 약한 처벌을 받거나 아예 처벌을 면제받으며, 처벌받는 경우에도 얼마 가지 않아 사면 복권되곤 한다. 그들이 국민들의 삶에 미치는 영향력이 크기 때문에 많은 국민들이 이런 현실을 하는 수 없이 참아준다. 거대한 신문사의 사주들도 사회적 특수계급에 속한다. 그들이 가진 막강한 언론권력을 두려워하고 그 권력의 수혜자가 되기를 원하기 때문에 법을 집행하는 권력기관 종사자들은 언론권력의 범법 행위에 대해서 눈을 감거나 미지근하게 대처한다. 이런 특수계급이 사라지려면 앞으로도 더 많은 세월이 필요하다.

특권을 누리는 특수계급만 있는 게 아니다. 차별받는 특수계급도 있다. 동서고금을 막론하고 모든 종류의 신분제도에서 가장 큰 불이익을 받은 특수계급은 여성이었다. 심지어는 사회를 지배한 특수계급 안에서도 여자는 남자 아래에 있었다. 전쟁에서 승리한 영웅들은 여자를 가축이나 재산처럼 취급했다. 고대의 정복자들은 여자를 선물로 주거나 받았다. 심지어 왕의 딸조차 정략적 거래의 수단으로 사용되었다.

여자가 남자보다 육체적·정신적·지적으로 열등하다는 통념이 모든 거대 문명을 지배했다.

여성이 차별받는 특수계급이라면 남성은 차별하는 특수계급이었다. 문명이 발생한 이래 정치, 철학, 과학, 경제 등 사회생활의 모든 중요한 영역은 일부 '잘난 남자들'의 전유물이었다. 여자는 선천적으로 열등한 존재여서 그렇게 될 수밖에 없다는 것이 지배적인 이데올로기였다. 여기에 도전한 여자들은 참혹한 보복을 당했다. 인류 역사에서 남자가 여자를 죽이고 박해한 일은 헤아릴 수 없이 많지만, 단연 끔찍했던 사건은 그리스 철학자 히파티아^{Hypatia}의 죽음일 것이다.

이탈리아 화가 라파엘로$^{Sanzio\ Raffaello}$의 작품 가운데 〈아테네 학당〉$^{Scuola\ di\ Atene}$이라는 것이 있다. 이 그림에는 플라톤^{Platon}과 아리스토텔레스^{Aristoteles}를 중심으로 이름난 고대 그리스 철학자들의 모습이 나온다. 르네상스 시대인 1510년경에 그린 작품이라고 한다. 그런데 여기에 여자가 한 명 등장한다. 그가 바로 히파티아이다. 들리는 소문에 따르면 라파엘로가 여자를 넣는 데 불만을 표시한 주교의 눈치를 보느라 눈에 잘 띄지 않도록 남자 철학자 뒤에 배치했다고 한다.

히파티아는 알렉산드리아 대도서관 관장 테온^{Theon}의 딸이었다. 당대 최고의 천문학자이자 수학자로 그 명성이 아버지를 능가했고, 알렉산드리아뿐만 아니라 그리스 전역에서 찾아온 귀족 자제들을 가르쳤다고 한다. 단 한 권의 저서도 남아 있지 않지만, 로마사 연구자들은 유명한 프톨레마이오스$^{Claudios\ Ptolemaeos}$와 디오판토스^{Diophantos}의 책들을 히파티아가 편집하고 저술했을 가능성이 있다고 주장한다. 그러나 출중한 재능을 가지고 태어난 딸에게 수학을 가르쳤던 테온의 부정 父情이 결국 참혹한 재앙을 불렀다. 유대교와 기독교의 종교 간 대립이 당시 알렉산드리아를 지배했던 로마제국의 정치권력과 종교권력의 갈등에 얽히면서 일어난 참사였다.

서기 415년경 히파티아는 한 무리의 기독교 광신도들에게 살해되었다. 그들은 히파티아를 마차에서 끌어내려 발가벗긴 다음 굴 껍데기로 살을 도려내고 사지를 절단해 불태웠다. 히파티아의 뛰어난 천문학 지식은 마녀라는 증거로 사용되었다. '지혜의 여신'으로 추앙받던 히파티아의 죽음은 고대 그리스 세계가 꽃피웠던 민주주의와 이성의 시대가 끝났음을 알리는 조종이었다. 마르자 드스지엘스카 Maria Dzielska 라는 폴란드 학자가 쓴 연구서 『히파티아』 Hypatia of Alexandria 를 보면 살해될 당시 히파티아는 구전되어온 신화와는 달리 미모의 젊은 여인이 아니라 환갑에 가까운 지적인 여성이었다고 한다.

대도서관이 있던 학문과 자유의 도시 알렉산드리아마저 몰락의 낭떠러지에 떨어진 이후 1,000년 동안 유럽에서는 종교권력과 세속권력이 결탁하여 자유로운 이성의 발현을 철저히 봉쇄했다. 라파엘로가 활동했던 르네상스 시대에도 히파티아는 여성이라는 이유로 여전히 복권되지 못한 채 아테네 학당 구석자리 잘 보이지 않는 곳에 숨겨져 있어야 했다.

그 뛰어난 지성과 참혹한 죽음으로 인해 히파티아는 신화가 되었다. 여자가 남자보다 선천적으로 열등하다는 마초 이데올로기에 대한 역사적 반증이었기에, 여성의 자아실현 기회를 박탈한 문명의 야만에 맞서 싸우는 페미니스트들의 우상이 되었다. 알렉산드리아 대주교의 종교 차별에 반대한 것이 기독교 광신도들의 범죄를 유발했다는 사실 때문에 그는 또한 난폭한 종교권력에 저항한 순교자로 받아들여졌다. 나는 히파티아의 비극적 죽음을 종교적 광신과 맹목적 권력욕이 '이성의 빛'을 압살한 사건으로 본 계몽주의자들의 견해에 공감한다. 마초이즘과 종교적 광신, 맹목적 권력투쟁은 모두 반지성주의 광풍의 현상 형태에 불과하기 때문이다.

후불제 민주주의

종교

나는 종교를 인정하고 존중하며, 존경할 만한 종교인을 많이 알고 있다. 그러나 나 자신은 어떤 인격신^{人格神}도 믿지 않는다. 인격신이란 인간적 특성을 가진 초월적 존재를 말한다. 인격신은 인간과 모든 생명체, 지구와 우주의 삼라만상을 설계하고 창조했으며, 인간이 하는 일과 역사에 개입한다. 사람의 기도에 응답하며 각자에게 마땅한 상과 벌을 주고, 모든 것을 다 살펴서 최후의 심판을 내리는 무소불위의 절대자이다. 유대교와 기독교와 이슬람교가 공유하는 유일신이다. 이런 신이 존재한다는 것을 나는 믿지 않는다. 나는 생명의 윤회^{輪廻}도 믿지 않는다. 육신과 분리되어 영원히 살아가는 영^靈의 존재를 받아들이지 않는다.

    그렇다고 해서 굳이 신이 없다고 주장하려는 것은 아니다. 만약 신이 존재한다면, 나는 그 신이 유일신 종교가 묘사하는 인격신과는 다를 것이라고 생각한다. 단 한 번의 개입만으로 모든 것을 창조한 뒤로는 다시는 개입하지 않는 초월적 존재, 그런 신을 생각해볼 수는 있다. 각각 1천억 개의 별과 행성을 거느린 수천억 개의 은하, 은하수 은

하 나선팔 후미진 곳에 놓인 소박한 별 태양과 그 행성들, 이 모두가 똑같은 물리법칙에 따라 관계 맺고 운행한다는 사실, 그 모든 별들과 태양과 지구, 이 하잘것없는 행성에 존재하는 돌과 흙, 물과 불, 공기와 먼지, 풀과 나무, 인간과 모든 동물들이 같은 물질로 만들어져 있다는 사실은 얼마나 놀라운가. 만약 신이 있다면 그것은 우주의 운행을 지배하는 자연법칙 그 자체일 것이라고 나는 생각한다.

아메바에서 인간까지 모든 생물의 유전자가 같은 생물학적 기호로 작성되어 있다는 사실, 지구와 지구를 둘러싼 대기와 모든 생명체가 물질을 주고받으면서 하나의 유기적 통일체를 이룬다는 것, 흙 속의 바이러스에서 하늘의 별까지 모든 것이 끝없이 태어나고 살고 죽고 또 태어나면서 진화한다는 것이 내게는 신비롭고 아름답게 느껴진다. 단 한 번의 개입만으로 이 모든 질서와 운행 원리를 창조한 초월적 절대자가 있다면 그 어떤 아름다운 시와 노래를 바쳐도 부족할 것이다. 그러나 나는 그 절대자가 내 기도를 들어주거나 내 삶의 길흉화복을 정해준다고는 믿지 않는다. 그런 사소한 일은 초월적 절대자와 어울리지 않는다. 어쩐지 인간이 신을 인간 자신만큼이나 초라한 존재로 만들어 버렸다는 느낌이 든다.

종교를 강요당하지 않아도 되는 세상에 사는 것이 얼마나 행복한 일인지 모른다. 우리는 신을 믿든 말든, 어느 종교의 어떤 신을 믿든, 그 신을 어떤 방식으로 믿든, 그 모두가 개인의 자유로운 선택에 맡겨진 사회에 살고 있다. 누구도 다른 사람에게 자기의 것을 강요해서는 안 되며 남의 강요에 따를 필요도 없다. 대한민국은 그런 나라이다. 헌법 제20조는 이렇게 선언했다.

① 모든 국민은 종교의 자유를 가진다.
② 국교國敎는 인정되지 아니하며, 종교와 정치는 분리된다.

헌법 제11조는 또한 이렇게 말한다.

① 모든 국민은 법 앞에 평등하다. 누구든지 성별·종교 또는 사회적 신분에 의하여 정치적·경제적·사회적·문화적 생활의 모든 영역에 있어서 차별을 받지 아니한다.

인류의 역사에는 종교가 사람을 위해 존재하는 게 아니라 사람이 종교를 위해 존재해야 했던 시기가 있었다. 종교를 위해서 사람을 죽였고, 종교를 위해서 사람이 죽었다. 우리 역사 최초의 유명한 순교자는 이차돈이다. 이차돈은 신라 법흥왕의 측근이었지만 신라 귀족들은 집단의 힘으로 불교 공인을 주장한 이차돈의 목을 베었다. 조선시대 후기에는 대량학살에 가까운 천주교 박해가 일어났다. 서울 양화대교 옆에 절두산切頭山이라는 천주교 성지가 있다. 1866년 프랑스 해군이 양화진을 공격해 병인양요를 일으키자 대원군은 전국의 천주교도를 잡아다 목을 베었다. 천주교의 주장에 따르면 무려 1만여 명이 여기서 참수를 당해 한강이 시뻘겋게 물들었다고 한다. 원래 잠두봉蠶頭峰이었던 이 산의 이름이 절두산으로 바뀐 것이 그 때문이라고 한다.

유럽 중세는 로마 가톨릭이 세속권력과 결탁하여 인간의 이성과 학문 연구를 질식시키고 민중을 착취한 암흑기였다. 이런 암흑기는 르네상스와 산업화, 시민혁명이 구체제를 무너뜨리기까지 무려 1,000년이나 지속되었다. 교회는 우주의 질서를 연구한 과학자들을 종교재판에 회부했다. 교회는 무한우주에 대한 혁신적 이론을 세운 이탈리아 철학자 브루노 Giordano Bruno를 불태워 죽였다. 위대한 과학자 갈릴레이 Galileo Galilei를 종교법정에 세워 지동설을 부인하게 만들었다. 행성 궤도운동의 법칙을 발견해 중력의 법칙 발견 일보 직전까지 갔던 천문학자 케플러의 어머니도 아들 때문에 종교재판에 회부되었다.

프로테스탄트는 로마 가톨릭의 부패와 야만에 대한 안티테제로 출현했다. 영국 프로테스탄트들은 종교의 자유와 새로운 삶을 찾아 목숨을 걸고 아메리카로 이주해 미합중국을 세웠다. 그러나 이단자 처단과 종교재판에 관한 한 프로테스탄트 교회도 예외가 아니었다. 나중에는 재산을 빼앗으려는 목적으로 돈 많은 독신 여성을 종교재판에 회부해 태워 죽이는 야만 행위까지 숱하게 저질렀다. 중세의 종교법정을 운영한 종교권력자들은 현대의 독재자들이 사용하는 고문 기술의 원형을 창조했다. 마녀로 지목되어 끌려간 죄 없는 여성들은 혐의를 끝까지 부인하다가 고문자의 손에 오래 고통을 당하면서 죽었다. 고문을 견디지 못해 혐의를 시인한 경우에는 불에 타 죽어야 했다.

종교권력이 세속권력과 한 덩어리가 되면 이성이 숨 쉴 공간이 사라진다. 20세기 중반 이후 팔레스타인과 중동 지역에서는 석유와 땅과 권력에 대한 탐욕을 종교로 치장한 전쟁이 발생해 지금까지 계속되고 있다. 미국은 자유의 이름으로 이라크를 침공하면서 민간인과 군인을 가리지 않는 폭격을 감행했다. 2009년 벽두 이스라엘은 합법 정부를 이끄는 하마스를 토벌한다면서 팔레스타인 가자 지구를 무차별 폭격했다. 국제적십자사와 유엔이 쓰는 구호기관 건물까지 가리지 않고 공격했다. 불과 며칠 사이에 2,000명 가까운 사망자가 났는데 그 절반 이상이 어린이와 여성, 노인이었다. 국제사회의 개탄과 세계 시민의 항의시위를 불러일으킨 이 전쟁을 이스라엘 국민 대부분이 지지했다. 그들은 수천 년 전에 쓰인 자기네 종교 경전의 기록이 같은 시간만큼 거기서 살았던 팔레스타인 사람들의 권리와 생명보다 더 가치 있다고 믿는다.

정교일치를 추구하는 일부 이슬람 국가의 참혹한 현실도 가슴 아프다. 무장한 이슬람 원리주의자들은 머리 두건을 쓰지 않았다는 이유만으로 길 가는 여성을 총으로 쏘아 죽이기도 한다. 신의 명령과 가문의 명예를 빙자하여 단지 힘이 없었기에 강간의 고통을 겪은 죄 없는 여성을 돌로 쳐 죽이기도 한다. 이런 행위는 문화상대주의라는 철학 이론으로 정당화하기 어려운 야만 행위라고 나는 생각한다. 인류 역사를 돌아보면 종교와 세속권력이 손잡은 곳에서는 어디서나 피비린내가 풍겼다.

1부 헌법의 당위 _ 종교

　종교의 자유와 정교 분리를 선언한 헌법 제20조는 위대하다. 그것은 종교권력과 현실권력이 결탁하여 신의 이름으로 사람이 다른 사람을 모욕하고 학대하고 죽이는 짓을 하지 못하도록 했다. 그러나 이 헌법 조항이 완전히 실현된 것은 아니다. 지금 대한민국 청소년들은 국가가 배정해준 학교가 종교법인 학교일 경우 자기의 종교적 가치관과 무관하게 그 종교를 교육받아야 한다. 명백한 헌법 위반이다. 국가공무원이나 학교 선생님들이 직무상의 권한을 이용해 자기의 종교를 선전하는 경우가 많다. 중대한 헌법 위반이지만 제대로 통제가 이루어지지 않는다. 종교단체가 세운 어떤 사립대학에서는 교수를 뽑을 때, 지원자들에게 바로 그 종교의 신자임을 입증하는 서류를 제출하라고 요구한다. '믿으면 천국, 안 믿으면 지옥'이라는 섬뜩한 구호를 외치면서 공공장소에서 타인을 심리적으로 위협하는 행위도 버젓이 저질러진다. 종교의 자유란 어떤 종교도 믿지 않을 자유를 포함하는 것이지만, 이런 일을 하는 분들은 타인의 자유를 존중하지 않는다. 종교든 이데올로기든 모든 종류의 광신은 다 위험하다.

　자기가 믿는 신이 위대하다고 하는 것까지는 좋다. 그러나 그 신이 영원하다고는 말하지 않는 게 좋을 것 같다. 태양 아래 영원한 것은 없다고 한다. 그렇다. 심지어 태양조차도 영원하지 않다. 태양은 약 50억 년 전에 생겼다. 끝없이 수소를 융합해 헬륨을 만드는 핵융합이 태양이 내뿜는 빛과 열의 원천이다. 내부의 수소를 다 융합하고 나면 태양에는 헬륨만 남을 것이다. 태양이 식으면서 냉각 수축이 진행되면 내부 온도가 상승해 헬륨의 핵융합이 시작되면서 태양은 신성新星, nova 이 될 것이다. 그리고 헬륨마저 다 쓰고 나면 희미한 백색왜성이 되어 별의 생애를 마감하게 될 것이다.

태양이 그렇게 되는 과정에서 우리가 아는 한 지성적 생명이 사는 유일한 행성인 지구도 수명을 다하게 된다. 길게 잡아야 앞으로 '겨우' 50억 년이다. 영겁의 세월을 보낼 무한우주의 시간에 비하면 이것 역시 찰나에 불과하다. 생명이 사라진 지구에는 인간도 존재할 수 없다. 인간이 사라진 곳에는 부처님도 하나님도 알라신도, 삼신할미도 용왕님도 산신령도, 우리가 알고 있는 그 어떤 인격신도 존재할 수 없게 될 것이다.

나는 모든 종교를 똑같이 존중한다. 그런데 동시에 종교의 권위를 업은 독선과 광신을 두려워한다. 그래서인지 어느 종교든 특별히 가깝게 다가서지 못한다. 종교적 독선은 근본적으로 인간이 벗어나기 어려운 무지와 오만의 산물이라고 나는 생각한다. 최근 우리가 목격하고 있는 특정 종교와 정치권력의 융합 현상 역시 무지와 오만에서 비롯된 것이다. 이명박 대통령을 비롯한 현 정부의 권력자들은 종교와 정치의 분리를 선언한 헌법 제20조의 존재를 아예 모르고 있는 것 같다. 그렇지 않다면 특정한 지방자치단체를 자기가 믿는 신에게 봉헌한다든가, 자기가 이끄는 정부기관을 통째로 자기가 믿는 신의 품으로 인도하겠다는 등의 말을 할 리가 없다.

나는 '장로 대통령'의 탄생을 기뻐하는 기독교도들의 심정은 충분히 이해한다. 같은 신앙을 가진 사람이 나라의 지도자가 되었는데 왜 즐겁지 않겠는가. 하지만 대통령이 장로이기 때문에 국정을 잘 이끌 수 있을 것이라든가, '장로 대통령'의 존재가 다른 종교에 대한 기독교의 우월함을 증명하는 것처럼 말하는 일부 목회자들의 태도는 황당한 것이다. 이명박 대통령이 국정을 파탄내고 민생을 도탄에 빠뜨린다고 해도 나는 그것이 그가 '교회 장로'였기 때문이라고 말하지는 않을 것이다. 또 다음번에 다른 종교를 믿는 대통령이 나온다고 해서 그 사실을 기독교가 그 종교보다 열등하다는 것을 증명하는 근거로 삼지도 않을 것이다. 대통령의 종교는 사생활에 속한다. 종교 활동을 대통령의 직무 수행과 뒤섞지 않는 한 어떤 종교를 어떤 방법으로 믿든 상관할 이유가 없다. 그러나 헌법 제20조의 정신을 무시하는 언행을 반복할 경우에는 대통령의 종교 활동이 국민을 분열시키는 폭약이 될 수도 있다.

우리 민족은 지난 5,000년 동안 여러 종교와 접촉하면서 큰 갈등 없이 그 종교들을 받아들였다. 몇몇 불행했던 시기를 제외하면 여러 종교들이 직접 대립하거나 충돌하지 않고 서로 인정하면서 공존해왔다. 이 공존의 규칙이 깨지면 국민의 삶을 고통스럽게 만드는 사회 갈등의 목록에 종교가 추가될지도 모른다. 대통령이 이런 잘못을 저질러서는 안 된다.

후불제 민주주의

학생 인권

"엄마 닭대가리가 뭐야? 담임선생님이 우리 반 애들한테 너네 닭대가리냐고 하는데……" "교실 앞문은 선생님 혼자만 쓴다고 애들 못 다니게 해. 쉬는 시간에 뒷문 하나로만 드나드니까 아주 난리야, 난리." "선생님이 자를 세로로 세워서 손바닥을 때려." 초등학교 4학년 여자아이가 이렇게 말한다면, 그리고 당신이 그 아이 부모라면 어떻게 하겠는가? 게다가 부모님 확인 서명을 해달라는 아이 자습노트에는, 담임선생님의 지시에 따라 도덕 교과서에 실린 이런저런 삽화를 베낀 그림이 그득하다고 하자. 부모가 선택할 수 있는 대안은 세 가지가 있다.

① 모른 체한다. ② 담임선생님을 조용히 찾아뵙고 작은 정성, 곧 촌지봉투를 드린다. ③ 선생님을 만나 이렇게 말씀드린다. "선생님, 교육 효과가 의심스러운 교과서 그림 베끼기보다는 자습시간에 독서를 하게 해주시면 안 될까요? 그리고 우리 아이가 맞을 짓을 하면 때리기 전에 먼저 저한테 전화를 주시면 고맙겠습니다. 잘못된 행동은 부모가 먼저 교정해주는 게 효과적이라고 생각합니다." ①은 무난한 해법이지만 부모로서 직무 유기를 한다는 죄책감을 유발한다. ②는 부모 된

자로서 적극적으로 임무를 수행했다는 만족감을 주며 최소한 자기 아이가 선생님한테 얻어맞을 확률을 낮출 개연성이 높은, 상당히 효과적인 대안이다. 한 가지 흠이 있다면 인간으로서 굴욕감을 느끼게 한다는 점이다. 하지만 자식을 위해서라면 목숨도 내놓아야 하는 게 부모인데, 뭐 어떤가. 부모가 살짝 비겁해져서 자식 인생이 편해진다면 못할 일이라고 할 수는 없다. 그래서 많은 부모들이 ②를 선택한다.

손톱만큼이라도 자식 사랑하는 마음이 있는 부모라면 ③은 절대 선택하지 말아야 한다. 여러분이 ③을 선택할 경우 초등학교 4학년 딸한테 다음과 같은 일이 벌어질 수 있다. 선생님이 무언가 트집을 잡아 1층에서 4층까지 계단 철제 난간 손잡이를 깨끗이 닦으라는 벌을 준다. 정해준 시간에 먼지를 깨끗이 다 닦지 못했다는 이유로 급우들이 모두 보는 가운데 야단을 치고 네 시간 동안 엎드려뻗치기 얼차려를 준다. 선생님이 교무실에 갈 때는 반장더러 벌을 잘 서는지 감시하도록 한다. 평소 친하게 지내는 친구를 불러내 친구냐고 물어본다. 친구라고 하면 친구는 동고동락하는 사이라고 하면서 같이 벌을 서게 한다. 선생님이 공개적으로 왕따를 만들자, 아이는 학교 가기 싫다고 운다. '그래, 학교 가지 마라.' 화가 난 부모가 아이를 며칠 동안 학교에 보내지 않는다. 담임선생님은 아이가 학교에 나오지 않는데도 전화 한 통 없다. 이런 일을 당하고 나면 당신은 ①이나 ②를 선택하지 않은 걸 크게 후회하게 될 것이다.

이런 괴로움에서 벗어나려면 누군가의 도움이 필요하다. 교장선생님과는 면담은 고사하고 전화 통화하기도 쉽지 않다. 궂은일을 도맡아 하는 교감선생님에게 전화를 하고 면담을 할 수 있다. 교감선생님은 아이를 다른 학교로 전학시키거나 다른 반으로 보내자고 제안할 것이다. 그런데 이건 부모로서 받아들이기 어렵다. 좁은 동네니만큼 소문이 다 날 것이고 아이가 옮겨 간 학교나 학급에서도 왕따를 당할 가능성이 많기 때문이다.

학교 안에서 문제를 해결하지 못하면 지방교육청의 도움을 요청할 수 있다. 아이의 신원을 노출해서는 안 되니 익명으로 전화를 한다. 사연을 들은 장학사는 자꾸만 어느 학교인지를 물을 것이다. 아이가 여러 날 결석을 하는데 학교에서 아무 조처도 취하지 않는다면 문제라면서, 학교 이름과 아이의 인적사항을 달라고 할 것이다. 이걸 말해주면 정말로 큰일이 난다. 그 교육청 산하 모든 학교 선생님들에게 당신의 딸 사건이 알려질 개연성이 높기 때문이다. 교육부나 청와대 홈페이지에 글을 올려서도 안 된다. 교육 관료들의 관심사는 귀하의 소중한 딸을 인격적·교육적으로 돌보는 것보다는 이 사례를 학교 평가나 교장 평가 시스템을 가동하는 연료로 쓰는 데 있다.

한순간의 잘못된 선택이 삶을 피폐하게 만든다. 밤잠을 이루지 못하고 뒤척이며 땅이 꺼져라 한숨을 쉬어도 당신을 도와줄 사람은 없다. 공개적으로 담임선생님의 횡포를 고발하고 학부모들의 항의를 조직해 담임 교체를 요구할 수 있다. 그래봐야 소용없다. 교장선생님과 교감선생님은 동료이자 후배인 문제의 교사를 적극 보호하려 할 것이고, 다른 학부모들은 자기 아이가 이 소동에 휘말려들 위험을 피하기 위해 공동 행동 참여를 기피할 것이다. 이렇게 해서 아이들은 날마다 학교에 맡겨지는 인질이 되고, 학교는 일상적으로 벌어지는 인질극의 현장이 된다.

학교 선생님들이 이 글을 읽는다면 극소수 문제 있는 교사의 잘못된 행동을 가지고 학교와 선생님들을 폄하한다고 화를 낼지 모르겠다. 그렇다. 이런 교사는 '극소수' 있을 뿐이다. 훌륭한 인격과 뛰어난 실력을 가진 많은 선생님들이 오늘도 사랑 가득한 마음으로 아이들을 가르치고 있다. 그러나 교직에 있어서는 절대 안 될 '극소수'의 선생님들이 교사 전체의 신뢰와 명예를 해치면서 교직에 머무르는 것을 제어할 아무런 제도가 없다. 그들은 평생 교직에 있으면서 헤아릴 수 없이 많은 아이와 부모들의 가슴에 지우기 어려운 상처를 준다. 교사로서 적합하지 않은 사람을 임용 단계에서 미리 걸러내는 수습교사제, 이미 임용한 교사에 대해서는 평가를 통해 걸러내는 교원평가제가 있어야 한다.

이 이야기는 모두 내가 실제로 겪은 일의 일부이다. 연세가 많은 선생님일 거라는 선입견은 자제해주시기 바란다. 서른도 되지 않은 젊은 여성이었다. 초등학교에 아이를 입학시키는 학부모들은 자기 아이가 이런 선생님을 만나지 않기를 간절히 바란다. 초등학교 6년 동안 아이가 한 번 정도 그런 담임을 만나는 것은 '평균적인 불행'으로 다소 곳이 받아들인다.

대한민국 헌법에는 어린이에 대한 별도 규정이 없다. 그러나 "모든 국민은 인간으로서의 존엄과 가치를 가지며, 행복을 추구할 권리를 가진다. 국가는 개인이 가지는 불가침의 기본적 인권을 확인하고 이를 보장할 의무를 진다"(제10조). 어린이도 '모든 국민'에 포함된다. 어린이도 존엄과 가치, 행복을 추구할 권리를 가진 어엿한 대한민국 국민이다. 국가가 직접 운영하는 초등학교에서 '극소수' 부적합한 교사가 어린이의 인권을 유린하는 문제에 대한 제도적 해결책이 전혀 없는 현실은 명백한 헌법 위반이라는 게 내 생각이다.

체벌

학생을 차별하는 선생님이 있었다. 차별의 기준은 주로 성적이었다. 그 선생님은 공부 잘하는 학생은 때린 적이 별로 없었다. 그러나 공부를 못하면서 말썽을 부리는 학생은 때로 무지막지하게 팼다. 긴 세월이 흘러 선생님의 머리카락이 반백이 되었을 때, 학창 시절 여러 번 모질게 맞았던 제자 하나가 선생님 댁을 찾았다. 사업과 결혼 모두 성공해 돈도 많이 벌고 반듯한 가정도 일군 제자는 선생님 봉급으로는 맛볼 엄두도 내기 어려울 만큼 비싼 스카치위스키와 좋은 선물을 들고 찾아갔다.

도타운 사제의 정을 나누며 정겨운 시간을 보낸 뒤 제자는 돌아갔다. 교육자로서 더할 나위 없이 큰 보람을 느낀 선생님은 잠자리에 들면서 아내에게 말했다. "아주 훌륭하게 컸네. 인간 만들려고 내가 참 매질을 많이도 했지." 같은 시간 제자도 잠자리에 들면서 아내에게 이렇게 말했다. "오늘, 힘들었지만 선생님을 용서했어."

이것도 실화다. 좋은 교육 덕분에 훌륭한 사람이 나오기도 하지만, 나쁜 교육에도 불구하고 훌륭한 인물이 나오기도 한다. 좋은 선생님이 훌륭한 제자를 키우지만 나쁜 선생님을 극복하는 과정에서 훌륭한 사람이 나오기도 한다. 남자가 술 취해 들어와 가족을 때리고 가재도구를 부수는 가정에서 아버지 닮은 아들이 나오기도 하지만, 술을 아예 마시지 않고 가족 사랑을 인생의 최고 가치로 여기는 아들이 나오기도 하는 것처럼 말이다. 인간은 주어진 조건과 환경을 초월해 살 수 없지만 거기에 완전히 복속하는 존재 또한 아니다.

대한민국 법률은 타인에 대한 폭력을 용납하지 않는다. 그러나 헌법이 통용되지 않는 곳도 있었다. 한때 병영에서는 '군기를 세운다'는 명분 아래 저지르는 폭력이 공공연하게 용인되었다. 이러한 폭력이 완전히 사라졌다는 증거는 없다. 휴전선 GP나 전투경찰 기동대 내무반에서는 고참병의 폭력이 도화선이 된 총기 사고나 자살 사건이 심심치 않게 일어난다. 하지만 그 빈도는 현저하게 감소했고 그 실상이 옛날처럼 은폐되지도 않는다. 병영도 웬만큼은 헌법과 법률의 지배 아래 들어왔다. 가정도 반 이상은 들어왔다. '내 아내', '내 아이'라고 함부로 손찌검을 하다가는 '가정폭력특별법'에 걸려 징역을 사는 수가 있다.

나는 학교가 즐거운 곳이면 좋겠다고 생각한다. 우리 인생에서 새로운 지식을 배우는 것만큼 가치 있고 즐거운 일도 별로 흔치 않다. 그런데 체벌에 대한 두려움이 지배하는 공간에는 즐거움이 자리 잡기 어렵다. 일반적으로 타인의 신체에 위해를 가하는 행위는 법률로 금지되어 있다. 따라서 학교에 체벌 금지 규정을 특별히 두어야 할 논리적인 이유는 없다. 그런데 실제로 체벌이라는 이름의 폭력이 저질러지고 있고, 또 형법으로 그것을 예방하거나 바로잡는 데 어려움이 있기 때문에 문제가 되는 것이다.

많은 교사와 학부모들이 아이들 교육을 위해서는 매질을 해도 된다고 생각한다. 그러나 매를 때려서 인격을 함양할 수는 없다. 특히 공부를 잘하지 못한다고 해서 때리는 것은 범죄라고 생각한다. 공부를 잘하지 못하는 학생에게 필요한 것은 적절한 학습 지도와 지원이지 매질이 아니다. 오죽하면 꽃으로도 때리지 말라고 하겠는가. 어린이들은 반半인간이 아니다. 존엄과 가치에서는 어른과 다를 바 없이 온전한 인간이다.

후불제 민주주의

재산권

모든 것은 언젠가 사멸한다는 것을 우리는 안다. 그런데도 인간은 영원을 열망한다. 이 열망이 영생을 약속하는 종교를 낳았다. 산 사람이 하늘로 들려 올라가거나 죽은 자가 무덤에서 걸어 나오는 식의 영생이든, 사람이 좋은 일을 엄청나게 많이 하고 죽으면 개로 환생하는 행운을 누린다는 윤회의 관념이든, 종교는 영원한 삶이 가능하다고 이야기한다. 그러나 영생을 향한 열망은 죽음과 소멸이라는 피할 수 없는 운명에 대한 공포감의 다른 이름에 불과하다.

중국 대륙에 통일국가를 세운 진시황은 불로장생의 영약을 구하려고 수천 명의 젊은이를 세상 곳곳으로 보냈다. 생물학적 영생을 시도할 능력이 없는 사람들은 자기가 살았다는 기록의 영생을 시도했다. 명승지의 바윗덩어리에 제 이름을 각인하는 것이다. 설악산 비선대 바위에 새겨진 이름들을 보라. 그러나 그들의 열망이 낳은 것은 오욕汚辱뿐이다. 후손들은 그 이름을 새긴 자들을 향해 들리지 않는 욕설을 한다. 바람과 비가 불과 수백 년도 되지 않는 짧은 시간에 그 흔적을 지워주는 것이 그나마 다행이다.

북한은 어떤 나라인가? 북한은 사회주의 국가가 아니라 김일성이라는 '왕'이 살아서 통치했고 죽어서도 통치하는 왕조 국가라고 하는 편이 더 진실에 부합한다. 금강산과 개성 관광을 다녀온 사람이라면 누구나 다 보았을 것이다. 금강산, 삼일포, 박연폭포를 불문하고 무언가를 새길 만한 거의 모든 바위에 김일성 주석과 그 가족의 이름과 그들을 찬양하는 글이 붉게 새겨져 있다. 그 모두는 영원을 향한 허기진 갈망의 산물이다. 통일신라와 고려, 조선으로 이어진 1,500년 왕조 국가의 어느 지배자도 그런 만용을 부리지는 못했다. 그들은 사초史草가 될 왕실의 기록에 자신이 좋은 모습으로 남아 역사 속에서 영원히 성군으로 평가받기를 바랐다. 그래서 더러는 사관史官에게 부당한 영향력을 행사하거나 실록實錄을 뜯어고치는 횡포를 부렸지만, 민족의 명산에 자신의 이름을 새길 만큼 무모하지는 않았다.

관광길이 열린 지 얼마 되지 않았던 2002년 1월에 처음 금강산을 갔다. 나는 삼일포 산책로를 함께 걷던 안내원 동무와 이런 대화를 나누었다. 마치 고구려 고분벽화에서 막 뛰어나온 여인처럼 보이는 젊은 안내원이었다.

"왜 저런 것을 바위에 새겨두었나요?"
"위대한 수령님과 공화국의 은혜를 영원히 잊지 말자는 뜻입네다."
"우리 강산은 후손들이 영원히 살아갈 민족의 터전인데, 혹시 나중에 후손들이 마땅치 않게 여기면 어쩌지요?"

"그럴 리가 없습네다."
"미래는 누구도 정확하게 예측할 수 없는 일 아닐까요?"
"그러니깐 민족 교육을 잘 시켜야지요. 남조선은 교육에 문제가 많습네다."

어떤 악조건에서도 생명은 자란다. 아무리 혹독한 환경에서도 수십억 년에 걸쳐 이루어진 진화의 최고봉인 인간 지성의 빛은 꺼지지 않는다. 그런데 어찌 된 일일까? 북한을 보면 지성의 빛이 거의 소멸된 것처럼 보인다. 19세기 영국의 온유한 자유주의자였던 밀 J. S. Mill은 사회주의 사상이 너무나 매력적이지만 "한 사람의 양치기와, 같은 날 같은 모양으로 털이 깎이는 수천 마리의 양으로 구성된 사회"가 되지 않을까 두려워 그것을 받아들이지 않았다. 북한은 밀이 걱정했던, 바로 그러한 사회가 되었다.

생물에게 가장 중요한 것은 먹이 활동과 번식 활동이다. 그래서 적절한 서식지가 필요하며 집단생활을 하는 동물들은 이것을 유지하기 위해 일정한 내부 질서를 만든다. 인간도 예외가 아니다. 인간 생활에서 가장 중요한 것은 생산 활동이며, 사회적 질서에서 가장 본질적인 것이 그 활동에 필요한 자원과 생산 활동의 산물에 대한 소유권과 처분권이다. 누군가 이 권리를 독점하면 다른 사회질서를 모두 그에 맞게 조정해야 한다.

위협과 강압만으로는 이런 질서를 장기간 유지할 수 없다. 국민들이 자발적으로 이런 질서를 받아들이고 일하게 하려면 각자가 개인적 소망과 삶의 목표를 가지는 것이 아니라 지배자가 부여한 목표를 자신의 삶의 목표로 받아들이게 해야 한다. 그렇게 하려면 교육과 언론을 국가가 장악해 국민의 사상을 직접적으로 통제해야 한다. 이것은 전체주의 국가 또는 파시즘 국가이다. 생산수단과 생산물에 대한 소유권과 처분권을 국가가 장악한 사회는 반드시 전체주의로 귀결된다.

대한민국 헌법은 이런 위험을 예방하기 위해 곳곳에 바리케이드를 설치해두었다. 언론, 출판, 사상, 표현, 집회, 결사의 자유를 비롯한 국민 기본권 조항이 모두 그에 해당한다. 생산수단과 생산물의 처분을 국가가 독점할 수 없도록 직접적으로 규제하는 조항으로는 다음 두 가지를 들 수 있다.

제23조 ① 모든 국민의 재산권은 보장된다. 그 내용과 한계는 법률로 정한다.
제126조 국방상 또는 국민경제상 긴절한 필요로 인하여 법률이 정하는 경우를 제외하고는, 사영 기업을 국유 또는 공유로 이전하거나 그 경영을 통제 또는 관리할 수 없다.

그렇다. 생산수단의 국유화라는 공산주의 또는 사회주의 원리는 대한민국 헌법과 양립하지 못한다. 국방 또는 국민경제를 위해 불가피하게 하는 경우를 제외하면 국가가 생산수단을 소유하지 않는 것이 옳다. 철도, 도로, 상수도, 전기, 가스 등 소위 자연독점이 성립되어 시장에 맡길 경우 민간의 독점기업이 시장 지배력을 이용해 소비자인 국민을 착취할 우려가 있는 분야에서만 국가와 지방자치단체가 공기업을 설립해 경제활동에 참여하는 것은 바로 이런 이유 때문인 것이다. 내가 자유주의자로서, 사유재산 제도가 안고 있는 수많은 결함과 부작용에도 불구하고, 생산수단과 생산물의 처분에 대한 사적 소유를 옹호하는 것은 사회적 자산에 대한 전면적인 집단적 소유는 반드시 전체주의로 귀결된다고 믿기 때문이다.

통일

통일신라 이후 한반도에는 오직 하나의 나라, 하나의 왕조, 하나의 국가만 존재했다. 그런데 60여 년 전인 1948년, 무려 1,500년 만에 이 한반도에 두 개의 국가가 들어섰다. 대한민국과 조선민주주의인민공화국이다. 두 나라는 미국과 중국이 개입한 가운데 3년 동안 수백만 명이 사망하는 끔찍한 내전을 벌였지만 어느 쪽도 다른 쪽을 정복하지 못했다. 두 나라는 지금 UN의 정식 회원국이 되어 있으며 두 차례의 정상회담을 했고 개성공단 사업을 비롯한 경제 교류를 하고 있다. 그러나 대한민국 헌법에 따르면 한반도에는 오직 대한민국만 존재한다. 헌법 제3조 영토규정을 보자.

대한민국의 영토는 한반도와 그 부속도서로 한다.

압록강과 두만강에서 마라도까지 한반도와 그에 딸린 섬은 모두 대한민국 영토라는 말이다. 그러면 평양에 수도를 둔 조선민주주의인민공화국은 무엇인가. 그것은 처음에 북위 38도선 이북을, 그 다음에는 휴전선 이북 지역을 무력으로 점거한 반국가단체가 된다. 국가보안법은 이 반국가단체를 이롭게 하는 말과 행동을 모두 범죄로 규정한다.

　헌법 제3조가 유효하다면 대한민국은 휴전선 이북의 반국가단체를 제압하고 영토를 회복해 대한민국 헌법의 효력이 한반도와 부속도서 전체에 미치도록 해야 한다. 그런데 헌법 제4조는 엉뚱하게도 반국가단체 제압과 영토 회복이 아니라 통일을 국가적 과제로 제시한다. 북한을 반국가단체가 아니라 실체가 있는 국가로 인정한 것이다. 헌법 제4조를 보자.

대한민국은 통일을 지향하며, 자유민주적 기본 질서에 입각한 평화적 통일 정책을 수립하고 이를 추진한다.

　한반도에 하나의 국가만 존재하게 만드는 것이 통일인데, 휴전선 이북을 무력 점거하고 있는 반국가단체에 대해서 무력 통일이 아니라 '평화적 통일 정책'을 쓰라고 한다. '북한 주석궁에 국군 탱크가 진입하는 것이 통일'이라고 하는 극우 지식인들의 주장은 헌법 제4조 위반이다. 놀라운 일이 아닌가. 우리 헌법은 헌법을 준수한다고 취임 선서를 한 대통령이 평화적 통일 정책 아닌 다른 통일 정책을 추진할 수 없도록 못 박아둔 것이다. 그런데 아무렇게나 평화통일을 하라는 건 아니다. 반드시 "자유민주적 기본 질서에 입각한" 평화통일을 하라는 게 헌법의 명령이다.

어떤 보수 지식인과 보수 언론, 보수 정당들은 통일에 대해 근거 없는 공포감을 지니고 있다. 그들은 연방제니 국가연합이니 하는 평화적 통일 방안이 나오면 덮어놓고 몸서리를 친다. 그것은 다 적화통일론의 변종이라고 알레르기 반응을 일으킨다. 나는 아무 걱정도 하지 않는다. 만약 평화적 통일이 실제로 이루어진다고 한다면, 그 통일은 대한민국 헌법이 규정한 질서에 부합하는 통일일 수밖에 없다. 그것이 아닌 다른 평화적 통일은 이루어질 가능성이 전혀 없다. 그 이유는 너무나 단순하다. 북한이 장기적으로 존속할 능력이 없는 체제이기 때문이다. 인민을 먹이지도 입히지도 건강하게 돌보지도 못하는 체제가 다른 체제를 흡수하는 것은 불가능하다. 이르든 늦든, 한반도에는 하나의 민주공화국만 남게 될 것이라고 나는 확신한다.

산업혁명 이전이든 이후이든 생산력의 발전을 일으킨 것은 사회적·기술적 분업이었다. 북한은 생산의 물질적 순환이 끊어진 사회이다. 이런 사회에서는 기술적 분업도 사회적 분업도 제대로 이루어질 수 없다. 지금과 같은 개인숭배와 일당독재를 유지하더라도, 붕괴해버린 기술적·사회적 분업 체제를 복구한다면 북한은 경제적으로 재기할 수 있다. 그러나 미국 정부가 계속해서 북한의 대외교역을 봉쇄한다면 북한은 결국 수렁에서 헤어나지 못하게 될 것이다. 에너지원이 없어서 전기를 생산하지도 못하고 전선을 제조할 원료가 없어서 생산한 전기를 송전할 수도 없는 국민경제는 절대 일어서지 못한다. 이런 나라가 인구가 두 배나 많고 경제 규모가 수십 배 큰 대한민국을 '적화통일'한다는 것은 상상할 수도 없는 일이다.

　북한 체제 붕괴를 열망한 나머지, 김정일 정권 타도하자는 전단을 풍선에 매달아 북한에 보내는 우익단체들이 있다. 북한에서 겪었던 인권유린과 굶주림에 진저리를 치면서 그 일을 하는 탈북자단체 회원들의 심정을 이해하는 것은 어렵지 않다. 하지만 그분들은 자제를 요구하는 진보적 시민단체의 만류를 받아들이는 게 좋다. 이런 행위를 부추기는 한나라당 일부 국회의원들에게는 눈을 뜨고 세상을 있는 그대로 보라고 충고하고 싶다.

　만약 그들이 원하는 사태가 일어난다면 그것은 우리 모두에게 전쟁에 버금가는 재앙이 될 것이다. 상상해보라. 어떤 이유에서든 북한 체제가 붕괴했다고 하자. 평양과 대도시를 중심으로 그나마 가동되던 식량 배급 시스템이 무너져 북한 주민들은 대규모 기아 사태에 직면한다. 이미 연결된 국도와 철로를 걸어서, 또는 서해와 동해에서 목선을 타고 북한 주민들이 남하한다고 하자. 그들을 어떻게 맞을 것인가.

　대한민국 헌법 제3조에 따르면 그들은 대한민국 영토에 살면서 그곳을 무력 점거한 반국가단체에 시달렸던 대한민국 국민이다. 북한을 탈출해 온 사람을 대한민국이 거부하지 않고 받아들이는 것처럼 그들도 받아들여야 한다. 그들이 대한민국 국민이라면 정부는 헌법 제11조에서 제37조까지에 담긴 기본권을 모두 보장해야 한다. 그들에게서 신체의 자유와 거주이전의 자유를 박탈할 수 없고, 인간다운 생활을 할 권리와 교육받을 권리를 보장해야 한다.

그들은 대부분 국민기초생활보장제도와 의료급여제도 수급권자가 될 것이기 때문에 대한민국 정부는 최저생계비를 지급하고 의료 서비스를 무료로 제공해야 한다. 교육과학기술부는 미성년 자녀들을 학교에 받아들여 교육비와 밥값을 지급해야 한다. 노동부는 취업을 알선해야 한다. 보건복지가족부는 그들 모두에 대해 건강진단과 전염병 예방접종을 실시해야 한다. 국토해양부는 최소한의 주거를 마련해주어야 한다. 서울과 경기도 일대에 100만 명 정도만 내려와도 대부분의 도시 기능이 마비되고 정부와 지방자치단체는 파멸적인 재정난에 봉착할 것이다. 그들이 자기 힘으로 살겠다고 나설 경우 우리 노동시장은 파국적 충격에 휩싸일 것이다. 천재지변을 능가하는 사회적 재앙이 찾아드는 것이다.

북한의 체제 붕괴는 남북한 모두를 절망적 상황으로 몰아넣을 것이다. 북한 주민들은 그야말로 생물학적 생존을 위협받는 상황에 몰리게 된다. 대한민국은 문명적 기준에 입각하여 그들의 문제를 해결해야 한다. 우리가 이런 사태를 예방하기 위해 최선을 다해 노력했는데도 그런 방식의 통일이 찾아온다면 어쩔 수 없다. 독일의 경험을 참고하여 '예고 없이 방문한 손님'처럼 찾아온 통일을 받아들여야 한다. 그러나 그런 사태가 오기 전에 남북의 모든 사람들이 더 즐겁고 행복하게 맞아들일 수 있는 통일의 방법을 찾는 것이 지금 우리가 해야 할 일이다.

통일 문제에 대한 정답은 오직 하나뿐이다. 우선 평화를 정착시키는 것이다. 북한 체제가 장기 지속하면서 스스로 문제를 해결할 수 있는 시간을 주어야 한다. 경제, 사회, 정치, 문화의 모든 영역에서 대한민국과 같지는 않지만 상호 소통과 호환이 가능한 시스템을 내부에서 형성하도록 도와야 한다. 그렇게 해서 남북의 모든 국민들이 공히 한 지붕 아래에서 가족을 이루면 좋겠다는 소망을 가질 때까지 교류하고 통상하고 합작하고 공존하는 것이다. 무엇보다 먼저 정전협정을 평화협정으로 대체하여 북한과 미국이 수교하고, 북한이 핵무기를 폐기하면서 국제사회에 통합됨으로써 경제적 고립에서 벗어나도록 해야 한다. 그러면 다음 일은 저절로 진행될 것이다.

　이명박 대통령은 대통령 취임 선서와 헌법 제4조를 위반하고 있다. 휴전선 남과 북에서 상대방에 대한 증오와 불신, 적대감이 자라게 하는 것은 너무나 쉬운 일이다. 말 몇 마디만으로 그렇게 할 수 있으며 또 실제로 그렇게 했다. 그런 일을 할 능력이 없는 대통령이 어디 있겠는가. 아무리 무능한 대통령이라도 마음만 먹으면 할 수 있다. 그러나 증오와 불신을 존중과 이해로 바꾸고 적대감과 분열이 있던 것에 공존과 화합의 정신을 싹틔우는 것은 오직 유능하고 선한 지도자만이 할 수 있다.

　이명박 대통령은 두 전임 대통령들이 그토록 어렵게 열었던, 남북한의 공동 번영과 평화통일로 가는 '좁은 문'을 단시간에 너무나 손쉽게 봉쇄해버렸다. 그리고 누구도 더 행복하게 만들지 못할 이데올로기 대결과 무력 분쟁의 '넓은 문'을 여는 중이다. 이것은 이명박 정부가 이미 저질렀거나 남은 임기 동안 더 저지르게 될 수많은 잘못들 가운데서도 최악의 실책으로 가장 오랫동안 가장 격렬한 비판을 받게 될 것이다.

2부
권력의 실재

대의민주주의

사람은 주어진 제도의 환경 속에서 더 좋은 '먹이'와 '서식지'를 차지하기 위해 최선을 다해 경쟁한다. 장애나 질병 등으로 노동력을 잃는 바람에 어쩔 수 없이 국가의 보호에 의지하는 사람도 있고, 법률을 위반하는 반칙을 저질러 감옥에 갇히는 사람도 있지만, 대다수는 제도 안에서 질서와 규칙을 지키면서 경쟁한다. 그런데 경쟁이 거기서 머무르지는 않는다. 어떤 제도가 마음에 들지 않거나 자기에게 불리하다 싶으면 그 제도를 변경할 권한을 차지하기 위해 경쟁한다. 이것이 권력을 차지하려는 정치적 경쟁이다. 타인의 인정을 받고 사회적 명예를 얻으려는 본능적 욕망이 이 정치적 경쟁의 불쏘시개로 작용한다.

물론 이 경쟁에도 정해진 규칙이 있다. 우리 헌법은 제40조부터 제118조에 걸쳐 국회와 대통령, 행정부와 법원, 선관위와 헌법재판소에 이르기까지 정치적 경쟁의 규칙, 그리고 그 경쟁에서 승리한 개인과 집단 사이의 권한 배분과 분쟁 해결 절차까지 모든 중요한 사항을 규정해두었다. 헌법과 헌법의 위임을 받아 세부 내용을 규정한 관련 법령, 그 규칙의 적용에 관련된 관행과 그에 대한 사회적 공감, 반칙에 대한 응징, 공정한 경쟁이 산출한 결과에 승복하는 태도, 이 모든 것을 통틀어 우리는 민주주의 절차라고 한다.

　민주주의는 정해진 규칙과 절차에 따라 이루어진 모든 의사결정에 정당성을 부여한다. 그러나 한 가지는 허용하지 않는다. 변경할 수 없는 의사결정이 그것이다. 민주적 절차에 따라 이루어진 모든 결정은 같은 절차에 따라 변경할 수 있어야 한다. 대한민국 헌법 역시 그 길을 열어두고 있다.

　국민은 누군가를 국회의원으로 선출한 결정을 변경할 수 있다. 다음 선거에서 그 남자 또는 그 여자를 낙선시킴으로써(제42조 국회의원의 임기) 그렇게 한다. 국회에서 다수결로 의결한 새로운 법률 조항은 언제든 똑같은 절차를 거쳐 개정될 수 있다. 대통령도 예외가 아니다. 우리나라 국회와 헌법재판소는 대통령을 임기 중에 권좌에서 끌어내리는 탄핵의결권과 탄핵심판권을 보유하고 있으며(제65조와 제111조), 이미 한 차례 이 권한을 행사한 적이 있다. 헌법 그 자체도 변경의 대상이 된다. 국회와 대통령에게 발의권이 있으며(제128조), 국회 의결과 국민투표 절차를 거치면 헌법도 바꿀 수 있다(제130조).

　헌법을 제외한 다른 법령의 세부 사항은 국회와 정부가 법률에 규정된 절차를 거쳐 변경할 수 있다. 어느 것을 어떻게 바꾸는 게 좋을지, 사람마다 생각이 다르다. 주어진 시스템 안에서 자신과 가족의 안위를 돌보기에도 힘겨운 게 보통 사람의 처지라, 5,000만 명의 대한민국 주권자들이 모든 의사결정에 다 참여할 수가 없다. 그래서 대표를

후불제 민주주의

뽑아서 대신 의사결정을 하도록 한다. 이른바 대의민주주의다. 우리 헌법도 이런 제도를 채택하고 있다.

대의민주주의는 정당을 통해서 효과적으로 실행할 수 있다. 법률 시스템과 복지 시스템을 어떻게 할 것인지에 대해 생각이 비슷한 사람들끼리 모여서 집단을 만든다. 이것이 정당이다. 누구나 정당을 만들 수 있으며 누구든 거기 당원으로 참여할 수 있고 후원도 할 수 있다. 정당은 국가의 특별한 보호를 받으며 국가의 재정 지원을 받는다(제8조). 주권자인 국민은 나름의 기준에 입각해 지지하는 정당과 그 정당이 낸 후보에게 표를 던진다. 누구도 합법적으로 치러진 선거의 결과를 거부할 수 없다. 투표를 통해 표출된 국민의 선택은 최종적인 것이며, 이것을 바꾸는 절차는 달리 존재하지 않는다.

그러나 국민들이 투표할 때 중요하게 고려했던 선택의 기준에 대해서는 토론하고 비판할 필요가 있다. 선거 결과는 '신성불가침' 영역에 속하지만, 그것을 불러온 국민들의 정치적 판단 기준과 의식은 비판과 성찰의 대상이 되어야 한다. 국민들은 스스로 원하는 그 무엇을 위해 선택하지만, 때로 그 선택이 소망과는 전혀 다른 결과를 초래하기도 하기 때문이다. 다시 말하면, 국민이 언제나 합리적인 또는 최선의 선택을 하는 것은 아니다. 때로 잘못된 판단을 할 수 있으며 누군가에게 속아서 최선이 아닌 선택을 할 수도 있다. 적절한 비판과 반성이 없으면 그런 오류를 반복하게 된다. 민주주의가 변경할 수 없는 결정을 허용하지 않는 것은 주권자인 국민이 때로 잘못된 의사결정을 한다는 것을 인정하기 때문이다.

독일 국민이 합법적 선거에서 히틀러를 국가 지도자로 선출했다는 사실을 잊지 말자. 그는 연방총리로 선출된 다음 모든 민주적 선출 제도를 폐기했다. 총통이라는 자신의 지위를 어떤 절차로도 변경할 수 없게끔 만들었다. 헌법을 바꾸면서까지 1971년 3선 대통령이 되었던 박정희도 1972년 유신 쿠데타를 일으켜 대통령 직선제를 폐지함으로써 사실상 종신 대통령 지위에 올랐다. 박정희 대통령 선출이라는 의사결정은, 그 자신이 원하지 않는 한 절대 변경할 수 없는 것이 되었다. 똑같은 일을 북한 김일성 주석도 했다. 그는 죽을 때까지 50여 년 동안 '민족의 태양'이자 '위대한 수령'이었다. 지금은 그 아들인 '위대한 장군'이 나라를 다스린다. 이런 것을 우리는 전체주의 독재라고 한다. 민주주의는 변경할 수 없는 의사결정과는 결코 공존할 수 없다.

권력은 때로 무섭게, 때로는 아름답게 보인다. 우리는 21세기 최강 국가인 미합중국 국민들이 새로운 권력을 창출하는 아름다운 광경을 보았다. 버락 오바마Barack Obama라는 낯선 이름을 가진, 케냐인 아버지와 백인 어머니에게서 태어난 마흔일곱 살의 젊은이가 미국 대통령이 되었다. 많은 미국인들이 눈물을 흘리고 환호성을 지르며 서로를 얼싸안았다. 부시 대통령은 세계 곳곳을 전쟁의 불바다로 만들고 금융공황을 일으켜 세계경제를 나락으로 밀어 넣었다. 그는 독선적이고 무서운 권력의 인격적 화신이었다. 누구도 비난하지 않고 오직 미래와 희망과 기회에 대해 말한 오바마의 당선 연설을 들으면서 사람들은 안

도감을 느꼈다. 그러나 잊지 말아야 한다. 2008년에 오바마를 대통령으로 뽑은 바로 그 국민이, 4년 전과 8년 전 거듭해서 부시 정권을 세웠다는 사실을. 미국 국민들이 부시 대통령을 선출하면서 그가 실제로 저질렀던 그 많은 끔찍한 일들을 원하지는 않았다는 것을.

인간은 선하기도 하고 악하기도 하다. 대중은 현명한 선택을 하기도 하지만 어리석은 선택을 하기도 한다. 권력은 아름답고 고귀한 것일 수도 있지만 무섭고 추악할 수도 있다. 국민과 권력은 서로 영향을 주고받으면서 존재한다. 때로는 함께 타락하기도 하지만 때로는 함께 성숙하기도 한다. 권력과 대중은 불화를 일으키고 대결을 벌이기도 한다. 언제나 중요한 것은 성찰이 아닌가 싶다. 유권자 개인도, 집단으로서의 국민도, 대통령도, 대통령과 권력을 공유하는 정치인들도 끊임없이 자신의 생각과 선택을 성찰해야 한다. 냉정한 자기성찰이 없으면 대중은 타락하고 권력은 추악해진다.

대중의 선택을 무조건 찬미하는 지식인과 언론인, 정치인들을 경계하자. 현대는 권력자의 시대가 아니라 대중의 시대이다. 권력을 비판하는 지식인은 많지만 대중을 비판하는 지식인은 드물다. 국민이 왕인 시대이기 때문이다. 리영희 선생과 강준만 교수 같은 예외가 있기는 하지만 왕권 국가 시대에 왕에게 아첨하는 데 뛰어난 능력을 발휘한 언관言官들이 있었던 것처럼, 대중이 왕인 시대에는 대중에게 아첨하는 데 뛰어난 지식인과 정치인들이 도처에 출몰한다. 그들은 국민의 냉정한 자기성찰을 방해한다. 현명한 국민들만이 아첨과 직언을 구별하고 직언하는 자에게 보상할 줄 안다. 결국 권력의 도덕과 능력은 장기적으로 대중의 수준을 넘어서지 못한다.

후불제 민주주의

이무기

마음에 들지 않는 상황이 생길 때 국민들은 쉽게 대통령을 비판하고 장관을 욕하고 국회의원을 비난한다. 다른 한편으로 대중은 선망에 가득 찬 시선으로 권력을 대하면서 권력 쥔 사람들에 대한 막연한 두려움을 느낀다. 권력을 가진 사람들은 무언가 보통 사람과 다를 것이라고 생각한다. 과연 그럴까?

대한민국 최강 권력자는 대통령이다. 이 최강 권력은 청와대라는 '구중궁궐'에 산다. 대통령과 그 참모들은 거의 매일 9시 뉴스에 등장하며 각종 미디어를 통해 국민에게 말을 건다. 그런데 보통 사람이 보는 것은 권력의 화려한 겉모습뿐이다. 대통령과 청와대라는, 한때는 그 이름만으로 듣는 사람을 겁먹게 만들었던, 그 권부權府의 속살은 잘 보이지 않는다. 권력은 그 속살을 철저히 감춤으로써 대통령과 장관들, 청와대 참모들은 어딘가 보통 시민과 차원이 다른 존재가 아닐까 하는 신비주의적 환상을 만들어낸다.

그런데 청와대에 사는 것은 권력 그 자체가 아니다. 거기에는 권력이 아니라 사람이 산다. 대통령과 참모들은 모두 우리와 똑같은 사람들이다. 사명감, 애국심, 허영심, 자부심, 분노, 질투, 독점욕, 복수심 등 사람이라면 누구나 가지게 마련인 욕망과 감정을 지니고 있다. 그들은 드높은 주관적 애국심에 사로잡혀 있지만 그것이 그들을 차원이 다른 인간으로 만드는 것은 결코 아니다. 아무리 거창한 담론을 펼쳐본들, 그들 역시 미래를 정확하게 내다보는 능력은 고사하고 현실의 문제를 있는 그대로 인지하는 것조차 큰 어려움을 겪는, 장삼이사보다 조금 나은 능력을 가진 보통의 사람들일 뿐이다.

대통령은 전능한 해결사가 아니며, 어려움에 빠진 국민을 단박에 건져낼 수 있는 구세주는 더욱이 아니다. 대통령과 참모들은 드높은 의지와 부족한 능력 사이에서 끊임없이 번민한다. 진심을 알아주지 않고 사사건건 반대만 일삼는 야당과 시민단체를 권력의 힘으로 단호하게 제압하고 싶은 파괴적 충동에 사로잡히기도 하고, 현실이나 민심과 동떨어진 아부를 들으면 그게 아첨인지 뻔히 알면서도 마음의 위안을 얻는 '나약한 영혼'들일 뿐이다. 집권 세력 안에서 권력 배분을 두고 벌이는 '공신들의 쟁투'는 때로 추악하기까지 하다. 어떤 권력도 예외가 될 수 없다. 정도와 양상의 차이가 있을 따름이다. 대통령은 그런 조건에서 일하는 고독한 '권력의 화신'이다.

문장紋章은 권력의 화려한 외양을 선명하게 보여준다. 대한민국 최강 권력 청와대 문장에 등장하는 동물은 봉황이다. 어떤 보양식 전문 식당에서는 봉황 대신 오골계를, 용 대신 자라를 넣고 끓인 음식을 용봉탕이라고 한다. 용도 봉황도 세상에 없기 때문에 진짜 용봉탕은 존재하지 않는다. 봉황은 상상 속에서만 존재하는 동물이다. 조선시대에는 용이 왕을 상징하는 동물이었다. 임금의 얼굴은 용안龍顔, 자리는 용상龍床, 옷은 용포龍袍라고 했다.

그런데 대한민국 대통령 문장에는 용이 아니라 봉황이 등장한다. 봉황 두 마리가 무궁화를 둘러싸고 마주 보고 있다. 고미술사를 연구하는 김주미 박사의 2008년 2월 18일자 『한겨레신문』 기고문에 따르면, 이 문장을 채택한 사람은 박정희 대통령이었다. 그는 1963년에 무궁화를 국가 문장으로 정했고, 대통령에 재선된 1967년에는 여기에 봉황 한 쌍을 더해 대통령 문장으로 삼았다. 왜 하필 무궁화와 봉황을 썼는지는 아무런 공식 설명이 없었다고 한다. 그때는 국민의 의견을 수렴한다거나 대통령의 행위에 대해 브리핑을 한다는 개념이 존재하지 않았던 시절인 만큼, 그러려니 넘어갈 수밖에 없다.

김주미 박사의 견해에 따르면 봉황에는 나름의 상징이 있다고 한다. 봉황은 용을 주된 토템으로 섬겼던 한족漢族과 달리 새를 토템으로 섬겼던 우리의 민족 전통과 관계가 깊다는 것이다. 봉황의 원형은 '태양 속에 살고 있는 세 발 달린 까마귀' 삼족오三足烏로 추정되고, 삼족오와 봉황 모두 '태양새'를 형상화한 신조神鳥이며, 삼족오가 분화 발전하는 과정에서 봉황이 나왔다는 설명이다. 고구려 고분벽화의 삼족오, 백제 금동대향로의 봉황, 신라 서봉총 출토 금관의 새무늬 장식, 고려 봉황문 동경과 석관 상부에 표현된 봉황, 조선 궁궐 정전 천장에 장식된 봉황 등 한민족의 문화양식에는 봉황이 지속적으로 등장한다. 오늘날 대통령 문장과 국새國璽 손잡이에 쓰이는 봉황도 그 맥을 이은 것이라는 해석이다.

그런데 언론을 보면 대통령을 상징하는 동물은 여전히 봉황이 아니라 용이다. 용도 봉황과 마찬가지로 상상력이 만들어낸 동물로서 몇 가지 변종이 있다. 승천昇天에 성공한 용, 승천할 기회를 노리는 잠룡潛龍, 그리고 승천에 실패한 이무기. 셋 가운데 제일 특이하고 슬픈 존재는 이무기다. 용이나 잠룡과 달리 이무기에게서는 영웅의 광휘가 아니라 좌절한 인간의 냄새가 난다.

인간의 두뇌는 상상, 망상, 환상을 만들어내는 데 빼어난 능력을 발휘한다. 신화도 인간의 두뇌가 만든 것인 만큼, 피해 갈 수 없는 삶의 객관적 조건과 인간적 특성을 반영한다. 그리스 신화 최강의 신 제우스는 못 말리는 난봉꾼이다. 수백 명의 처를 두고 수백 명의 자녀를 만들었던 고대국가의 전제군주와 닮았다. 구약舊約의 신 야훼는 질투와 보복의 화신이다. 동서고금을 막론하고 질투와 보복심은 전쟁의 주요 동인이었다. 트로이전쟁도 여인의 사랑을 잃은 한 남자의 복수심이 부른 참사였다. 이무기는 크고 높은 이상을 향한 도전에는 참혹한 실패의 위험이 따른다는, 인간적 삶의 진실을 드러낸다.

이무기가 원래부터 이무기는 아니었다. 잠룡이 승천에 도전했다가 실패하면 껍질이 홀랑 벗겨져 이무기가 된다고 한다. 프로메테우스는 불을 훔쳐 인간에게 주었다가 제우스의 분노를 사는 바람에, 코카서스 절벽에 쇠사슬로 묶인 채 독수리에게 간을 쪼아 먹히는 고문을 당했다. 그러나 그는 적어도 이무기처럼 흉측한 몰골이 아니었고 구원자 헤라클레스가 구해줄 때까지 한시적인 고통만을 겪었다. 그러나 이무기는 승천에 실패한 죄로 구해줄 흑기사도 없는 영원한 고통을 선고받는다. 고난에 처한 인간은 흔히 신화적 해피엔드를 갈망하지만, 현실에서 헤라클레스 같은 구원자가 나타나는 일은 없다.

언론은 대통령이 되겠다는 포부를 안고 기회를 노리는 정치인을 잠룡이라고 부른다. 그럴듯한 비유다. 대한민국 정치판에는 용도 있고 잠룡도 많다. 그들이 괜히 부러운 분은 이무기도 함께 보시기 바란다. 권력투쟁에 수반되는 위험과 정치적 인기의 무상함을 실감하게 될 것이다. 대한민국 정치판에는 이무기가 여럿 있다. 대통령 선거가 끝날 때마다 새로운 이무기가 등장한다. 하지만 승천에 실패한 용이 다 이무기가 되는 것은 아니며, 한번 승천했다고 해서 영원히 용으로 머무를 수 있는 것도 아니다. 아름답게 도전하고 당당하게 패배한 다음 품격 있게 퇴장하는 사람도 있다. 승천해 용이 되었나 싶었는데 다시 떨어져 이무기로 변한 사람도 물론 있다.

대통령은 사명감의 화신이거나 욕망의 노예다. 권력욕을 극복하고 권력을 행사하는 권력자가 용이 된다. 권력 그 자체에 대한 욕망에 사로잡힌 권력자는 이무기가 된다. 돈 그 자체를 욕망의 대상으로 삼는 사람이 수전노가 되는 것과 같은 이치다. 성찰하지 않는 부자는 수전노가 되기 쉽다. 성찰하지 않는 용은 하늘에 머무는 동안에도 이무기로 변한다. 구름 사이에서 여의주를 물고 있는 용 그림은 장엄해 보인다. 그러나 하늘에서 여의주를 물고 있는 이무기는 상상만 해도 괴이하고 우스꽝스럽다. 성찰하지 않는 권력은 권좌에 앉은 그대로 이무기가 된다. 우리는 그런 권력을 보고 있다.

후불제 민주주의

역린

중국 춘추시대 말기 한^韓나라에 한비^{韓非}라는 사람이 있었다. 신분 낮은 어머니에게서 난 왕의 서자^{庶子}였다. 사마천이 쓴 『사기열전』에 따르면 한비는 학문에 조예가 깊고 글을 매우 잘 썼지만 언어장애가 있었다. 어릴 때부터 말을 더듬은 것이다. 그래서인지 몰라도 나라를 살릴 좋은 철학과 정책이 있었지만 왕을 설득하여 신임을 얻는 데는 실패했다. 그는 사회질서가 문란해지고 무능한 간신과 소인배들이 국정을 어지럽히는 현실을 개탄하면서 지식인으로서 불행한 삶을 살았다. 삶만 그런 게 아니라 죽음도 불행했다. 황제가 되기 전의 진^秦나라 왕을 섬길 기회를 얻었지만, 그의 재주를 시기한 동문수학 친구 이사^{李斯}의 모략과 속임수에 걸려 억울한 죽음을 맞았다.

한비는 불행한 지식인으로 살다 불운하게 죽었지만 많은 글을 남겼고, 그의 법가^{法家} 사상은 후대 중국 사회에 깊은 영향을 주었다. 다음은 『한비자』^{韓非子}「세난」^{說難} 편에 있는 글의 한 토막이다. 중국 고전 연구자 김원중 선생이 옮긴 『사기열전』에서 인용한다.

용이라는 동물을 잘 길들이면 그 등에 탈 수도 있으나, 그 목덜미 아래에 거꾸로 난 한 자 길이의 비늘이 있어 이것을 건드린 사람은 죽는다고 한다. 군주에게도 거꾸로 난 비늘逆鱗이 있으니, 유세하는 사람이 군주의 역린을 건드리지 않으면 거의 성공적인 유세라고 할 수 있다.

춘추전국시대 중국의 지식인들은 현실에서 뜻을 펴려면 군왕을 설득하여 신임을 받아야 했다. 그것 말고는 다른 길이 없었다. 당시 지식인들이 군왕을 설득하는 것을 사마천은 유세遊說라고 했다. 한비는 「세난」 편에서 성공하는 유세의 요령을 정리하면서 용의 거꾸로 난 비늘, 즉 역린을 거론했다. 군왕의 말이 곧 법인 시대였으니, 그 심기를 결정적으로 거스르는 말을 했다가는 죽음을 면하기 어려웠을 것이다.

그러면 지금 대통령을 용에 비유하는 것이 적절한 것일까? 아무래도 아닌 것 같다. 나라의 최고 권력자이기는 하지만, 대통령은 헌법과 법률의 지배를 받는다. 대통령은 법률을 만들지 못한다. 법률안을 만들어 국회에 보낼 수 있을 따름이다. 법률은 국회가 만든다. 죄 없는 사람을 가두지도 못하고 죄지은 사람을 풀어주지도 못한다. 유죄가 확정된 사람을 가끔 사면하는 정도가 고작이다. 이젠 그것마저도 적절한 이유를 제시하지 못하면 국민의 비판을 받는다.

이제 대통령은 용이 아니라 용을 타는 사람이라고 하는 편이 타당할 듯하다. 대통령이 아니라 국민이 용인 시대가 왔기 때문이다. 역린도 대통령의 것이 아니라 국민의 것이다. 국민의 역린을 건드리면 대통령이 재임 중에 쫓겨나기도 하고, 부하의 총에 맞아 죽기도 하며, 퇴임한 뒤에 감옥에 갈 수도 있고, 임기를 마치기는 했으나 그 대통령이 속한 정파가 권력을 잃기도 한다. 대한민국 현대사는 이미 그 모든 경우를 다 보여주었다. 하지만 대통령이 권력의 단맛에 도취하거나 국민이 아니라 자기가 용이라고 믿는 교만함에 빠질 경우, 역린을 건드리면서도 자기가 무슨 짓을 하는지 깨닫지 못하는 수가 있다. 모든 권력자가 역사에서 배우는 것은 아니다.

2부 권력의 실재 _ 대통령

대통령

대한민국 대통령들은 인기가 없다. 대한민국은 성공했지만 지도자들은 행복하지 않았다. 기묘한 아이러니가 아닐 수 없다. 대한민국은 제2차 세계대전이 끝난 후 탄생한 국가들 가운데 가장 크게 성공한 나라임에 분명하다. 1인당 국민소득 100달러도 되지 않던 세계 최빈국이 겨우 50년 만에 세계 10위권의 무역 대국이 되었다. 대한민국은 외국의 원조를 받던 처지에서 원조를 주는 나라로 전환된 보기 드문 나라이다.

    우리는 정치에서도 만만치 않은 성공을 거두었다. 한국에서 민주주의가 성공하는 것은 쓰레기통에서 장미꽃이 피는 것보다 어렵다고 한 어느 유럽 언론인의 말이 무색하게도, 대한민국은 세계 최고 수준의 자유를 실현한 민주주의 국가가 되었다. 질서 정연한 선거를 치러 두 차례나 순조로운 평화적 정권교체를 이룩했다. 가끔 국회의사당에 전기톱과 쇠사슬이 등장하는 불상사가 생기기도 하지만 정당 사이의 경쟁과 의회 운영도 그럭저럭 작동되는 상황에 이르렀다. 그러나 이러한 국가의 성공과는 대조적으로 대통령들은 성공하지 못했다. 정치적으로든 인간적으로든 모두 불운하고 불행했다.

'건국 대통령' 이승만은 국민의 저항에 무릎을 꿇고 하야한 후 외국으로 망명했다. 4·19혁명 이후 집권한 민주당 윤보선 대통령은 박정희 장군의 쿠데타에 밀려 권력을 잃었다. 그때 그는 세게 저항하지도 않았고 국민들도 대통령을 지켜주지 않았다. 박정희 대통령은 1979년 가을, 부산, 마산 일대의 대규모 민주화 시위로 유신체제가 위기에 봉착했을 때 심복의 총탄에 목숨을 잃었다. 전두환 씨가 권력을 찬탈하는 데 징검다리 역할을 했던 최규하 대통령은 12·12군사반란과 5·18광주민주화운동의 진실에 대해 끝끝내 입을 다문 채 세상을 떠났다. 전두환 대통령은 전임자와 같은 권위의 화신이 되기를 원했겠지만 그 자신의 소망과는 달리 혐오와 조롱의 표적이 되고 말았으며, 퇴임 후에는 12·12군사반란과 광주 시민 학살, 그리고 천문학적 규모의 부정축재 혐의로 백담사 유배와 감옥살이를 해야 했다.

대통령 직선제가 부활한 이후 대통령들은 전임자들처럼 불행하지는 않았지만 모두들 인기가 없었다. 처음에는 인기가 좋았지만 임기 중반으로 가면서 인기가 떨어지다가 임기 말에는 원성의 대상이 되어 청와대를 떠났다. 노태우, 김영삼, 김대중, 노무현 대통령이 모두 같은 일을 겪었다. 그나마 김대중 대통령과 노무현 대통령은 퇴임 후 어느 정도 행복하고 품위 있는 삶을 영위하고 있으며 국민의 평가도 현직에 있을 때보다 좋아졌다. 이명박 대통령은 취임 직후부터 인기가 바닥으로 떨어졌다. 도대체 대통령들에게 무슨 문제가 있었던 것일까? 왜 국가는 성공했는데 지도자는 불행할까?

　　남자들은 군대를 가기 싫어하고 군대 생활이 즐거웠다고 하지도 않지만, 군대 이야기를 하면서 술자리에서 밤을 새우기도 한다. MBC 라디오 프로그램 〈여성시대〉가 매주 목요일 아침에는 '남성시대'로 이름을 바꿔 진행하는데, 남자들한테 인기 폭발이다. 여기서는 포복절도할 군대 생활 에피소드가 줄줄이 소개된다. 추억 속에서는 모든 게 실제보다 아름다울 수 있다. 독재자에 대한 기억도 시간이 흐르면 예쁜 추억으로 채색될 수 있다.

　　박정희 대통령은 1971년 대통령 선거 때 군인 표 60만을 거의 통째로 도둑질한 것을 비롯해 관권·금권과 지역감정까지, 생각할 수 있는 거의 모든 불법적·비윤리적 수단을 다 동원했다. 그런데 지금 같으면 상상할 수도 없이 추악한 선거전을 하고도 '40대 기수론'을 내세운 김대중 후보에게 줄곧 끌려 다닌 끝에 겨우 95만 표를 더 얻고 당선되었다. 사실상 패배한 선거였다. 그 충격 때문이었는지, 그는 다음 해인 1972년 유신 쿠데타를 일으켜 국회를 해산했다. 그리고 유신헌법을 만들어 국회의원 정수의 3분의 1을 자기가 임명했다. 다음 국회의원 선거와 대통령 선거에서 여당인 공화당의 패배가 명백하게 예견되었기 때문이다. 소위 박정희 향수는 고통까지도 아름답게 물들이는 추억의 작용이다. 지금 같으면 국민이 그런 대통령을 참아내지 못할 것이다. 박정희와 전두환 두 대통령은 인기라는 개념과는 어울릴 수 없는 무서운 권력이었다.

후불제 민주주의

국민이 직접 대통령을 선출하기 시작한 이후, 새로 취임한 대통령의 높은 인기가 바닥으로 떨어지는 시점이 점점 더 빨라졌다. 여기에 무슨 법칙이 있기라도 한 것 같다. 대통령마다 각각 다른 사연이 있기는 했지만 20년 넘게 이런 일이 반복되는 데에는 대통령 개인의 잘못을 넘어 이 현상 전반에 걸쳐 작용하는 다른 원인이 있지 않은지 의심해볼 만하다. 나는 여기에 어떤 대중적 심리 현상이 작용하고 있다고 본다.

대한민국 대통령은 과연 어떤 존재인가? 헌법 제66조를 요약하면 대통령은 다음과 같은 권한과 의무를 지닌 존재이다.

대통령은 국가의 원수이며 외국에 대하여 국가를 대표한다. 대통령은 국가의 독립, 영토의 보전, 국가의 계속성과 헌법을 수호할 의무를 진다. 대통령은 조국의 평화적 통일을 추진할 의무를 진다. 행정권은 대통령을 수반으로 하는 정부에 속한다.

'국가 원수', '국가 대표', '헌법 수호', '평화통일', 이런 것들은 모두 대통령에게 부여된 의무다. 이 의무에 상응하는 권한은 무엇인가? 정부의 수반으로서 행정권을 보유한다는 것이다. 대통령은 중요한 정책을 국민투표에 붙일 수 있고, 외국에 대해서 조약을 맺거나 선전포고를 할 수 있으며, 국군을 통수하고, 국가 위기가 생길 때 긴급명령을 할 수 있으며, 국가 비상사태에 계엄을 선포할 수 있고, 공무원을 임면하며, 사면권을 행사할 수 있다. 헌법 제71조에서부터 제79조에 담긴 대통령의 권한이다. 입법권은 국회에 있고 사법권은 법원에 있다. 이 셋은 분립해 있으면서 서로 견제한다. 소위 3권분립의 원리라는 것이다.

대통령은 만능의 해결사가 아니다. 그럴 권한을 가지고 있지도 않다. 그런데도 미디어를 보면 대통령은 무소불위의 해결사처럼 보인다. 마음만 먹으면 무슨 문제든 다 처리할 수 있는 것 같다. 내로라하는 언론인, 지식인, 정치인들이 앞 다투어 대통령을 '훈육'하는 칼럼을 쓰는데, 대부분 내용은 같다. 대통령이 마음가짐과 자세를 바꾸면 다 잘될 수 있는데 그렇지가 않으니 문제라는 것이다. 자기의 주장을 뒷받침하기 위해 동서고금의 위대한 지도자를 가리지 않고 끌어들인다. 심지어는 국회도 야당도 자유언론도 시민단체도 없고 왕이 전권을 휘두르는 아랍에미리트연합 두바이 왕 셰이크 모하메드Sheikh Mohammed의 리더십을 칭송하고, 일당독재를 하는 중국공산당 지도자의 지도력을 예찬하는 지경에 이르렀다.

평범한 국민들이 무언가 풀리지 않는 일이 있을 때 자꾸 대통령에게 기대거나 대통령을 원망하게 되는 것이 혹시 이렇게 만들어진 과잉 기대 때문은 아닐까? 다른 나라에는 저렇게 훌륭한 지도자가 있는데 우리 대통령은 왜 그 모양이냐는 식의 보도를 자꾸 보고 들으면 당연히 대통령을 원망하게 되지 않겠는가.

후불제 민주주의

알바언론 악플언론

국민은 대통령을 직접 볼 수 없다. 오로지 언론 보도를 통해서만 대통령을 만난다. 정치권력이 언론을 장악하고 싶어하는 것은 다 그 때문이다. 모든 독재자들은 실제로 수단 방법을 가리지 않고 언론을 통제하고 장악하려 했다. 언론을 대통령과 국가권력을 미화하고 홍보하는 나팔수로 삼기 위해서다. 이런 시도가 성공하면 언론 보도는 소위 '알바글'로 전락하고 만다.

박정희와 전두환 두 대통령이 집권했던 25년 가운데 상당한 기간 동안, 대통령에 대한 우리 언론의 보도는 '알바글'이나 마찬가지였다. 이 두 독재자는 언론을 통제하는 정도를 넘어 아예 권력의 나팔수로 만들었다. 언론인들을 돈으로 매수하는 것은 기본이었다. 정부를 자꾸 비판하는 언론사에 광고를 주지 못하도록 기업을 협박했다. 1974년 말 '동아일보 백지광고 사태'는 그렇게 해서 일어났다.

이런 압박에도 굴복하지 않는 언론인은 적당한 대공對共 혐의를 붙인 다음 구속영장도 없이 정보기관 지하실로 끌어가 고문을 했다. 그리고 사주社主를 협박해 언론 자유를 외치며 정부의 언론 통제에 저항한 기자들을 대량 해고하도록 만들었다. 신문사와 방송국을 강제로 통폐합하는가 하면, 정부가 날마다 보도지침을 내려 보내 신문 방송 편집권을 행사했다. 적극 협조하는 언론사와 언론인들에게는 사업상의 특혜와 돈을 주는 방법으로 언론을 매수하고 길들였다. 정신이 살아 있는 기자들이 촘촘한 검열과 통제의 그물코 사이로 진실을 알리려고 애썼지만, 전체적으로 독재 시절 대통령과 정치권력에 대한 보도를 보면 언론은 '알바언론', 기사는 '알바글'이라고 해도 지나치지 않을 것이라고 나는 생각한다.

그런데 민주화 이후 일부 거대 보수 신문들은 '알바언론'에서 '악플언론'으로 변신했다. 그들은 독재 정권 아래에서 축적한 시장 지배력을 동원해 민주화가 창출한 거대한 언론 자유 공간에 무혈 입성함으로써 스스로 '선출되지 않은 권력'이 되었다. 언론은 보도를 통해 국민의 생각과 가치관에 막대한 영향력을 행사하는 사회적 권력이다. 민주화 이후의 정치권력은 언론 보도를 통제하거나 언론사를 자기에게 복속시킬 수 없게 되었다. 그런데 이처럼 막강한 권력의 주인은 보수 신문의 소유주들이다. 신문사 사주들은 자기가 임명한 경영진을 통해 보도의 내용과 논조를 배타적으로 지배한다. 그들은 선출되지 않기 때문에 교체되지도 않는다. 스스로 대자본의 소유자이며 '사회적 특수계급'에 속하는 이들 거대 보수 신문의 사주들이 자신의 이익을 도모하고 국민의 생각을 자기가 원하는 방향으로 몰아가려고 하면 신문은 민주공화국의 기본 질서를 위협하는 흉기가 될 수 있으며, 우리는 그런 일을 실제로 체험하고 있다.

　언론권력은 정치권력에서 독립하는 데 만족하지 않는다. 힘의 집중을 추구하는 것은 모든 권력의 기본 생리이다. 언론권력 역시 다른 권력을 길들여 자기에게 복속시키고 싶어한다. 언론권력이 정치권력을 길들이는 데 쓰는 매우 편리한 방법이 대통령을 나무 위에 올려놓고 흔드는 것이다. 대통령이 모든 문제를 다 해결할 수 있는 권능을 가진 사람인 것처럼 묘사한 다음, 모든 나쁜 일들을 다 대통령의 마음과 자세에 문제가 있기 때문이라고 덮어씌우는 방식이다. 자기네 요구에 고분고분 따르지 않는 대통령에 대해서는 사소한 말 한마디, 의미 없는 행동 하나까지 모두 비틀고 확대하며, 심지어는 왜곡해서 보도한다. 이런 언론을 '악플언론'이라고 부른다면 부당한 모욕이 될까? 나는 그렇지 않다고 본다. 무료로 뿌려대는 것까지 합치면 매일 1,000만 부 가까운 부수를 찍는 거대 보수 신문들이 한목소리로 똑같은 '악플'을 5년 내내 달아대면 어느 대통령, 어떤 정부도 견디기 어렵다.

　대통령의 인기 하락이 오로지 언론 때문이라고 주장할 생각은 없다. 근본적인 책임은 물론 대통령 자신에게 있다. 선거에서 이기기 위해 자기가 마치 구세주라도 되는 양, 대통령의 권한으로는 할 수도 없고 할 방법도 없는 일을 다 이루겠다고 큰소리친 죄가 그것이다. 내가 모시고 일했던 노무현 대통령도 후보시절 7% 경제성장을 공약했다. 잘못된 공약이었다. 후보 경선캠프에서는 '5% 플러스알파' 정도만 공약했는데, 민주당 후보가 되고 나서 그런 공약을 하고 말았다. 그래도 다행히 임기 중 경제성장률을 올리려고 인위적인 경기부양책을 쓰지는 않았다. 그것이 진지하지 않은 공약空約임을 인정했기 때문이다.

이명박 대통령은 훨씬 더 멀리 나갔다. '7·4·7'이란 구호를 내걸고 경제성장률을 확 올리는 데서부터 일자리를 무더기로 만들고 동네 분식집과 미장원 장사 잘되게 하는 것까지, 아무 걱정 하지 말라고 큰소리를 쳤다. 심지어는 자기가 당선되면 그 자체만으로도 종합주가지수가 폭등할 거라는 호언장담까지 했다. 거짓말치고도 엄청난 거짓말이었다. 미국 오바마 대통령이 한미자유무역협정FTA에 비판적인 태도를 가진 것을 두고 "선거 때 후보가 무슨 말을 못 하느냐"고 한 데서 보듯 이명박 대통령은 표를 얻기 위해서는 무슨 말이든 하는 정치인이다.

그런데 실현할 수 없는 공약 그 자체보다 더 큰 문제는 그것을 정말로 지키려고 집착하는 것이다. 강만수 전 기획재정부 장관은 이명박 정부 출범 당시 920원대였던 달러 환율을 올려 수출을 촉진함으로써 경제성장률을 높이려고 했다. 그의 '환율 주권론'은 정부가 인위적으로 달러 환율을 끌어올리겠다는 선언으로 받아들여졌고 실제로 환율이 요동치면서 빠르게 오르기 시작했다. 이렇게 해서 스스로 배를 흔들어놓은 상태에서 미국발 금융위기가 덮쳤다. 그가 재임한 1년 동안 한국 경제가 아시아와 유럽의 다른 나라와는 비교할 수 없을 정도로 심각한 혼란에 빠진 것은 바로 이 때문이었다.

대통령들은 누구도 충족할 수 없는 과잉 기대를 부풀림으로써 표를 모아 당선되었다. 그리고 어떤 방법을 써도 그 과잉 기대를 채워줄 수 없다는 자명한 이치 때문에, 또는 무리한 공약을 이행하려는 잘못된 욕망 때문에 정치적 몰락을 맞았다. 새로운 대통령이 취임할 때 높았던 지지율이 시간이 흐르면서 거품처럼 꺼지는 사태를 피할 수 없었던 것이다.

다시 말하지만 대통령의 정치적 몰락이 오로지 언론 때문이라고 할 수는 없다. 하지만 그렇다고 해서 '악플언론' 문제가 사라지는 건 아니다. 국민의 정부와 참여정부 10년 동안 대통령과 정부에 대해 끈질긴 '악플'을 달았던 일부 거대 보수 신문들은 '잃어버린 10년론', '친북좌파 정권 망국론', '참여정부 민생파탄론'을 퍼뜨리는 집요하고도 대대적인 캠페인을 전개했다. 이명박 후보와 한나라당의 황당하기 짝이 없는 '구세주 공약'을 '경제 대통령론'으로 뒷받침함으로써 그들은 그토록 원했던 보수 세력의 '역逆정권교체'를 성취했다. 자기네 손으로 만든 정권인 만큼 그 신문들의 대통령과 정부에 대한 보도는 '악플'에서 '선플'로 표변했다. 그러나 노태우 정권과 김영삼 정권 시절에 그러했던 것과 꼭 마찬가지로 이명박 정권에 대해서도 언젠가 가차 없는 '악플'을 달게 될 것이다. 그 전환점은 이명박 정부를 옹호하고 편드는 것이 명백히 치명적인 영업 손실을 야기하거나, 이명박 정부를 비판하는 것이 또 한 번의 보수 집권에 유리하다고 판단하는 시점이 될 것이다.

지난 20년 동안 국민이 직접 선출한 우리의 대통령들은 예외 없이 이런 운명을 겪었다. 물론 이것이 우리나라만의 문제는 아니다. 다른 나라들에서도 비슷한 상황이 벌어진다. 그러나 언론 재벌 베를루스코니Silvio Berlusconi 총리가 집권한 이탈리아를 제외하면, 우리의 몇몇 보수 신문들처럼 명백하게 정치적으로 편향된 집단적 '악플보도'를 저지르는 경우를 나는 보지 못했다. 인기 하락의 책임을 기본적으로 대통령에게 물어야 하지만, 언론인과 지식인, 국민의 책임도 똑같은 무게를 실어 따질 수 있다고 나는 생각한다. 대통령 스스로 후보 시절 국민의 머슴이 되겠다고 했으니, 머슴의 잘못과 더불어 주인의 안목도 성찰해보는 것이 옳지 않겠는가.

후불제 민주주의

낚시

어부는 물고기를 잡는 것이 생업이다. 많이 잡아야 많이 번다. 수렵 채취 시대 이래 죽 있었던 직업이다. 반면 낚시꾼은 재미로 물고기를 낚는다. 낚시는 일종의 순간 예술이다. 챔질 하는 바로 그 순간 수면 아래 깊은 곳에서부터 전해져 오는 무게감. 거의 동시에 시작되는 물고기의 격렬한 뒤챔. 바늘 끝에서 출발해 가느다란 낚싯줄과 낚싯대 손잡이를 거쳐 온몸으로 퍼져가는 긴장감을 즐기는 게임이다. 반원형으로 휘는 낚싯대를 물고기가 차고 나가는 반대쪽으로 세우면서 터지지 않게 조심조심 힘을 쓰는 동안, 내 뇌에서는 흥분을 유발하는 화학물질이 분비된다. 물고기와 내 몸을 하나로 연결하는 팽팽한 긴장감과 거기서 느끼는 희열은 그야말로 동물적인 감각이다. 당길 힘이 센 것은 지금 낚싯줄을 당기는 물고기가 먹을 게 많은 큰 놈이라는 것을 의미한다. 먹기도 전에 벌써 온몸의 세포들이 아우성을 친다. 만세, 대물大物이다! 내 두뇌는 월척 붕어를 방생할 것임을 이미 인지하고 있지만, 유전자 정보의 지배를 받는 내 본능은 그렇게 김칫국을 마시면서 아우성을 친다.

나는 낚시를 좋아한다. 이것이 내가 '경처가'로 살아가는 두번째 이유다. 아내를 혼자 버려두고 낚시터에서 밤을 보내는 남자에게는 그에 맞는 생존법이 필요하다. '경처가'는 낚시꾼에게 가장 적합한 가정생활의 실천 규범이다. 나는 낚시 중에도 붕어 낚시를 좋아한다. 요즘은 바늘을 수중에 띄우는 중층낚시와 내림낚시가 유행이지만, 나는 바늘과 미끼가 바닥에 살짝 닿게 드리워 붕어를 낚아 올리는 전통적인 낚시 방법을 고수하고 있다. 찌 올림을 보면서 여유 있게 챔질을 해도 되기 때문이다. 특히 수심 깊은 저수지에서 밤낚시를 할 때는 긴 찌를 쓴다. 찌가 길면 깜깜한 수면에서 찌톱에 꽂아둔 케미라이트 불빛이 스멀스멀 올라오는 장면을 즐기기에 더 낫다. 낚시꾼들은 이것을 손맛과는 또 다른 '찌맛'이라고 한다.

붕어가 아무리 많다고 해도 옹색한 수초대, 물이 더러운 곳, 나무 아래 자리는 피한다. 풍광이 좋고 앞뒤가 탁 트인 저수지나 수로를 찾아, 편하게 앉은 채 채비 걸림 없이 낚시할 수 있는 포인트를 잡는다. 낚시꾼이 편하면 붕어가 불편한 법. 조과가 별로인 건 말할 나위가 없다. 바늘은 미늘이 없는 것을 쓴다. 어차피 놓아줄 것, 붕어 주둥이에 구태여 큰 상처를 낼 필요가 없다. 그런데 먹지도 않을 붕어를 낚으면서, 왜 짜릿한 쾌락을 느끼는 것일까? 아마도 내 몸에 수렵 시대에 형성된 사냥꾼 본능이 남아 있기 때문일 것이다.

어부는 아무렇게나 그물질을 하지 않는다. 계절과 물때와 조류를 살펴서 잡으려고 하는 물고기가 있을 만한 곳에 그 물고기에 맞는 그물을 적합한 방식으로 던진다. 무슨 물고기든 잡겠다고 아무 곳에나 아무렇게나 그물을 놓는 게 아니다. 낚시꾼이 물고기를 낚으러 갈 때도 마찬가지다. 붕어를 낚으려면 가볍게 찌맞춤을 하고 식물성 떡밥이나 지렁이를 달아 붕어가 있을 만한 포인트를 겨냥한다. 대물 붕어를 낚으려면 낚싯대를 여러 대 편성하고 새우나 참붕어를 미끼로 쓴다. 잉어를 낚으려면 비릿한 어분이 든 미끼를 쓴다. 쏘가리나 꺽지를 낚고 싶으면 맑은 물이 흐르는 곳을 찾아가 루어 채비를 던진다.

어부와 낚시꾼만 이런 식으로 작업하는 게 아니다. 역사학자들도 똑같이 한다. 역사학자는 아무 데나 가서 유적을 발굴하지 않는다. 손에 잡히는 고문서古文書를 닥치는 대로 읽으면서 역사적 사실을 찾는 게 아니다. 자기가 연구하는 주제를 분명히 하고 그 주제에 대한 나름의 가설이나 이론을 세운 다음, 그 타당성을 입증하는 데 필요한 역사 자료를 찾기 위해 그것이 있을 법한 유적지와 문서를 뒤진다. 물론 정직한 역사학자는 사실을 확인하는 과정에서 애초의 가설이 잘못이었음을 알게 되면 사실에 맞추어 가설을 수정한다. 그러나 학자로서의 양식과 자질이 없는 연구자는 기존의 가설을 합리화하기 위해 사실을 무시하며, 심지어는 유물과 통계를 조작하기도 한다.

언론인도 다르지 않다. 언론인이 객관적 사실을 있는 그대로 보도하는 사람이라고 생각하면 낭패를 볼 수 있다. 모든 사실이 다 말하는 것도 아니며, 중요한 사실이 제 스스로 말하지도 않는다. 오로지 언론이 보도하는 일부 사실만이 말을 한다. 그것도 저 혼자서가 아니라 언론인이 인과관계에 묶어 보도하는 다른 사실과의 관련 속에서만 말한다. 똑같은 사실도 다른 사실과 엮이면 다른 말을 하게 된다. 언론인은 한도 끝도 없이 많은 사건과 사실 중에서 중요하고 의미 있는 것만 보도한다. 수많은 사실과 사건 가운데 어떤 것이 의미 있고 중요한 것일까? 언론인 자신이 의미 있고 중요하다고 생각하는 것이 바로 중요한 사실이다. 다른 객관적인 기준은 없다.

언론인은 사실^{fact}을 낚는다. 그들은 아무 생각 없이 사실과 사건의 바다에 낚싯대를 드리우지 않는다. 언론인은 자기가 독자나 시청자에게 말하고 싶은 것을 말하는 데 필요한 사건과 사실을 찾는다. 남들이 아무리 중요하다고 해도 언론인 스스로 보도하기 싫은 것은 보도하지 않거나 작게 보도한다. 그러면 그것은 존재하지 않았거나 존재하지만 별 의미가 없는 사실이 된다. 객관적으로는 별것 아닌 사실도 언론인이 말하고자 하는 목적에 유용한 것이면 크고 중요한 사실이 된다.

권력형 부정부패라는 사회현상을 예로 들자. 예컨대 대통령 부인과 '20촌' 정도 되는 사람이 무슨 잘못을 저지른 '혐의'가 있다고 하자. 어떤 신문사 사주와 편집권자가 보기에 그것은 정권의 도덕성을 의심하게 만드는 중요한 '팩트'가 된다. 20촌이면 약 300년 전에 살았던 10대조 할아버지가 같은 사람이다. 300년 전이면 병자호란이 일어나고 한두 세대 정도 지났을 무렵이다. 옛날에는 자식을 많이 낳았다. 자녀를 평균 네 명씩 낳았다고 가정하면, 대통령 부인과 20촌인 사람은 4를 열 번 곱한 만큼 많다. 계산해보면 100만 명하고도 4만 8,576

명이다. 대한민국 인구의 2%가 넘는다. 그중에서 한 사람이 무슨 비리 혐의가 있다는 게 권력형 비리의 존재를 증명하는 중요한 '팩트'가 될 수 있을까? 하지만 그렇다고 보았기에 어떤 신문은 '대통령의 처20촌 비리 의혹'이라는 제목으로 대문짝만 한 기사를 실었다. 실제로 있었던 일이다. 어느 신문인지 한번 맞혀보시라.

반면 똑같은 언론인에게, 혐의 정도가 아니라 분명한 사실로 확인된 영부인 4촌 언니의 공천헌금 사취 사건, 대통령 사돈 회사의 비자금 조성 의혹, 대통령 선거캠프 사조직 대표의 수십억 사기 사건 등은 정권의 도덕성과 관련되는 '팩트'가 아닐 수 있다. 그래서 이런 사건은 아예 보도하지 않거나 눈에 잘 띄지 않는 작은 기사로 처리한다. 이렇게 해서 지난 정권 때는 대통령의 처20촌이 저질렀을지도 모르는 비리 '혐의'를 커다랗게 보도했던 신문이, 정권이 바뀌자 대통령 측근과 친인척의 확인된 '범죄 사실'은 훨씬 작게 보도하는 일이 생겨난 것이다. 우리 국민들은 이 신문을 제일 많이 읽는다.

확실히 언론인은 낚시꾼과 닮았다. 붕어 낚시꾼은 잉어를 낚을 경우 70센티미터가 넘는 놈이라도 주저 없이 그냥 풀어준다. 그걸 낚시 경력에 넣지도 않는다. 하지만 그 반만 한 것이라도 붕어라면 당연히 2리터짜리 페트병이나 담뱃갑을 나란히 놓고 사진을 찍은 다음 방생한다. 그러고는 거의 '4짜'에 육박하는 붕어를 낚았다고 허풍을 섞어가면서 다른 낚시꾼들에게 두고두고 자랑을 한다.

똑같은 신문이 대통령 측근이나 친인척의 범죄에 대해 그처럼 변덕스러운 보도 태도를 보이는 것은 이런 맥락에서 보면 매우 자연스럽다. 사실 그들은 변덕스러운 게 아니다. 나름의 일관성이 있다. 그들은 자기가 좋아하는 정부와 싫어하는 정부를 일관성 있게 차별한다. 몇몇 보수 신문 경영진과 기자들은 잉어를 대상 어종으로 취급하지 않는 붕어 낚시꾼과 마찬가지로 진보 정권의 작은 비리는 매우 중요한 '팩트'로 취급하는 반면 보수 정권의 대형 비리는 별로 의미 없는 '팩트'로 취급한다. 차이가 있다면 붕어 낚시꾼이 자기는 오로지 붕어만 노린다고 호언하는 것과 달리 보수 신문은 오로지 진보 정권만을 노린다는 것을 밝히지 않는다는 점뿐이다.

정보를 통제하는 자가 세상을 지배한다. 대한민국을 지배하는 최강 권력은 언론이다. 국민 대다수가 매일 구독하는 몇몇 신문의 지면 편성과 논조와 보도 내용을 지배하는 사주와 그 대리인들이 대한민국을 지배한다. 그들이 네모난 창을 만들면 국민은 네모난 하늘을 본다. 그들이 둥그런 창을 만들면 국민이 보는 하늘은 둥그렇게 된다. 그들은 국민의 눈과 귀, 국민의 입을 자처하지만 그 눈과 귀와 입은 사실 그들 자신의 것이다. 그들은 선출되지 않으며 신임을 묻는 일도 없다. 교체되지도 않으며 누구의 통제도 받지 않는다. 그들의 권력은 국민으로부터 나오지 않았다.

대구에서 국회의원 선거를 할 때의 일이다. 어느 초등학교 앞 문방구에 인사를 갔는데 50대 중반쯤으로 보이는, 수수한 옷차림을 하고 역시 수수한 분위기를 지닌 여성 유권자 한 분이 나를 붙잡고 힐난을 했다. 지난 정권이 세금을 너무 올려놔서 힘들어 죽겠다는 것이다. 그래서 이런 대화가 이어졌다.

"아이구, 정말 힘드신가 봐요. 작년에 세금을 얼마나 내셨나요?"
"하여튼 많이 냈어요. 얼만지는 모르겠네."
"무슨 세금을 내셨죠?"
"글쎄, 그것도 기억이 안 나네……"
"법인세는 아닐 것이고, 소득세? 근로소득이나 종합소득이 얼마나 되셨나요?"
"그런 건 안 냈어요."
"부가가치세는 따로 내는 게 아니니까? 혹시 주민세?"
"맞아요. 그거 냈어요."
"소득세를 따로 내지 않으셨으면 소득세할 주민세는 해당이 안 될 것이고…… 지자체에서 걷는 주민세 말이군요. 그런데 그건 옛날부터 5,000원이고 지난 정부에서는 올리지 않았습니다."

잠시 당황한 기색을 보이던 그 여성은 확신에 찬 어조로 반격했다.

"그거 말고도 많이 냈어요. 수도세, 전기세…… 아휴, 얼마나 많이 올랐는지 모른다니까. 세금 폭탄이야, 폭탄!"

선출되지도 않았고 교체될 일도 없는 최강 권력 보수 언론, 그들이 퍼뜨린 '잃어버린 10년론'과 '세금 폭탄론'의 위력은 이렇게 컸다. 그날 나를 힐난했던 그 여성은 보수 정권의 감세 정책에서 단 한 푼의 이익도 얻지 못했을 것이다. 종부세도 소득세도 법인세도 해당사항이 없기 때문이다. 그러나 정부가 세입 감소에 맞추어 세출을 삭감하고, 그로 인해 공공 서비스와 사회 서비스가 감축되면 많든 적든 손해를 보게 될 것이다. 안타깝지만 이런 국민을 도와줄 사람은 어디에도 없다.

이명박 정부는 '민영화'를 내세워 MBC와 KBS 2TV 등 지상파 방송채널 소유권을 거대 보수 신문과 재벌에 넘기려고 한다. 여론시장을 지배하는 거대 보수 신문, 대형 광고주로서 그 신문들과 이익을 나누고 있는 거대 자본이 신문시장에 이어 방송시장까지 장악하고 나면 무슨 일이 벌어질까? 몇몇 보수 신문 사주와 재벌 회장님들이 사회의 언로言路를 장악하고 국민의 눈과 귀와 생각을 통제하는 세상이 될 것이다. 보수 정당과 보수 신문, 그리고 역시 보수적인 재벌이 3위일체를 이루어 영원토록 주권자 노릇을 하는 '멋진 신세계'! 이명박 대통령과 한나라당은 이런 세상을 꿈꾸는 것이다.

후불제 민주주의

국부

국민은 대통령에게 의지하고 싶어한다. 대중의 마음 깊은 곳에는 왕국의 신민臣民들이 임금에게 의지하던 심리가 깔려 있다. 모쪼록 성군聖君이 나타나 민초들이 겪는 고달픔을 덜어주기를 고대한다. 그런데 대한민국 대통령은 조선시대 왕이 아니다. 전지전능한 구세주는 더욱 아니다. 대통령은 헌법이 부여한 권한을 법률이 규정한 절차에 따라 행사하는 제한된 권력의 소유자일 뿐이다. 대통령은 5년 계약직 최고위 공무원에 불과하다. 국민은 계약 기간 동안 헌법이 규정한 권한을 대통령에게 주고 주요한 공약을 실천하라고 요구한다.

하지만 대통령은 자기의 권한만으로 모든 일을 잘 처리할 수 없다. 일을 제대로 하려면 입법권을 가진 국회의 협력을 받아야 한다. 자기가 속한 정당 또는 자기를 지지하는 정당들이 국회에서 다수 의석을 가지는 것이 대통령에게는 무엇보다 중요하다. 대통령은 마땅히 여당이 선거에서 이기도록 도와야 한다. 입법권을 국회에 부여한 우리 헌법의 권력 구조는 필연적으로 이것을 요구한다. 그래서 국민들은 2008년 총선에서 여당인 한나라당과 그 아류 정당들에 200석 가까운 의석을 안겨주었다. 대통령 새로 뽑았으니 일 좀 할 수 있도록 여당을 밀어주자고 판단한 것이다.

민주공화국의 대통령은 그 누구도 정파를 초월하지 못한다. 대통령은 특정 정당의 당원으로서 그 정당의 공천을 받고 출마해 당선된다. 대통령 후보의 선거 공약은 어떤 보편적 진리가 아니라(그런 것이 있는지 모르겠지만 만약 있다고 하더라도), 특정한 정파의 세계관과 이론과 정책을 반영한다. 작은 정부, 감세, 시장주의, 규제 완화, 민영화, 비즈니스 프렌들리, 성장주의, 개방, 대북 상호주의, 한미동맹. 이런 것들이 이명박 대통령의 철학과 세계관을 표현한 선거 공약이었다. 대통령을 돕는 참모들도 유사한 철학적·정치적 지향을 지니고 있다.

대통령은 정파의 지도자로서 국가를 운영한다. 이것이 대의민주주의와 정당정치의 기본이며 대한민국 정치의 현실이다. 그런데도 국민들은 정파를 초월한 대통령을 원한다. 대통령이 자기를 대통령으로 만들어준 정파의 성공을 위해 영향력을 행사하는 것을 비난한다. 우리 국민의 의식 속에 대통령을 '만백성의 어버이', '왕' 또는 '국부'로 보는 견해가 깊게 뿌리내리고 있기 때문일 것이다.

우리 국민이 헌법상의 주권자가 된 것은 겨우 60여 년밖에 되지 않았다. 사실상의 주권자로 등장한 것은 불과 20여 년 전이다. 단군 할아버지가 나라를 세운 것이 사실이라면 우리 민족은 무려 5,000년 동안 왕의 지배를 받았다. 우리의 몸에는 그 5,000년의 삶이 만들어낸 문화유전자가 있다. 그 문화유전자는 자꾸만 대통령을 만백성의 어버이로 보게 만든다. 국가의 최고 지도자를 헌법과 법률의 규정에 따라 제한된 권력을 행사하여 국가를 운영하는 정파의 지도자로 보는 헌법 해석은, 이 문화유전자가 생성해내는 낡은 의식과 충돌한다. 이 고정관념을 극복하지 않으면 민주주의를 제대로 할 수 없고 성공하는 대통령이 나오기도 어렵다는 것이 내 생각이다.

정치 중립

대통령으로 선출된 정파의 지도자에게 모든 자식을 고루 돌보는 아버지를 기대하는 해묵은 문화유전자는 선거법과 그것을 운용하고 해석하는 사람들의 두뇌에 깊이 각인되어 있다. 2004년 3월 12일 한나라당과 민주당은 여러 가지 사유를 들어 헌법 제65조가 국회에 부여한 국회의 대통령 탄핵 소추 의결권을 행사했다. 헌법재판소는 같은 해 6월 국회의 탄핵을 무효화하는 결정을 내렸다. 헌법재판관들은 결정문에서 노무현 대통령이 헌법을 무시하고 선거법을 위반했다고 질타했다. 그러면서도 그것이 탄핵을 정당화할 만큼 무겁지 않다는 이유를 들어 기각했다. 쉽게 말해서 신호 위반이나 과속같이 비교적 경미한 교통법규 위반을 한 건 사실이지만, 그렇다고 해서 운전면허를 취소하는 건 지나치다는 논리였다.

국회의 대통령 탄핵 사유에는 공직선거법 위반 사항이 들어 있었다. 공직선거법 제9조는 공무원의 선거 중립 의무를 규정하고 있다. 국회의원과는 달리, 대통령에 대해서는 선거운동을 할 수 있다고 허용하는 명문규정이 없다. 대통령도 공무원이니 당연히 선거에 영향을 미

후불제 민주주의

치는 행위를 해서는 안 된다는 게 탄핵을 의결한 한나라당과 민주당의 주장이었다. 새로 창당한 열린우리당이 잘되었으면 좋겠고, 민주당을 찍으면 한나라당 좋은 일 하는 것이라고 한 노무현 대통령의 발언을 중앙선관위는 선거법 위반이라고 판단했다. 헌법재판소 역시 똑같은 판단을 내렸다. 공직선거법 제9조를 보자.

① 공무원 기타 정치적 중립을 지켜야 하는 자(기관·단체를 포함한다)는 선거에 대한 부당한 영향력의 행사 기타 선거 결과에 영향을 미치는 행위를 하여서는 아니 된다.

　대통령은 정치인이다. 원리상 정치적 중립을 지켜야 할 필요도 없고 지킬 수도 없다. 정당의 당원에게 정치적 중립은 원래부터 성립할 수 없는 것이다. 하지만 대통령은 공무원이다. 이 규정의 적용을 받아야 한다. 적어도 형식논리로는 그렇다. 그런데 공직선거법 제9조는 처벌 조항이 없다. 왜 그럴까? 처벌 조항을 만드는 게 법리적으로 불가능하기 때문이다.
　민주 사회의 법률은 의도나 생각이 아니라 행위를 처벌한다. 공무원이 선거에 부당한 영향력을 행사하여 선거 결과에 영향을 미치려면 그런 효과를 내는 어떤 행위를 해야 한다. 공무원이 그런 목적으로 하급자에게 위법한 행위를 하도록 지시하거나, 직접 그런 일을 하거나, 누구에게 돈을 주거나, 후보자에 대한 허위사실을 유포하거나, 여하튼 어떤 종류의 행위든 실제로 무슨 행동인가를 해야 한다. 공직선거법은 공무원이 선거에 부당한 영향력을 행사할 목적으로 실행할 수 있는 특정한 행위 유형에 대해 각각의 처벌 조항을 마련해두었다. 이런 행위를 하면 선거법 관련 조항 위반으로 처벌한다. 그러나 선거법이 처벌하도록 규정한 구체적 불법 행위를 하지 않았다면 법률 위반으로 처벌할 수가 없다. 공직선거법 제9조는 특정한 행위 유형을 구체적으로 규정하지 않은 선언적 훈시 조항이기 때문에 처벌 규정이 없다. 그래서 중앙선관위는 대통령에게 선거 중립을 요구하는 '경고장'밖에 보낼 수가 없었던 것이다.

중앙선관위와 헌법재판소의 선거법 해석은 헌법 정신에 위배된다고 나는 판단한다. 헌법 제7조를 보면 정치적 중립은 공무원이 지켜야 할 의무라기보다는 국가가 보장해야 하는 공무원의 권리에 속한다. 헌법 제7조는 다음과 같다.

① 공무원은 국민 전체에 대한 봉사자이며, 국민에 대하여 책임을 진다.
② 공무원의 신분과 정치적 중립성은 법률로 정하는 바에 의하여 보장된다.

다시 말하지만, 정치적 중립은 국가가 공무원에게 보장해주어야 하는 가치이다. 공무원이 어떤 이유에서든 스스로 선거법에 어긋나는 행동을 할 경우 당연히 선거법과 국가공무원법에 따른 처벌을 받는다.

문제는 공무원 스스로는 원하지 않는데 누군가 공무원이 정치적 중립을 지키지 못하도록, 선거에 부당한 영향력을 행사하도록 강요하는 경우에 일어난다. 이런 맥락에서 보면 헌법 제7조는 공무원 개인의 정치적 중립을 강제하는 조항이 아니라 국가권력이 공무원에게 정치적 편향을 강요하지 못하도록 강제하는 조항으로 보는 게 옳다고 나는 생각한다.

권위주의 시대에는 대통령과 정치권력이 공무원들을 선거에 개입하도록 강요하고 동원했다. 민주화 이후 첫 대통령 선거가 있었던 1987년 겨울, 당시 집권당이던 민정당과 노태우 후보는 전두환 대통령의 협조를 받아 시청과 구청 지하실에서 공무원을 동원해 돈봉투를 만들었고 통반장 조직을 통해 봉투를 실제로 살포했다. 당시 대구시에서 반장을 하던 우리 어머니는 김대중 후보를 지지한다는 이유로 '봉투'를 받지 못했다. 격분한 어머니는 통장에게 항의한 끝에 결국 5만 원이 든 '봉투'를 받아냈다고 한다. 결코 잘하신 일은 아니지만, 20년 전 대한민국 선거는 그런 식으로 치러졌다. 그 이전에는 더 심한 일들도 많았다. 공무원의 정치적 중립을, 다른 데도 아닌 헌법 제1장 총강總綱 제7조에 명시해둔 것은 이런 역사적 경험 때문이다. 대통령과 집권당이 절대 그런 짓을 하지 말라는 뜻이다.

대통령은 헌법에 의해 정치적 중립을 보장받아야 할 공무원이 아니다. 대통령은 공무원이 정치적 중립을 지킬 수 있도록 보장해야 할 의무가 있는 사람이다. 헌법 제7조는 공무원이 선거에 개입하도록 대통령이 강요하는 것을 금지하는 규정일 뿐, 대통령 개인이 정당과 선거에 대한 정치적 의사를 표현하지 못하도록 가로막는 조항이 아니다. 대통령을 공직선거법 제9조가 명시한 "공무원 기타 정치적 중립을 지켜야 하는 자"에 포함시켜 선거에 대한 개인적 견해를 밝히는 것까지 위헌·위법 행위로 규정하는 것은 헌법과 법률을 잘못 해석한 것이다. 중앙선관위원과 헌법재판관들이 어떤 심오한 헌법 이론을 들이대든 간에, 나는 이것이 상식에 부합하는 헌법 해석이자 법률 해석이라고 본다.

그러나 어쨌든 형식논리상 대통령은 공무원이다. 그렇다 해도 만약 법이 처벌하도록 한 특정한 행위 유형에 포함되지 않는 방법으로 대통령이 선거에 영향을 미치면 어떻게 해야 할까? 당연히 처벌할 수 없다. 그게 민주주의다. 민주주의와 법치法治의 관계를 누군가 이렇게 설명했다. 안타깝게도 누구인지는 잊어버렸다.

① 민주주의 사회에서는 "법률이 명시적으로 금지하지 않은 모든 것이 허용된다". ② 권위주의 사회에서는 "법률이 명시적으로 허용하지 않은 모든 것이 금지된다". ③ 독재 국가에서는 "법률이 명시적으로 금지한 것은 금지되며 법률이 허용한 것도 금지된다". 대한민국은 어디에 있는가. 얼마 전까지만 해도 ①에 있으면서 어쩌다 ②와 비슷한 일이 벌어지기도 하는 나라였다. 요즘은 어디 있는지 잘 모르겠다. ①과 ②와 ③이 동시에 존재하는 것 같기도 하다. 무엇이 허용되고 무엇이 금지되는지 분명하게 알 수가 없다면, 그 나라가 ③의 독재 국가

후불제 민주주의

라고 단정하기는 어렵다 할지라도 ①의 민주주의 사회 범주에 들어갈 자격을 제대로 갖추지 못했다는 것만큼은 분명하다. 소위 '경제 대통령' 시대 대한민국의 슬픈 자화상이다.

위선

대한민국 대통령은 '집 떠나는 홍길동'과 비슷하다. 홍길동은 아버지를 아버지라 부를 수 없기 때문에, 진실을 입에 올릴 수 없기 때문에 괴로움을 견디지 못하고 집을 떠났다. 그런데 대한민국 대통령은 집을 떠날 수도 없으니 홍길동보다 더 답답하다. 대통령은 여당이 선거에서 이겨 의회에서 안정된 과반 의석을 확보해야 원활한 국정 운영을 할 수 있다. 그래서 그렇게 되기를 간절히 바라지만 말을 하면 안 된다. 그래서 국민의 눈에 띄지 않도록 몰래 여당을 돕고 여당의 의사결정에 영향을 미친다.

김영삼 대통령은 아들과 정무수석을 보내 소위 재야인사를 영입하고 국회의원 후보 공천을 줬다. 들리는 소문에 따르면 수억 원이 든 돈가방과 지구당 사무실, 승용차와 비서까지 패키지로 장만해주었다고 한다. 정치자금법과 선거법이 엄격해지기 전이니 어떤 방식으로든 이런 것들을 합법적으로 처리했을 것이다. 18대 총선에서 떨어졌지만 여전히 이명박 대통령의 오른팔이라는 이재오 전 의원, 김문수 경기지사, 심재철 의원 등이 모두 과거에 그런 케이스로 한나라당(당시 신한

국당) 공천을 받아 국회의원이 되었다. 김대중 대통령은 김영삼 대통령과 마찬가지로 재임 중에 여당 총재를 겸직했다. 당연히 2000년 제16대 총선에서 여당의 공천권을 행사했다. 이명박 대통령이 측근과 참모들을 통해 한나라당의 2008년 제18대 국회의원 선거 후보 공천을 좌지우지했다는 것도 만인공지萬人公知의 비밀이다.

대통령들은 예외 없이 여당의 국회의원 후보 공천을 좌우했고 여당의 총선 승리에 도움을 주기 위해 애썼다. 정치 중립은 고사하고 선거 중립조차 지키지 않았다. 중앙선관위와 헌법재판소의 견해를 받아들이면 그들은 모두 공직선거법 제9조가 규정한 공무원으로서 명백한 위법·위헌 행위를 한 것이다. 그런데 대통령들은 이 진실을 입에 올리지 않았다. 그래서 선거법 위반이라는 비난을 받지도 않았고 탄핵을 당하지도 않았다. 중앙선관위는 이 '만인공지의 비밀'을 모른 체하며 넘겼다. 이처럼 명백한 정치적 위선이 달리 또 있을까.

노무현 대통령은 이러한 위선을 거부하고 자기를 지지하는 정당이 잘되기 바란다는 소망을 공개적으로 말했다. 이러한 의사 표현은 선거에 임하는 국민들의 정치적 판단의 대상일 뿐 사법적 단죄의 대상이 될 수 없다. 이것이 상식이다. 그런데도 중앙선관위와 헌법재판소는 대통령을 일반 국가공무원과 똑같이 취급하면서 대통령의 정치적 발언을 선거법 위반으로 규정했고, 이러한 헌법과 선거법 해석에 대한 대통령의 논리적 반박까지도 헌법을 무시하는 행위로 단죄했다. 왜 그랬을까? 법철학이나 법 이론의 차이도 있겠으나, 그 저변에는 모든 관료 조직에 공통적으로 존재하는 권력 극대화 욕망이 놓여 있다고 나는 생각한다. 헌법과 공직선거법을 그렇게 좁고 경직되게 해석해야 중앙선관위나 헌법재판소의 권력이 커지고 '서식지'가 넓어진다. 그들은 '이기적 개체'로서 자기가 속한 집단의 권력 극대화를 위해 합리적으로 행동한 것이다.

중앙선관위와 헌법재판소가 이렇게 할 수 있었던 것은 여론의 지지가 있었기 때문이다. 노무현 대통령은 인기가 없었고, 거대 보수 신문뿐만 아니라 모든 언론이 대통령의 '정파적 언행'을 비판했다. 국민들도 대부분 선관위와 헌재의 견해를 받아들였다. 국민의 마음속에는 대통령이 아니라 왕이 있었기 때문이다. 왕은 만백성의 아버지다. 불편부당하고 후덕해야 한다. 정치와 선거에 개입해 특정한 정파와 얽히는 것은 왕답지 못하다. 대통령은 왕과 같은 위엄을 지녀야 하며, 말 한마디 한마디를 천금처럼 무겁게 해야 한다. 대통령은 선거로 뽑았지만 그가 대통령이 된 것은 운명이다. 마치 왕조 시대 어떤 남자가 출생이라는 초대형 로또에 1등으로 당첨되어 왕위에 올랐던 것처럼 말이다.

당시 한나라당과 민주당은 대통령의 언행에 비판적이었던 국민 여론을 잘못 해석하고 탄핵을 강행했다. 국민들은 대통령에 대해 비판적이었지만 그렇다고 해서 취임한 지 1년밖에 되지 않은 대통령을 끌어내리고 싶었던 것은 아니다. 그저 대통령이 마음에 들게 더 잘해주기를 바랐을 뿐이다. 물론 탄핵에 적극 찬성한 국민들도 있었다. 주로 한나라당 지지층이었다. 그들이 있었기에 한나라당은 탄핵 역풍과 소

후불제 민주주의

위 '대선자금 차떼기' 폭로 후유증을 견디고 살아남아 2004년 총선에서 무려 120석 넘는 의석을 확보했다. 반면 지지층이 대통령 탄핵을 원하지 않았던 민주당은 의석이 10석으로 쪼그라드는 치명적 패배를 당했다.

노무현 대통령이 일으켰던 국민들과의 정서적·정치적 불화가 주로 여기에서 비롯되었다고 나는 판단한다. 그는 대통령이라는 자리를 사회적·정치적 계약의 산물로 보았기 때문에 국가 발전을 위해 필요하다면 재신임, 사임, 임기 단축 등을 할 수 있다고 생각했다. 지지율이 너무 낮은 대통령이 계속 재임하는 것이 나라와 국민에게 좋은가를 끊임없이 고민했다. 제한된 권력을 가진 민주공화국 대통령으로서 언론, 사법부, 헌법재판소, 선관위, 정당 등 다른 권력기관과 수평적인 다툼이나 권한쟁의를 벌이면서 서로 견제할 수 있다고 생각했고 실제 그렇게 행동했다. 그러나 국민들은 이것이 대통령답지 않은 언행이라고 생각했다. 보수 언론과 싸우고 검사들과 논쟁하고 선관위나 헌재와 대립하고 여야 정당들과 갈등을 일으키는 대통령이 마음에 들지 않았다. 대통령이 된 것은 하늘이 내린 운명처럼 무거운 것인데 노무현 대통령은 그 소명을 가볍게 여긴다는 것이었다.

노무현 대통령의 국정 수행 지지도가 낮았던 데는 이런 이유도 있었다고 생각한다. 그 이전의 어느 대통령도 그렇게 행동하지 않았다. 대통령직은 분명 헌법과 법률의 절차에 따라 국민과 맺은 계약의 산물이지만, 예전의 대통령은 운명이 맺어준 만백성의 왕처럼 말했다. 고은 시인은 노무현 대통령의 처지가 안타까웠던지, "위정자에게는 때로 위선의 언어가 필요하다"고 말했다. 그러나 나는 대통령이 위선적 언어를 쓸 필요도 없고 실제 쓰지도 않는 사회가 더 바람직하다고 생각한다.

대통령이 바뀌었다. 2008년 이후 우리는 시도 때도 없이 '위선의 언어'를 구사하면서 전제군주처럼 자의적으로 권력을 휘두르는 대통령을 경험하고 있다. 말로는 법치주의를 내세우면서 뒤로는 검찰과 국세청, 국가기록원, 방송통신위원회 등 정부기관뿐만 아니라 감사원과 같은 헌법기관까지 사유화하여 언론 장악과 정치 보복의 첨병으로 동원하는 위선적 대통령이 등장한 것이다. 이 문제에 대해 우리는 시간을 두고 충분히 심사숙고해보아야 할 것이다.

대혁명의 본산인 프랑스 사람들은 실제로 왕의 목을 쳐 죽였다. 절대왕정을 타도하고 주권재민의 원리에 입각한 민주공화국을 수립하는 과정에서 왕을 죽인 나라는 프랑스 말고도 많다. 대한민국은 왕을 죽인 적이 없는 나라다. 고종 황제가 다스리던 나라에서 일본 왕의 대리인인 총독이 다스리는 식민지가 되었다. 제헌헌법 제1조가 대한민국이 민주공화국임을 선언했지만, 실제로 나라를 다스린 대통령은 '국부' 이승만 대통령이었다. 그는 대통령이 아니라 왕이었고, 오스트리아 출신 영부인 프란체스카[Rhee Francesca] 여사는 공공연히 '국모'라 일컬어졌다. 박정희 대통령은 너무 무서워서 아버지라고 함부로 부르지도 못할 정도였지만, 온화한 이미지를 가졌던 영부인 육영수 여사는 버젓이 '국모'라고 불리었다.

　왕국의 신민에게는 자애로운 '국부'와 '국모'가 필요하다. 그러나 공화국의 주권자에게는 대통령과 영부인이 필요할 따름이다. 우리 마음속의 왕을 죽여야 민주공화국이 산다. 대통령을 왕으로 생각하는 견해는 우리의 문화유전자 안에 남은 침팬지의 그림자일 뿐이다. 대통령은 무소불위의 권력자가 아니며 또 그래서도 안 된다. 그런데 헌법적·법률적 제약 조건을 받아들이고 5년 계약직답게 행동하는 대통령은 대통령을 왕처럼 생각하는 백성의 요구를 충족할 수 없어서 인기를 잃는다. 사실은 계약직 공무원이면서 마치 왕처럼 행동하는 대통령은 권력 오남용을 거부하는 시민의 저항과 비판에 부닥쳐 인기를 잃는다. 우리 사회가 이 딜레마를 해소하는 데는 많은 시간이 걸릴 것이다.

카리스마

전북대 강준만 교수는 한때 노무현 후보를 열렬히 지지했지만 집권 후 대통령의 정책과 언행에 실망한 나머지 누구보다도 강력한 비판자가 되었다. 그는 대통령에게 사사건건 쓴소리를 하고 대통령이 추진하려는 모든 정책에 반대하는 논리를 펴는 것을 유일한 임무로 하는 측근이 필요하다고 주장했다. 그런 일을 하는 '고언苦言 그룹'을 두라는 주문도 했다. 참으로 좋은 지적이라고 생각한다. 어떤 개인이 하기에는 너무나 어려운 일이니만큼 청와대 비서실에 그 일을 하는 작은 조직을 두는 것도 생각해봄 직하다. 과거의 대통령들에게도 필요했고 오늘의 대통령에게도 필요한 일이라고 본다. 그런데 이것이 왜 잘되지 않을까?

    대통령은 왕이 아니지만 대한민국의 최강 권력자임에 분명하다. 쉽게 해결하지 못하는 큰 문제도 많지만, 웬만한 작은 일들은 대통령이 관심을 가지고 챙기면 대충은 해결할 수 있다. 대통령이 어떤 문제에 관심을 가지고 어떤 자세로 일하느냐는 대통령 자신의 성패를 좌우하는 요인인 동시에 정부의 성패와 국민의 행복에 큰 영향을 주는 국가적 이슈이다. 민주공화국의 대통령은 전제군주처럼 강한 권력을 행사할 수는 없지만, 개인의 능력과 카리스마로 말하자면 어떤 전제군주에도 뒤지지 않을 만큼 강력하다. 출생이라는 로또에서 우연히 대박을 터뜨린 덕에 왕이 된 사람과 온 국민이 참여하는 선거에서 대통령으로 뽑힌 사람의 능력과 카리스마가 같을 수는 없다.

　대한민국 대통령들은 대통령이 되기 위해 목숨을 걸었던 사람들이다. 이승만 대통령은 목숨 걸고 독립운동을 했고 한국전쟁이라는 내전을 치러냈다. 박정희 대통령도 목숨을 걸고 한강을 건너 쿠데타를 성사시켰으며, 권력을 유지하고 행사하는 과정에서 결국 심복의 총탄에 목숨을 잃었다. 전두환, 노태우 두 대통령도 목숨을 걸고 12·12군사반란을 일으키고 광주에서 대학살을 저지르면서 권력을 잡았다. 김영삼 대통령은 민주화를 요구하면서 무려 23일 동안이나 단식했다. 김대중 대통령은 교통사고를 위장한 암살 미수 사건을 겪었고, 일본에서 납치되어 현해탄에 수장될 뻔했다. 5·18 때는 군사재판에서 사형선고를 받았다. 목숨을 걸지 않고 대통령이 된 것은 노무현 대통령이 처음이고 이명박 대통령이 두번째이다. 대한민국은 드디어 생물학적 목숨을 건 도박을 하지 않고도 대통령이 될 수 있는 나라가 되었다.

　그러나 목숨을 걸지 않고 대통령이 된 분들의 정치 역정이 순탄했던 것은 결코 아니다. 노무현 대통령은 무려 네 차례나 선거에 떨어졌다. 누구도 예상하지 못했던 민주당 국민경선 승리, 노무현-정몽준 후보 단일화 성립과 붕괴 등 천당과 지옥을 오가는 지지율 격변을 거친 끝에 겨우 대통령이 되었다. 이명박 대통령 역시 선거법 위반과 관련한 국회의원 당선 무효 사건, 범인 도피 위증 교사 혐의, 소위 BBK 동영상 파문을 비롯하여 구절양장九折羊腸과도 같은 우여곡절과 천신만고의 시련 끝에 대통령이 되었다.

대통령은 최고의 권력을 거머쥔 인생의 승리자다. 어떤 시련에도 굴하지 않는 강한 의지와 자신의 능력에 대한 확신, 천운이 자신에게 있다고 믿는 낙관적 태도, 이런 것들이 모두 합쳐져 형성된 막강한 기氣의 주인공이다. 이런 사람이 최강 권력을 손에 쥐었다고 생각해보라. 게다가 대통령은 '마음만 먹으면' 어떤 이슈에 대해서든 대한민국 최고 수준의 보고서를 읽고 최고 수준 전문가의 조언을 받을 수 있다. 어지간한 문제에 대해서는 어떤 참모보다 정확하고 해박한 지식과 논리를 갖추게 된다. 그런 대통령 앞에서 다른 의견을 말하기란 쉽지 않다. 다른 의견을 말할 수는 있지만 대통령이 판단을 바꾸도록 설득하기란 더욱 어렵다. 선출된 권력의 비극은 여기서 잉태된다.

그래도 일단 들어는 본 다음에 자기 견해를 고집하는 대통령은 문제가 덜하다. 여러 사람이 거듭거듭 보고하고 건의하면 의견을 바꿀 가능성이 있기 때문이다. 진짜 심각한 사태는 대통령이 지성이 부족해 보고 내용을 제대로 이해하지 못하거나, 사실은 잘 알지도 못하면서 자기가 제일 잘 안다고 생각해 참모의 보고를 제대로 듣지 않거나, 대통령의 개인적 판단과는 다른 의견을 낸다고 참모한테 역정을 내는 경우에 발생한다. 이런 때는 대책이라는 것이 있을 수가 없다. 청와대 참모와 장관들이 대통령의 불합리한 지시를 무작정 이행할 수밖에 없는 상황이 되면, 도처에서 국민이 이해할 수 없는 정책이 나오고 몰상식한 수단을 동원해 그 결정을 밀어붙이게 된다. 사회와 국가의 품격이 바닥으로 추락하고 대통령은 시중의 웃음거리가 되고 만다. 나는 이명박 대통령의 청와대가 이러한 상황에 직면했다고 본다. 정말 대책이 없다.

심기보좌

대한민국 대통령은 좋게 보면 '인격적 철인哲人'이고 나쁘게 보면 '제도화된 괴물'이다. 그 막강한 권한과 인격적 카리스마, 그리고 국부에 대한 기대를 불러일으키는 국민의 문화유전자가 화학적으로 결합해 이런 존재를 만들어낸다. '제도화된 괴물'이 되지 않는 가장 확실한 방법은 대통령 자신의 부단한 자기성찰이다. 그런데 어떤 자연인도 혼자서는 성찰하지 못한다. 늘 가까이 머무르면서 대통령의 자기성찰을 돕는 누군가가 필요하다. 대통령이 정치 인생에서 큰 도움을 받았기에 존중하지 않을 수 없는 사람이 되었든, 인격적으로 스승처럼 존경하는 멘토가 되었든, 대통령의 막강한 기氣에 최소한 꺾이지 않고 맞설 수 있는 정도의 강력한 기를 보유한 참모가 되었든, 여하튼 누군가 대통령의 심기보좌心氣補佐를 해야 한다.

노무현 대통령은 이런 면에서 전임 대통령들처럼 불운했다. 문재인 비서실장과 이호철 국정상황실장을 비롯해 노무현 대통령이 존경하고 좋아한, 인격적으로 훌륭하고 정치적인 사심이 없는 참모들이 많이 있었다. 김원기 국회의장과 이해찬 국무총리 등 대통령이 믿고 의

지하던 관록의 정치인도 있었다. 그러나 쉴 새 없이 뿜어 나오는 노대통령의 기에 맞설 수 있는 사람은 거의 없었다.

　재신임 국민투표, 대연정, 국회의원 선거구제 개편, 임기 단축을 배제하지 않는 원 포인트 개헌 등 노무현 대통령이 여야 정치권과 국민들에게 던졌던 여러 정치적 제안들에 대해, 나는 내용은 찬성했지만 대통령이 그것을 제안하는 데는 반대하는 입장이었다. 그 모두가 나라와 정치 발전을 위해 옳은 것들이고 대통령 자신의 이익을 위한 것이 아님을 확신했지만, 그것을 실행할 수 있는 주체와 동력과 조건이 마련되어 있지 않다고 보았기 때문이다. 삶에 지치고 여야의 무한정쟁에 신물이 난 국민들은 그러한 제안을 진지하게 받아들일 준비가 되어 있지 않았다. 시끄럽기만 할 뿐 잘되지 않을 일을 자꾸 제안하는 것은 대통령의 국정 수행 지지도를 떨어뜨리고 대통령 자신을 괴롭게 만드는 것이라고 생각했다. 그래서 대통령의 권한으로 문제없이 해낼 수 있고 성과가 금방 나타나는 일에 집중하시라는 건의를 드리곤 했다.

　인기 없는 대통령의 예상치 못한 제안들은 거의 언제나 엄청난 정치적 역풍을 일으켰다. 누구도 대통령을 편들어주지 않았다. 야당과 시민사회, 언론은 말할 것도 없고 여당 의원들까지 내놓고 대통령을 비난했다. 나는 그 제안들이 정치와 국가의 발전을 도모하려는 충정에서 나온 올바른 것이지만 실현 가능성이 거의 없다고 생각했다. 그러나 모두가 대통령의 의도 자체를 의심하고 비난하는 상황에서 나까지 공개적으로 그런 말을 할 수는 없었다. 그래서 대통령과 함께 비판의 소나기를 맞는 쪽을 선택했다.

의원총회와 텔레비전 토론에 나가서 대통령의 제안을 지지하고 옹호했다. 참여정부를 이념적으로 비방하고 대통령을 인격적으로 험담하는 야당과 보수 언론에 맞서 싸웠다. 심지어는 여당 국회의원들과도 논쟁했다. 하지만 대통령과 따로 만날 때는 당당하게 직언했다. 나는 내게 그럴 자격이 있다고 생각했다. 대통령도 의견은 달랐지만 내 진심을 받아들였다. "대통령님의 생각과 말씀이 옳습니다. 논리적으로도 역사적으로도 바른 판단이라고 봅니다. 하지만 그 제안은 이루어질 수 없으며 대통령님을 고통스럽게 만들 뿐입니다. 계속 이렇게 나가다가는 정권이 넘어가고 대통령님을 따르는 사람들은 정치적으로 완전히 몰락할 것입니다." 말이 씨가 된 것인지, 정말 그렇게 되고 말았다.

노무현 대통령은 '오만하고 독선적'이라는 비판을 많이 받았지만, 실제로는 그렇지 않았다. 오히려 민주적 소양이 몸에 밴 정치인이라고 하는 게 적절할 것이다. 누가 아무리 혹독하게 쓴소리를 해도, 비록 그 쓴소리를 수용하지는 않을지라도, 일단 충분히 들으면서 논박하고 토론했다. 영화배우 문성근 씨 같은 경우에는 한번 작심하면 곁에서 듣기가 민망할 정도로 세게 쓴소리를 했지만, 노무현 대통령이 그 때문에 불쾌해하는 것은 본 적이 없다. 청와대 국민경제비서관을 지냈던 정태인 씨가 한미FTA 반대운동의 아이콘이 되어 대통령의 정책을 공개적으로 비판하고 나섰을 때 일이다. 그의 비판은 때로 정책을 넘어 대통령의 인격을 겨냥했다. 그런데 어느 참모가 정태인 씨를 비난하자, 노무현 대통령은 이렇게 말했다. "그러지 마시오. 그 사람도 자기 나름의 애국심에서 그렇게 하는 것이니 탓할 일이 아닙니다. 그 사람 입장에서 보면 내가 진보 진영을 배신했다고 할 수도 있지 않겠습니까."

참여정부 5년 동안 청와대 관저를 적지 않게 드나들었다. 국민연금법 개정안이 부결된 후 보건복지부 장관을 문책 교체함으로써 다시 법 개정 지지 여론을 불러일으켜야 한다고 건의하기 위해 관저에 갔을 때를 제외하고는, 단 한 번도 기자들에게 들킨 적이 없었다. 수행비서도 보좌관들도 굳게 입을 다물었다. 청와대 출입문 바리케이드를 통과해 우회전하면서 크게 휘어지는 내리막을 돌아 관저로 올라가는 그 길은 어둡고 무섭다. 키 큰 나무들이 어둠 속에서 나를 노려보는 것 같다. 밤에 그곳을 지날 때마다 나는 형언하기 어려운 두려움을 느끼곤 했다. 우리는 지금 나라와 국민을 위해 하루하루 바른 결정을 하고 있는가? 그 무서운 길을 지나 도착하는 대통령 관저는 그야말로 적막 그 자체였다. 그런 곳에 대한민국 대통령이 사는 것이다.

대통령은 고독하다. 일상의 삶도 고독하고, 장관들 사이에 논쟁과 대립이 있는 중요한 정책 결정을 최종적으로 내릴 때도 고독하다. 권력의 정점에 선 사람만이 느낄 수 있는 감정이라, 나도 다 짐작하지는 못한다. 그러나 대한민국에 대통령만큼 강력한 심기보좌가 필요한 사람은 달리 없다는 것은 확실하게 말할 수 있다. 대통령이 개인적 감정에 휘둘리지 않고 정치적 판단을 할 수 있도록 하려면, 사회적·정치적 갈등이 수반되는 정책을 결정할 때 강력한 반대 의견을 제시함으로써

2부 권력의 실재 _ 심기보좌

균형감각을 잃지 않게 하는 심기보좌가 절대적으로 필요하다.

모든 것이 다 끝나버린 지금, 나는 별 쓸모없는 상상을 한다. 내가 2003년도 국회의원 보궐선거에 출마하지 않고 청와대 참모로 갔더라면 어땠을까? 지근거리에서 대통령의 심기보좌를 하면서 대중의 눈에 드러나지 않게 활동하는 것이 대통령과 국민을 위해 더 나은 선택이 아니었을까? 만약 그랬다면 나는 대통령의 그 막강한 기에 눌리지 않고 대통령의 자기성찰을 돕는 참모가 될 수 있었을까? 임기가 거의 다 끝나가던 때 노무현 대통령은 내게 이렇게 말했다.

"유 장관, 일부러 그러려고 했던 적은 없는데, 어떻게 하다 보니 결과적으로 계몽주의에 빠지는 오류를 저질렀던 것 같아."

노무현 대통령의 퇴임 이후 삶은, 이 뒤늦은 성찰과 관계가 있다고 나는 판단한다. 퇴임 후의 노무현 대통령은 기를 내뿜지 않는다. 아주 편안한 얼굴로, 자기 힘으로 할 수 있고 가시적인 성과가 나오는 작은 사업에 열중한다. 오리를 풀어 벼를 키우고 화포천 쓰레기를 치운다. 밀짚모자를 손에 든 채 관광객과 인사를 나누고 맨바닥에 앉아 숲을 가꾸는 자원봉사자들과 막걸리를 마신다. 재임 중에는 전혀 볼 수 없었던 모습이다. 그 편안해진 모습을 보면서 현직 대통령을 생각한다.

이명박 대통령도 틀림없이 고독할 것이다. 때로 참모들이 대통령을 속이기도 한다는 것, 중요한 정보를 제대로 보고하지 않을 때가 있다는 것, 대통령의 뜻과 관계없이 인사^{人事}를 둘러싼 측근들 사이의 권력투쟁이 생긴다는 것, 측근들이나 잘 알지도 못하는 사람들이 대통령과의 친분을 과시하면서 이권에 개입하고 뇌물을 받기도 한다는 것, 국민들이 언제나 대통령의 진심을 알아주지는 않는다는 것, 대통령이 원해도 이루어질 수 없는 일들이 많다는 사실을 알게 되었을 것이다. 참으로 안타까운 것은 대통령 뒤에 숨어 자기를 지키려는 이는 많아도 자기 몸을 던져 대통령을 지키려고 하는 사람이 별로 보이지 않는다는 사실이다. 대통령의 오류까지도 감싸면서 함께 비를 맞아주는 사람이라야, 남들이 듣지 않는 곳에서 대통령의 성찰을 돕는 직언을 할 수 있다. 혹시 그런 사람이 아무도 없는 건 아닐까? 만약 그렇다면 이명박 대통령은 불행한 대통령으로서 임기를 마칠 가능성이 매우 높다.

측은지심

위대한 사상가는 당대의 현실에서 실패하기 쉽다. 사상이 잘못되었기 때문이 아니라 너무 앞서 나가 있기 때문에 사람들이 그 사상을 받아들이지 않는 것이다. 중국 전국시대를 살았던 맹자孟子도 그런 이유 때문에 당대의 현실에서 실패했다. 그는 여러 왕을 만나 좋은 정치와 좋은 군주에 대한 가르침을 주었으나 어느 왕도 그것을 실천할 마음이 없었다.

『맹자』「양혜왕」梁惠王 편에 맹자가 제선왕齊宣王을 만나 이야기하는 장면이 나온다. 제선왕은 인기 없는 왕이었다. 요새 말로 하면 국정 수행 지지도가 별로였고, 왕의 리더십 스타일도 백성들이 좋아하지 않았다. 백성들은 왕이 쩨쩨하다고도 했고 멍청하다고도 했다. 이유가 있었다. 이혜경 선생은『맹자, 진정한 보수주의자의 길』이라는 흥미로운 맹자 해설서에서 그 장면을 다음과 같이 실감나게 번역해두었다. 제선왕이 맹자에게 자기와 같은 사람도 백성을 잘 보호할 수 있겠는지를 묻자 맹자가 이렇게 되묻는다.

제가 신하한테서 이런 말을 들었습니다. 왕께서 대청에 앉아 계시는데 소를 끌고 그 아래를 지나가는 사람이 있었습니다. 왕께서 그것을 보시고 '소가 어디로 가느냐'고 물으니 그 사람은 피를 받아 종에 바르는 의식을 하려고 한다고 대답했다 합니다. 그러자 왕께서는 '그 소를 놓아주어라. 나는 그 소가 두려워 벌벌 떠는 것이 마치 아무 죄도 없이 사지로 끌려가는 것 같아 차마 볼 수가 없구나'라고 했다고 합니다. 그래서 그 사람이 '그렇다면 의식을 그만둘까요'라고 묻자 왕께서는 '어떻게 그만둘 수가 있느냐. 양으로 바꿔라'라고 하셨다는데, 그런 일이 있었습니까?

제선왕이 그런 일이 있었노라고 했다. 당시에는 종을 새로 만들면 짐승 피를 칠했다고 한다. 이 일이 알려지자 백성들이 쩨쩨하게 돈을 아끼려고 그랬다는 둥, 소는 불쌍하고 양은 불쌍하지 않으냐는 둥, 왕을 비웃었던 모양이다. 제선왕이 맹자한테 나와 같은 사람도 국가를 잘 운영할 수 있느냐고 조금은 의기소침해 보이는 질문을 한 것은 그런 사정 때문이었다. 그런데 맹자는 오히려 그 일을 들어 제선왕을 세게 격려했다.

그런 마음이라면 통일된 천하의 왕이 되기에 충분합니다. 백성들은 모두 왕께서 소 한 마리가 아까워서 그랬다고 하지만, 저는 왕께서 끌려가는 소의 모습을 차마 볼 수 없어서 그러셨다는 것을 잘 알고 있습니다.

 맹자가 한 격려의 취지를 한 문장으로 줄이면 이렇게 된다. '측은지심 인지단야'惻隱之心 仁之端也! 긍휼히 여기는 마음이 어짊의 시작이다. 왕이 소를 살려주고 양을 잡으라고 한 것은 소는 보았지만 양은 보지 못했기 때문이다. 눈으로 본 가련한 소도 긍휼히 여기는 마음이 없는 왕이라면 어찌 눈에 보이지 않는 백성을 긍휼히 여길 수 있겠는가. 그런 뜻이다. 국가 지도자에게 측은지심은 성공의 필요조건이다. 이것이 있으면 성공할 수도 실패할 수도 있지만 이것 없이는 성공하기 어렵다. 중국 전국시대 왕들은 절대권력을 쥔 전제군주였기 때문에 좋은 통치를 하려면 백성을 긍휼히 여기는 정서적 공감 능력을 지니는 것이 특별히 중요했다. 전제군주가 아닌 민주공화국의 대통령에게도 측은지심은 반드시 갖추어야 할 미덕이라고 나는 생각한다.

 맹자가 왕의 비위를 맞추어 벼슬과 명예를 얻으려고 이런 말을 한 것은 결코 아니었다. 맹자는 천 근을 너끈히 들 힘을 가지고 있으면서 깃털 하나 들 수 없는 것처럼 행동하는 사람을 예로 들어, 마음만 먹으면 백성을 행복하게 할 수 있는 권력자이면서도 왕 노릇을 제대로 하지 않는 제선왕을 호되게 비판했다. 배가 고픈데도 좋은 마음을 유지할 수 있는 사람은 매우 적은 법이니, 무엇보다 백성들이 배불리 먹고 가족을 부양할 수 있도록 노역과 세금을 덜어주면서 산업을 진흥하라고 조언했다. 그러나 아쉽게도 제선왕은 측은지심만 좋았을 뿐, 맹자의 철학과 정책을 받아들여 실천하려는 의지가 없었다.
 맹자는 '이익의 정치'가 아닌 '가치의 정치'를 설파했다. 그가 제일 먼저 찾아간 사람이 양혜왕이었다. 양혜왕은 자기 나라를 찾아온 맹자한테 어떻게 내 나라를 이롭게 해줄 것인지 물었다. 맹자의 대답은 거의 면박에 가까웠다.

 왕은 어째서 이익에 대해서만 말씀하십니까? 진정 중요한 것은 인仁과 의義일 뿐입니다. 한 나라의 왕이 어떻게 하면 내 나라를 이롭게 할 수 있을까 궁리하면, 그 아래 대부는 어떻게 하면 내 집안을 이롭게 할 수 있을까를 궁리하고, 선비와 서민들은 어떻게 하면 내 한 몸 이롭게 할 수 있을까를 궁리합니다. 이처럼 위아래가 다투어 자신의 이익을 취하려 하면 나라는 위태로워집니다.

 맹자는 여러 나라 왕들을 찾아다녔다. 그러나 춘추전국시대 500년 넘는 대전란에 휩싸인 중국 대륙 여러 나라 왕들은 너나없이 부국강병에 혈안이 되어 있던 터라 맹자가 설파하는 '왕도정치'의 원리를 받아들이지 않았다. 맹자는 50이 넘은 나이에 천하를 주유하기 시작해 20여 년을 떠돌았지만 끝내 뜻을 펼 나라를 찾지 못하고 고향으로 돌아와 제자들을 기르며 삶을 마쳤다. 그는 전국시대 왕들이 받아들이기에는 너무나 혁명적인 사상을 설파한 것이다.
 나중에 주자朱子는 맹자의 인간관을 '4단론'四端論으로 정리했다. 여기서 4단은 측은지심(긍휼히 여기는 마음), 수오지심羞惡之心(잘못을 깨달았을 때 부끄러워할 줄 아는 마음), 사양지심辭讓之心(남을 공경하고 스스로 겸손하게 처신하려는 마음), 시비지심是非之心(옳고 그름을 가리려는 마음)이다. 이것이 각각 인의예지仁義禮智의 시작이라는 것이다. '4단7정론'四端七情論에 대해서 처음 들은 게 돌이켜보면 벌써 30년이 훨씬 넘었다. 퇴계 이황과 신진학자 기대승이 4단과 7정의 관계를 두고 수준 높은 철학 논쟁을 벌였다는 이야기가 함께 떠오르는 걸 보면 아마도 고등학교 국사 시간이었던 듯하다. 시험에 대비해 이기이원론理氣二元論이니 기일원론氣一元論이니 하는 뜻도 모를 용어를 달달 외워야 했던 당시, 내 느낌은 한마디로 이랬다. '그래서 뭐가 어쨌다고요!' 한마디로 아무 재미도 없는 이론이었다. 아, 실로 무식하고 유치했던 내 젊은 날이여!

　우리는 지금 대통령에서 평범한 서민에 이르기까지 모두가 '이'利를 말하는 시대를 살고 있다. '부자 아빠'가 '좋은 아빠'이고, '재테크'가 성공하는 인생의 비결이며, 제일 좋은 대통령은 '경제 대통령'인 시대가 되었다. '부자 되세요'와 '대박나세요'가 최고 덕담으로 통한다. 평범한 대한민국 국민이 춘추전국시대 왕이나 누릴 수 있었던 수준의 소비생활을 누리는데도, 여전히 사람들은 '인'이나 '의'가 아니라 '이'를 좇으며 살아간다. 다시 『맹자』를 읽으면서 수오지심과 사양지심을 챙긴다. 시비지심 가득한 자아를 내면에 담은 채, 측은지심에 이끌려 겁도 없이 공직에 뛰어드는 것은 만용에 가깝다. 다시는 그런 만용을 부리지 말아야지!

후불제 민주주의

장관

대통령은 혼자 일하지 않는다. 형식적인 면에서 볼 때 정부의 가장 중요한 의사결정 기관은 청와대 수석회의가 아니라 국무회의다. 대통령은 국회의 동의를 받아 국무총리를 임명한다(헌법 제86조). 국무위원은 국무총리가 제청하여 대통령이 임명한다(헌법 제87조). 대통령은 헌법이 부여한 거의 모든 권한을 국무회의에서 심의 의결해 행사한다(헌법 제89조). 대통령은 국무위원 중에서 국무총리가 제청하는 사람을 장관으로 임명한다(헌법 제94조). 대통령은 사실 장관들과 일한다. 청와대 수석비서관과 보좌관들은 대통령의 의사결정을 돕는 참모일 뿐, 실제 집행 업무는 모두 장관이 한다. 대통령은 장관을 통해서 국정을 운영한다고 해도 과언이 아니다. 아무리 뛰어난 대통령이라도 장관을 잘못 쓰면 국정을 망치게 된다.

　사람들은 장관을 부러워한다. 사실 그럴 만하다. 권력 서열로 보면 대한민국에서 100등 안에는 확실히 들어갈 것이다. 정부에서는 대통령과 국무총리 다음이지만 대한민국 전체를 보면 순위가 뒤로 밀려난다. 대통령 비서실장, 감사원장, 헌법재판소장, 대법원장, 국회의장,

주요 정당의 대표와 원내대표, 국정원장, 검찰총장, 재벌 총수, 주요 언론사 사주와 최고경영자 등등 사실상 장관보다 힘이 센 공공기관장과 민간 권력자가 숱하게 많다. 게다가 장관 목숨은 파리 목숨이다. 대통령이 마음만 먹으면 언제든지 교체한다. 그렇지만 장관이 명예롭고 힘센 자리라는 것은 의심할 여지가 없다.

항간에는 장관에 대한 오해가 제법 많다. 장관이 되고 나서 제일 자주 들은 말이 이런 것이다. "좋겠다, 이제 평생 연금 받게 되잖아." 그런데 장관 연금이란 건 존재하지 않는다. 직업공무원을 하다가 장관이 된 사람이 퇴직한 다음에 공무원연금을 받을 뿐이다. 장관을 지냈으니 연금액이 다른 사람보다 많기는 할 것이다. 그러나 다른 일을 하다가 장관이 된 사람은 재임 기간에만 공무원연금에 가입한다. 최소 20년 가입해야 공무원연금을 받을 자격이 생기니 퇴임할 때는 재임 중 납부한 공무원연금 기여금을 일시불로 돌려받는다. 퇴직 위로금 비슷한 느낌이다. 나는 프리랜서 지식소매상이던 시절 국민연금 지역가입자였다. 국회의원이 되면서 직장가입자로 바뀌었다. 장관을 하는 동안 공무원연금 기여금을 내다가 퇴직한 뒤에는 다시 국민연금 직장가입자로 돌아왔다. 지금은 국민연금 지역가입자로서 보험료를 납부하고 있다.

어느 날 택시를 탔더니 기사분이 흥분해서 내게 말하기를, 대통령이 장관을 자주 바꾸는 것은 되도록 많은 '꼬붕'들한테 연금을 챙겨주기 위해서라고 했다. 물론 뒷좌석에 앉은 고객이 전직 장관이라는 걸 알고 그랬던 것은 아니었다. 그는 말끝에 예의 후렴구 붙이는 걸 빠뜨리지 않았다. "도둑놈들!" 그런 게 있다면야 개인적으로 노후가 얼마나 편안할까마는, 그렇게 불합리한 제도가 있을 리 없다. 나는 장관 사임하고 국회의원 선거에서도 미역국을 먹은 뒤로, 먹고살기 위해 출판사 방 하나 빌려서 밤낮 없이 책을 읽고 원고를 쓴다. 배운 도둑질이 그거 하나뿐이라 다른 방도가 없다. 전직 장관으로서 품격을 유지하는 데도 돈이 들고 아이들 학교 보내고 노후 대책도 세워야 한다. 놀고먹을 팔자가 되지 않으니 일할 수밖에 없다.

재직 중에는 '관사官舍로 이사하지 않았느냐'는 질문도 많이 받았다. 시장이나 도지사들은 관사가 있는 경우가 많지만 장관은 관사가 없다. 국무총리는 관저官邸가 있다. 국방부 장관과 외교부 장관도 특별한 보안과 의전의 필요성 때문에 관저가 있다. 하지만 다른 장관들은 해당사항이 없다. 국회의원을 겸직한 장관은 월급을 둘 다 받느냐는 질문도 자주 받았다. 아니다. 둘 가운데 하나만 받는다. 장관 연봉이 국회의원보다 500만 원 정도 많고 또 국회의원 일은 사실상 개점휴업이기 때문에 누구나 장관 월급을 선택한다.

말이 나온 김에 하나만 더 해명하자. 조금 특이한 이름을 가진 시민단체 관계자가 17대 국회 여야 국회의원 가운데 상임위원회와 본회의 출석률이 낮은 정치인 수십 명을 상대로 손해배상청구소송을 걸었다. 국민 혈세로 월급을 받으면서 직무를 게을리 했으니 돈으로 배상하라는 공익대표소송이었다. 신문에 회의 출석률 하위권 국회의원 명단이 커다랗게 났다. 이해찬, 한명숙 총리를 비롯해 국무위원을 겸직했던 국회의원 대부분이 피고가 되었고 박근혜 의원을 비롯한 주요 정당 지도부 인사들도 포함되어 있었다. 나도 그중 하나여서 법원에서 보내준 변론기일 통지서를 받았다.

그런데 나는 16개월 동안 국무위원으로 일했고 그 기간에는 의원 세비를 받지 않았다. 16개월이면 국회의원 임기 48개월의 딱 3분의 1이다. 그리고 내 국회 회의 출석률은 장관 재임 기간을 포함한 48개월 전체를 통틀어 평균 60%가 넘었다. 직무를 게을리 한 것은 결코 아니었다. 실제로 국회의원 일을 한 기간만 놓고 보면 매우 높은 출석률을 기록한 것이다. 내가 속해 있던 국회 상임위원회와 본회의가 열리는 시간에 나는 정부의 회의에 참석하거나 장관 업무 수행 중이거나 본회의장 국무위원 자리에 앉아 있었다. 그런데도 생활비 벌기에도 부족한 시간을 써가면서 답변서를 작성하고 법정에도 나가야 한다니, 조금은 억울한 생각이 든다.

장관은 살얼음판 위를 걷는 사람이다. 발밑이 꺼질까 무서워서 조심조심 가다 보면 아무 한 일 없이 세월이 흘러간다. 뭔가 하려고 너무 서두르다 보면 발밑이 꺼져 얼음물에 빠져 죽는 수가 있다. 적당한 속도로 요령 있게 얼음판을 건너 목적지로 가야 한다. 그것도 혼자서 몰래 하는 게 아니라 수많은 기자와 공무원과 국민들이 지켜보는 가운데 묘기를 펼쳐야 한다. 장관직은 적고 장관 하고 싶은 사람은 많으니 얼른 빠져 죽기를 기도하는 사람이 있다는 건 말할 나위도 없다. 동물들이 먹이와 서식지를 놓고 경쟁하는 것처럼, 사람들은 장관직에 딸린 권력과 명예를 놓고 때로는 노골적인, 때로는 은밀한 경쟁을 벌인다. 어느 장관이 얼마나 직무 수행을 잘하고 못하는지, 국정원과 경찰청, 감사원과 청와대 비서실 등에서 항상 관찰하면서 보고서를 작성하고, 그 보고서가 총리실과 청와대에 전달된다.

장관이 하는 일에는 비밀이 없다. 모든 일정과 업무추진비 사용 내역이 홈페이지에 공개된다. 공무원들은 장관이 일과가 끝난 후에 무엇을 하는지도 다 안다. 장관의 사소한 습관이나 말버릇까지도 모두 공무원들의 관찰 대상이 된다. 부처합동회의나 여러 장관들이 참여하는 국정보고회의가 끝나고 나면 세종로와 과천 관가에는 장관들의 언행에 대한 공무원들의 평가가 소리 없이 퍼져 나간다. 시간과 정력의 99% 이상을 일에 쏟아 붓지 않고서는 평균 점수도 받기 어렵다. '장관질'도 아무나 또는 아무렇게나 할 수 있는 일은 아니다.

내가 근자에 본 장관 가운데 제일 아무렇게나 '장관질'을 하는 사람은 문화체육관광부 장관이 아닌가 싶다. 〈전원일기〉의 양촌리 김 회장 댁 아드님이 크게 출세한 건 좋은 일이다. 그런데 그가 권력의 완장을 두르고 공공기관 문짝을 걷어차면서 사람을 쫓아내는 소위 '친북좌파 척결투쟁'의 선봉에 설 줄은 미처 몰랐다. 국회 상임위원회에서 기자들을 향해 욕설을 내뱉은 것은 그가 맡은 부처와는 특별히 어울리지 않는 행동이었다. 장관이 욕먹을 짓을 하면 그 욕이 결국 임명권자인 대통령에게 돌아간다는 사실을 명심할 필요가 있다.

2부 권력의 실재 _ 코드 인사

코드 인사

장관은 다른 무엇보다도 먼저 대통령의 대리인이다. 대한민국의 모든 권력은 국민에게서 나온다. 국민은 대통령에게 권력을 주었다. 대통령은 국민에게서 받은 권력의 일부를 장관에게 위임한다. 따라서 장관의 권력도 국민에게서 나온 것이다. 장관은 대통령이 지향하는 정치적 가치를 잘 이해하고 국무위원으로서, 그리고 특정 행정부처의 수장으로서 그 가치를 실현하기 위해서 노력해야 한다. 그것이 헌법 정신과 대의민주주의 원리에 부합하는 행동이다.

그래서 장관과 대통령은 철학과 정책의 코드code가 어느 정도는 맞아야 한다. 컴퓨터 프로그램이 코드가 서로 맞지 않으면 시스템이 제대로 작동되지 않는 것처럼 대통령과 장관도 코드가 맞지 않으면 함께 일을 도모할 수가 없다. '코드 인사'는 장관 인사의 기본이라는 뜻이다. 그럴 일이야 전혀 없겠지만, 만약 나더러 이명박 대통령을 모시고 보건복지가족부 장관을 하라면? 단언컨대, 할 수가 없다. 대통령과 장관이 밤낮 정책을 두고 다투게 될 것이기 때문이다.

코드 인사의 필요성은 여기서 끝나지 않는다. 대통령과 장관이 코드를 맞추는 것만으로는 부족하다. 장관도 부처 실국장과 산하기관장 인사를 할 때 코드를 살펴야 한다. 나도 그렇게 했다. 국민건강보험심사평가원이라는 보건복지가족부 산하기관이 있다. 배우 조재현 씨는 영화 〈나쁜 남자〉의 주인공이었지만, 그가 홍보대사로 뛰는 '심평원'은 좋은 일을 하는 기관이다. 환자인 국민을 대신해서 의료기관의 진료비 청구서를 분석해 허위 청구나 부당 청구 사례를 찾아내고 환자가 부당하게 낸 진료비를 되돌려 받게 한다. 병원과 의원들의 주사제 처방률, 감기 환자 항생제 처방률, 산부인과 병원의 제왕절개 수술률 같은 의료 관련 정보를 공개해 국민들이 마음에 드는 병원을 선택할 수 있도록 돕는다. 그 밖에도 병용並用 금지 약품이나 연령 제한 약품을 잘못 처방한 사례를 찾아 의료기관과 약국에 알려주는 등 국민 건강을 지키기 위해 여러 가지 활동을 한다.

나는 보건복지부 장관으로서 의약품과 의료기관에 대한 정보를 되도록 폭넓게 공개해야 한다는 정책 소신을 지니고 있었다. 그래서 이 소신을 공유하는 의과대학 교수를 삼고초려 해 심평원장으로 임명했다. 의료기관의 이익을 대변하는 사람을 심평원장으로 기용한다는 것은 내 정책 코드에 비추어 있을 수 없는 일이었다. 심평원장 역시 자기가 맡은 기관 안에서 적극적 정보 공개에 찬성하는 간부한테 관련 업무를 맡기게 된다.

이명박 정부는 출범하자마자 내가 임명했고 임기가 많이 남아 있었으며 업무 수행을 잘해왔던 기관장들을 압박해 일괄 사표를 받았다.

그러고는 민간 병원 이사장으로서 의사협회 임원 경력이 있고 심평원과 심각한 다툼을 벌인 적이 있는 사람을 심평원장으로 보냈다. 이명박 대통령과 그가 임명한 보건복지부 장관의 보건 정책 코드가 노무현 대통령이나 내가 가졌던 정책 코드와 다르기 때문에 벌어진 일이다. 물론 공공기관 운영에 관한 법률의 여러 절차를 무시하고 강압적으로 일괄 사표를 받은 것은 잘못이다. 하지만 대통령의 코드 인사 그 자체를 비난하는 건 온당치 않다고 생각한다. 누가 대통령이라도 코드 인사를 할 수밖에 없고 또 해야 하기 때문이다.

참여정부 5년 내내 언론과 야당은 코드 인사를 비난했다. 특히 '조·중·동'으로 일컬어지는 거대 보수 신문뿐만 아니라 『한겨레신문』과 『경향신문』 등 진보 성향 신문들까지 모든 언론이 한목소리를 냈다. 『한겨레신문』과 『경향신문』은 이명박 정부의 코드 인사에 대해서도 똑같은 비판을 퍼붓고 있다. 나는 이 신문사의 기자들에게 묻고 싶다. 도대체 대통령의 코드 인사 그 자체에 무슨 잘못이 있느냐고. 여러분 회사 사장님은 신입 기자를 뽑을 때 지원자의 철학적·정치적 입장이나 언론관을 무시하고 뽑느냐고. 문제는 코드 인사 그 자체가 아니다. 대통령의 철학적·정책적 코드가 나라의 발전과 국민의 행복에 도움이 되는 합리적인 것인지, 공직을 받은 사람들이 정말로 그 코드에 맞는 능력 있는 인물인지, 그걸 따지는 것이 옳다는 게 내 생각이다.

그래도 진보 성향 신문들은 일관성이 있어서 좋다. 노무현 대통령의 코드 인사를 쇠몽둥이로 내려쳤던 보수 신문들은 정권이 바뀌자 안

면을 완전히 바꾸었다. 그들은 이명박 대통령의 코드 인사에 대해서 솜방망이로 때리는 것조차 망설이는 기색이 완연했다. 심지어는 YTN 사장에 대한 정치적 코드 인사를 하기 위해 이사회를 날치기로 연 것도 비판하지 않았다. 정부가 대통령의 측근을 KBS 사장으로 앉히는 코드 인사를 하기 위해 검찰과 국세청, 감사원까지 동원해 사장 해임을 강행했지만 보수 언론은 오히려 정연주 사장을 공격하고 정부를 두둔했다. 그들이 참여정부 5년 내내 코드 인사를 공격한 것은 코드 인사 그 자체가 아니라 자기네 마음에 들지 않는 대통령을 정치적으로 공격하는 데 목적이 있었음을 스스로 고백한 셈이다. 그 보도는 본질적으로 뚜렷한 정치적 목적을 가진 '악플'이었던 것이다.

'낙하산 인사' 논란도 마찬가지 문제를 안고 있다. 2005년도 가을 정기국회 재경위원회 국정감사 때 나는 국회의원으로서 대통령의 낙하산 인사를 감싸다가 언론의 호된 비판을 받았다. 한나라당 국회의원들은 내가 발언하는 도중에 소리를 지르고 삿대질을 하면서 야유를 하기까지 했다. 내 주장의 요지는 이런 것이었다.

낙하산 인사가 다 나쁜 건 아니다. 낙하산 중에도 기관의 당면 과제나 그 사람의 능력을 고려할 때 적절한 낙하산이 있고 그렇지 않은 낙하산이 있다. 한나라당은 집권당 시절을 다 잊었나. 당신들도 그렇게 하지 않았나. 나중에 다시 집권하면 어쩌려고 그러나. 그리고 민주노동당도 똑같은 비판을 하는데 당신들이 집권하면 낙하산 인사 하지 않고 보수 정권 아래서 경력 쌓은 사람들을 데려다 쓸 것인가. 그렇게 해서 무슨 일을 하겠는가.

그때 나를 향해 삿대질하고 소리 질렀던 한나라당 국회의원들은 대부분 다시 당선되어 국회에 있다. 지금은 이명박 정권의 낙하산 인사에 대한 야당의 공세를 막아내고 정부를 두둔하느라 여념이 없다. 공천을 받지 못했거나 낙선한 한나라당 의원들은 스스로 낙하산이 되어 공공기관에 투입되었다.

나는 나 자신의 이념 성향을 진보자유주의 또는 사회자유주의social liberal로 규정한다. 하지만 보수주의자도 존중하고 사회주의자도 존중한다. 그러나 원칙도 일관성도 없이 오로지 이익만을 좇아 손바닥 뒤집듯 말을 바꾸는 정치인은, 보수와 진보를 불문하고, 존중받을 자격이 없다고 생각한다.

후불제 민주주의

이미지

흔히 이미지는 콘텐츠와 다르다고 한다. 이 사람은 이미지는 참 좋은데 콘텐츠가 부실하다든가, 저 사람은 콘텐츠가 좋은데도 이미지가 별로여서 아깝다든가, 그런 말들을 한다. 그런데 나는 그렇게 보지 않는다. 어떤 정치인에 대해 장기간 특정한 이미지가 형성되어 있을 경우, 그 이미지는 허상이 아닐 가능성이 높다. 그 사람 안에 그 이미지를 만들어낸 콘텐츠가 있다는 뜻이다.

　예를 들어 박근혜 의원은 강인하고 품격이 있다는 좋은 이미지와 아울러 좀 무서운 느낌도 준다. 그는 17대 총선에서 영남과 고령층 표심을 결속시켜, 차떼기 범죄가 드러나는 통에 바람 앞의 등불처럼 흔들리던 한나라당을 살려냈다. 불합리한 경선 규칙 때문에 대통령 후보 경선에서 지고서도 미소 띤 얼굴로 이명박 후보에게 축하 인사를 보냈다. 이런 것이 강인함과 품격이라는 이미지를 굳힌 행동이었다. 그러나 조금 무섭게 느껴지는 그의 표정과 말은, 국가주의와 전체주의 냄새를 풍기는 그의 역사관과 사회 의식 때문일 것이다. 박근혜 대표는 생물학적으로만 박정희 대통령의 딸인 게 아니다. 두 사람은 정치적·사상적으로도 확실한 부전여전父傳女傳 관계를 맺고 있다. 이미지는 콘텐츠다.

이명박 대통령은 추진력 있는 경제인이라는 이미지로 선거에서 이겼다. 그러나 거짓말을 잘하며 교양이 부족하다는 이미지도 함께 가지고 있었다. 대통령으로서 국정을 운영하는 것을 보면서 국민들은 좋은 이미지를 받치는 콘텐츠는 매우 약하고 나쁜 이미지를 만들어낸 콘텐츠의 약점이 무척 심각하다는 것을 알게 되었다. 이명박 대통령은 말이라는 중요한 무기를 잃어버렸다. 대통령의 말을 믿는 국민이 거의 없어졌기 때문이다. 말을 활용하지 못하는 권력자에게 남는 수단은 힘밖에 없다. 남은 임기 이명박 대통령의 국정 운영은 거의 전적으로 힘에 의존하게 될 것이다. 이 경우에도 역시 이미지는 콘텐츠다. 콘텐츠와 전혀 무관하게 형성되는 이미지는 없다.

나중에 진보신당으로 갈라져 나왔지만 민주노동당 소속으로 당선되었던 노회찬 의원은 나를 가리켜 "100미터 미인"이라고 평했다. 멀리서 보면 괜찮은 것 같지만 자세히 보면 시원치 않은 인물이라는 뜻이다. 같은 당에 있던 김영춘 의원이 나를 두고 "옳은 말도 싸가지 없이 한다"고 평한 것과 일맥상통하는 말이었다. 김영춘 의원은 나중 어느 인터뷰에서 그 말을 한 것이 "정치를 하면서 가장 후회되는 일"이라고 했지만 기자들은 나에 대한 기사를 쓸 때마다 이런 말들을 두고두고 되풀이해 써먹었으며 국회를 떠난 지 한참이 지난 지금까지도 그걸 써먹고 있다. 노회찬 씨와 김영춘 씨가 내 이미지를 그렇게 그리도록 만든 것은 내 안의 콘텐츠라고 나는 생각한다.

후불제 민주주의

　그분들이 아무 근거 없이 나를 모함하려고 그런 말을 한 건 아니다. 나는 '여의도식 정치'를 경멸했으며 국회의원들이 정당 내에서 행사하는 부당한 특권을 비판하고 폐지하는 데 열심이었다. 신문과 방송 기자들에게도 보도가 사실과 다르다고 생각하는 경우에는 거침없이 목소리를 높여 비판하고 논쟁했다. 기자와 싸운 일도 여러 번 있었다. 그게 옳았다고 주장할 생각은 없다. 그러나 한 가지는 말해야 하겠다. 국회의원은 '100미터 미인'이면 된다. 공인에 대한 평가는 사생활이 아니라 공적인 언행을 대상으로 하는 게 옳다고 나는 믿는다.

　기회가 있다면 노회찬 씨에게 물어보고 싶다. 유권자들이 국회의원을 애인이나 배우자로 삼으려는 것도 아닌데 굳이 가까이 가서 얼굴에 잡티가 없는지 알아본들 무슨 의미가 있겠는가. 100미터 밖에서 공적인 언행을 보고 마음에 들거나 들지 않으면 그걸로 충분하지 않은가. 공안기관에서 일하면서 반정부 인사를 잡아다 고문을 하고 죄 없는 사람을 간첩으로 조작한 경력이 있는 정치인도 가족과 친지, 동료 국회의원들에게 따뜻하고 친절하게 굴 경우 '알고 보면 인간성 좋은 근거리 미인'이 될 수 있다. 노회찬 씨도 국회에 근무할 때 그런 '근거리 미인'을 많이 겪어보지 않았는가. 게다가 당시 나는 열린우리당 전당대회에 당의장 후보로 출마한 사람으로서 다른 후보 선거참모를 맡은 국회의원들한테 집단적 인신공격을 당하는 중이었다. 인간적으로 몹시 섭섭했다. 노선이 다르다고 해서 인격을 공격하는 것은 정당한 경쟁 방법이 아니라고 나는 생각한다.

초심

능력이 있다고 다 장관이 될 수 있는 건 아니다. 능력 못지않게 관운官運이 따라야 한다. 그 관운이라는 것이 내게는 붙었다가 떨어졌다, 그리고 다시 붙기를 여러 차례 한 것 같다. 2005년 성탄절 이전까지는 장관 지명이 확실했다. 그러던 것이 연말에는 다른 사람으로 교체하는 쪽으로 흘렀다가, 신정 연휴에는 지명 유보로 바뀌어 노동부와 산자부 등 다른 장관 지명자만 발표되었다. 일단 보건복지부 장관은 지명을 유보하고 여당 지도부와 대통령이 만찬회동을 하면서 원만히 문제를 풀기로 했다는 소식이 들렸다. 하지만 당시 여당이던 열린우리당 내부 반발이 수그러들 기미가 보이지 않자, 대통령은 2006년 1월 4일 오후, 나를 보건복지부 장관으로 지명한다고 전격 발표해버렸다.

기자들이 자꾸 집 초인종을 눌러대는 통에 나는 가족을 데리고 제주도로 도망쳤다. 제주시 가까운 바닷가에서 아내 친구가 광어 양식장을 하는데, 기자들을 피해 숨어 지내기에 딱 좋은 곳이었다. 수행비서가 와서 아내와 아이들을 태우고 먼저 출발해 동네 공원 모퉁이에서 기다렸다. 나는 모자와 목도리, 선글라스로 중무장한 산사나이 차림을 하고서 집을 나와 합류했다. 아파트 현관을 나설 때 기자들이 여럿 있었지만 아무도 알아보지 못했다. 제주공항에서 양식장으로 가는 아내 친구의 승용차에서 곧 장관 지명 발표가 있을 거라는 뉴스를 들었다.

대통령이 나를 장관에 기용한 것을 두고 진보와 보수를 막론하고 거의 모든 신문들이 비판 사설을 실었다. 요지는 내가 보건복지부 장관으로서 능력이 검증되지 않은 부적절한 사람이며 대통령이 정치권과 여당의 반대를 무릅쓰고 지명을 강행한 것은 오만하고 독선적인 코드 인사의 극치라는 것이었다. 보건 분야 진보적 시민단체들도 나를 시장주의자로 규정해 장관 지명 반대 성명을 냈다. 정책을 둘러싼 진보적 시민단체와의 갈등은 내가 장관을 그만두던 날까지 계속되었다. 보건복지부 공보 담당 직원은 공무원들은 기대 반 걱정 반 분위기이고, 출입기자들은 앞으로 정책 기사가 아니라 정치 기사만 쓰는 거 아니냐며 냉소적인 반응을 보인다고 했다. 어느 보수 신문사가 정치부 기자를 보건복지부 기자실로 추가 파견한다는 소문까지 돌았다. 모든 게 다 어려웠다.

지명 파동이 일단 지나가자 인사청문회가 기다리고 있었다. 방송 3사와 뉴스 전문 케이블방송이 동시 생중계한 이틀간의 인사청문회를 낮은 포복으로 기면서 치렀다. 야당 의원들은 몇 해 전 이사하느라 고지서를 잃어버리는 바람에 한 차례 적십자회비 5,000원을 내지 않은 것을 포함해, 8년 전에 여러 달 국민연금 납부 공백이 있었던 사실에서부터 딸아이의 외국어고등학교 진학 문제까지, 그야말로 먼지를 털

듯 비판과 인신공격을 했다. 심지어는 여당 의원들까지 나서서 내가 독선과 아집의 대명사라고 몰아세웠다. 절대 부적격이라는 결론을 고집하는 야당의 태도 때문에 국회는 청문보고서조차 채택하지 못했고, 대통령은 지명 후 무려 한 달 넘게 기다렸다가 임명장을 주었다.

이미지는 무서운 것이다. 좋은 이미지를 나쁘게 바꾸는 건 쉽지만 나쁜 이미지를 좋은 쪽으로 바꾸는 것은 거의 불가능에 가깝다. 나쁜 이미지를 만든 나쁜 콘텐츠가 무엇이었는지를 파악해 콘텐츠를 개선하기 위해 무진 애를 쓴다 해도, 애초의 나쁜 이미지가 형성되는 데 걸린 것보다 훨씬 긴 세월이 걸린다. 나는 나의 내면에 나쁜 이미지를 만들어낸 콘텐츠가 있었다는 것을 부정할 수 없다. 여러 해 전에 했던 대학 강연 동영상이나 미디어에 보도된 뉴스 화면을 보면, 내 얼굴이 내가 보기에도 정말로 사납게 보인다. 사람은 마흔이 넘으면 자기 얼굴에 책임을 져야 한다는데, 도대체 무엇 때문에 내가 저런 얼굴을 했을까? 내 마음속에 들끓는 미움과 분노가 있었기 때문이다.

독재와 인권 유린, 차떼기 범죄를 저질렀던 한나라당에 대한 미움, 악의에 가득 찬 일부 보수 신문의 '악플보도'에 대한 적개심, 대통령 덕에 손쉽게 국회의원이 되고서도 대통령을 주저 없이 공개적으로 비난하는 여당 국회의원들에 대한 인간적 배신감, 각자의 이익을 위해 당헌과 당규를 제 마음대로 고치려고 하는 소위 민주개혁 세력 정치인들에 대한 분노, 마음이 이런 감정으로 들끓고 있었기에 나는 공직자로서 적합한 언행을 하지 못했다. 나는 국민에게 봉사하기 위해 공직자가 되었다는 사실을 한동안 잊고 있었다. 당과 국회에서 일상적으로 벌어지는 권력 게임의 블랙홀에 끌려들어가 초심初心을 상실했던 것이다. 단 몇 초에 불과한 뉴스 화면만 보고서도 국민들은 내 마음의 상태를 감지했던 것이다. 나는 공직자로서 국민들의 큰 사랑을 받지 못했다.

이제 모두가 지나간 일이다. 내가 상처 입힌 사람들도 아팠겠지만 나 역시 상처를 입었다. 비난받는 나도 아팠지만, 나를 비난한 분들도 아픔을 피해 가지는 못했다. 삶이 원래 그런 것인지도 모른다. 미워하고 싸우고, 서로 상처 입히고, 그런 다음에야 뒤늦은 후회가 찾아드는 것. 하지만 너무 늦은 후회는 없다고 하지 않는가. 원수는 물에 새기고 은혜는 돌에 새긴다는 말도 있다. 이런 격언을 위안으로 삼으며, 나는 지금 쓸쓸하지만 행복하기도 한 정치적 유배 생활을 영위하고 있다.

2부 권력의 실재 _ 인내

인내

장관 인사청문회가 열리던 날 '공무원 패션'을 보고 놀라는 분이 많았다. 나는 보궐선거로 국회에 들어갔던 2003년 4월, 라운드 티셔츠에 베이지색 면바지를 입고 청색 캐주얼 재킷을 걸친 차림으로 의원 선서를 하러 본회의장 단상에 올라갔다가 야당 의원들의 집단 퇴장 소동을 불러일으킨 '전과'가 있었다. 많은 분들이 그 장면을 기억하고 있었기에, 공무원 스타일의 소위 '2대 8 가르마'와 짙은 얼굴 분장이 무척 이상해 보였던 모양이다. 일부러 그런 것은 아니었지만, 그날의 '오버'에는 일종의 미필적 고의가 있었다. 보건복지부 장관 업무에는 노인복지가 포함된다. 그런데 여론조사를 보니 고령층 유권자들이 노무현 대통령과 참여정부는 물론이요 나에 대해서도 탐탁지 않게 여기고 있었다. 장관으로서 제대로 일하려면 어른들의 호감을 살 필요가 있었다.

그날 아침 국회 의원회관 지하 사우나에서 목욕을 한 후 이발해주는 분에게 어른들 마음에 들 얌전한 헤어스타일을 주문했다. 그런데 드라이를 마치고 거울을 보니 머리가 그렇게 되어 있었다. '오버'라는 느낌이 들었지만 시간이 없어서 그냥 나올 수밖에 없었다. 분장도 그

244

랬다. 어느 방송사에 부탁해서 분장사를 불렀는데, 주로 드라마 출연자 분장을 하던 분이었던 모양이다. 의원회관 사무실에서 분장을 하고 보니 완전히 배우가 된 게 아닌가. 청문회장에는 벌써 방송 카메라가 돌아가고 있어서 다시 할 시간이 없었다. 청문회장 맞은편 화장실에서 휴지로 일부 닦아냈지만 분장이 아니라 변장이라는 놀림을 피할 수는 없었다. 둘째 날 청문회에 갈 때는 헤어스타일과 분장의 '오버'를 바로잡았다.

인사청문회는 논쟁하는 곳이 아니다. 검증받는 곳이다. 설혹 나쁜 정치적 의도에서 나온 고약한 질문일지라도 사실을 밝히고 내 생각을 말하는 것으로 충분하다. 거기서 감정적으로 다툴 이유가 없다. 판단은 청문회를 보는 국민들이 한다. 그래서 평소 한 치도 물러서지 않고 논쟁을 벌이던 것과 달리, 국회의원들의 날선 질의와 추궁을 납작 엎드려 받아냈다. 어떤 기자는 그걸 보고 변신이냐 변장이냐 의문을 제기하는 기사를 썼다. 청문회 도중에 과연 유시민의 '성깔'이 나올지 여부를 두고 내기를 건 기자들도 있었다고 한다. 저렇게 굽실대면서까지 장관을 하려는 걸 보니 장관이 좋긴 좋은 모양이라는 야유도 들었다.

나는 장관이 되면서 이미지 변화를 시도했다. 이미지를 바꾸는 것 자체가 목적은 아니었다. 장관으로서 일을 잘하려면 그렇게 해야만 했다. 그것이 국민과 대통령에 대한 최소한의 예의였다. 그 엄청난 비난과 반대를 무릅쓰고 장관을 시켰는데 일도 잘하지 못하고 계속 미움만 받는다면 대통령은 어떻게 되며 국민들의 기분은 또 어떻겠는가. 처음에는 마땅치 않았는데 나중에 보니 일은 잘하더라, 장관 잘 시켰네, 이런 평가를 듣는 것이 대통령을 위하는 길이고 그 대통령을 뽑아준 국민에게 제대로 보답하는 길이라 여겼기에 그렇게 했다.

국회의원들에게, 기자들에게, 공무원들에게 진심으로 도움을 요청했고, 다른 생각 없이 오로지 일에만 집중했다. 근거 없는 오해나 부당한 비난을 받을 때에도 시간이 해결해줄 것으로 믿고 묵묵히 일했다. 참고, 참고, 또 참는 삶은 때로 고통스러웠지만 또 그만 한 보상이 따랐다. 인간적으로 견디기 힘든 어려움에 봉착했을 때는 350년 전에 세상을 떠난 스페인 예수회 신부님의 말씀을 남몰래 암송했다. 벨타사르 그라시안Baltasar Gracián y Morales이 쓴 글을 철학자 쇼펜하우어Arthur Schopenhauer가 편집한 책 『세상을 보는 지혜』에 나오는 말이다.

어리석은 자를 견딜 줄 알라. 똑똑한 자들은 언제나 참을성이 없다. 지식이 많을수록 참을성은 줄기 때문이다. 통찰력이 큰 자는 쉽게 만족하지 않는다. 제일 우선해야 할 삶의 원칙은 인내할 수 있는 능력이며 지혜의 절반은 거기에 달려 있다.

후불제 민주주의

관운

대운大運을 타고난 사람이라야 대통령이 된다. 헌법과 선거법에 따르면 국민의 표를 제일 많이 받는 후보가 대통령이 된다지만, 그렇게 되려면 운도 따라야 한다. 조상 묘를 잘 써서 그렇든, 생가 터가 좋아서 그렇든, 무슨 큰 산의 정기를 타고나서 그렇든, 어쨌든 한 나라의 대통령이 되려면 크게 운이 좋아야 한다. 대통령만큼은 아니겠지만 국회의원도 그렇다. 논두렁 정기라도 타야 국회의원이 된다고 한다. 장관은 국회의원보다 더 운이 좋아야 될 수 있다. 임명직이기 때문이다. 아무리 노력해도 시운時運이 따르지 않으면 어렵다. 어떤 때 어떤 이는 대통령과 고향이 같다는 이유 때문에 장관이 되기도 하지만, 다른 때 다른 이는 똑같은 이유 때문에 배제되기도 한다. 대통령과 친해서 장관이 되기도 하지만 같은 이유 때문에 될 사람이 안 되기도 한다.

장관이 되는 데 운이 꼭 있어야 한다면 내 경우는 없는 운을 억지로 만들었다고 할 수 있겠다. 다 지나간 일이니, 노무현 대통령이 야당과 언론, 심지어는 여당 국회의원들의 반대와 비난까지 들으면서 나를 보건복지부 장관으로 임명한 경위에 대해서, 이제는 말해도 될 것 같다. 내가 입각을 준비하라는 대통령의 말씀을 처음 들은 날과 임명장을 받은 날, 그 둘 사이에는 10개월 가까운 시차가 있었다.

나는 2005년 4월 2일 열린우리당 전당대회 당의장 선거에 출마해 4등 턱걸이로 집권당 최고위원이 되었다. 이 선거를 치르면서 나는 열린우리당이 붕괴할 운명임을 예감했다. 그 정당은 정신적으로 이미 붕괴하고 있었다. 전당대회를 코앞에 두고 당원과 대의원 자격에 관한 당헌과 당규를 고쳤다. 그 결과 국회의원과 직업정치인들이 대의원 선출에 압도적 영향력을 행사할 수 있게 되었다. 일부 후보들은 안타깝게도 대의원 줄 세우기, 금품 제공, 값비싼 식사와 향응 제공 등의 구태를 저질렀다. 어떤 지역에서 온 대의원은 유시민이 사회주의자, 빨갱이라는 색깔론이 돈다며 대회장에서 나를 붙잡고 분통을 터뜨리기도 했다.

열린우리당이 창당 정신으로 내세웠던 '깨끗한 정치'와 '지역주의 극복'이라는 대의가 내부에서부터 허물어지고 있었다. 대의원들의 표심은 일반 당원들의 뜻과 멀어졌다. 결과적으로 당원과 국민들 속에서 거의 아무런 정치적 지지를 받지 못하는 정치인들이 압도적인 득표율을 기록하며 당 지도부를 채웠다. 전당대회가 끝나고 두어 달이 지난 시점에서 당이 실시한 여론조사를 보니 열린우리당은 어느 계층, 어느 세대, 어느 지역에서도 확실한 지지층을 가지지 못한 주변부 정당이 되어 있었다. 당의 뿌리가 썩고 잎은 말라가고 있었던 것이다.

정치에 뛰어든 지 3년. 대통령 선거에서 이겼고 집권당의 경기도

후불제 민주주의

당 위원장으로서 국회 의석 과반수를 얻는 데 일조했다. 개인적으로는 재선 국회의원이 되었고 거대 집권당 최고위원으로 뽑혔다. 그러나 좋은 정당을 만드는 데는 실패했다. 당 혁신위원회를 만들자고 제안해 부위원장을 맡았지만 당을 혁신하고 재건할 수 있다는 희망은 자꾸만 멀어져갔다. 공직자로서 나라와 국민을 위해 도대체 무엇을 했는가. 자괴감을 떨칠 수 없었다.

그때까지는 누구에게도 말하지 않았지만, 18대 총선에 대구에서 출마하기로 이미 결심한 터라, 국회의원도 더 오래 할 가능성이 없었다. 그래도 5년 공직을 하면서 스스로 생각하기에 국민을 위해 이런 것을 했노라 자부심을 느낄 수 있는 일 한두 가지는 해야 하지 않겠는가. 이런 생각에서 전당대회가 끝난 직후, 김근태 장관이 당에 복귀하면 그 뒤를 이어 보건복지부 장관을 하고 싶다는 소망을 대통령에게 말씀드렸다.

그리 오래 지나지 않아 답을 받았다. 김근태 보건복지부 장관과 정동영 통일부 장관이 6월 말에 당으로 복귀할 테니 입각을 준비하라는 것이었다. 나는 다른 핑계를 대면서 원내대표에게 상임위 변경을 요청해 보건복지위원회에서 재정경제위원회로 옮겼다. 그런데 정동영 장관이 8·15남북공동행사까지는 하고 싶다고 해서 8월 말로 내 입각도 연기가 되었다. 정 장관이 내각에 있는데 차기 대통령 후보 경선 경쟁자인 김근태 장관만 돌려보낼 수는 없는 일이었기 때문이다. 그러다가 정동영 장관이 대북 송전 지원 등 '대담한 제안'으로 남북관계 돌파구를 열면서 개각은 또 연말로 늦춰졌다.

　이 기간 동안 나는 대외 활동의 폭을 줄이고 보건복지부의 여러 입법 과제와 정책 과제를 검토하는 데 많은 시간을 썼다. 보건복지부 고위공무원들의 능력과 업무 태도에 대해서도 미리 살펴보았다. 대통령께는 후보 시절 어르신들 잘 모시겠다고, 잘 키워줄 테니 마음 놓고 아이 낳으시라고 국민 앞에 장담했던 사실을 환기시켜드렸다. 국민연금법 개정, 건강보험 보장성 강화, 약가제도 변경, 출산 보육 지원, 의료급여 제도 개혁 등 오래 묵혀두었던 제도 개선 과제를 해결하는 전략에 대해서도 많은 대화를 나누었다. 노무현 대통령은 보건복지부가 사고가 많이 나는 곳이라면서 문화관광부나 정보통신부 등 다른 부처를 권하기도 했지만, 나는 시종일관 보건복지부 말고는 일하고 싶은 부처가 없다는 입장을 견지했다.

　임명직 공직자가 되는 데는 여러 가지 우연이 작용한다. 예를 들어 이해찬 의원은 원내대표 경선에서 천정배 의원에게 뜻밖의 고배를 마시는 바람에 2004년 6월에 국무총리 지명을 받았다. 장관직도 자리는 적고 지원자는 많은 터라 집권 세력 내부의 갈등과 권력투쟁이 큰 영향을 미친다. 김근태 의장은 국민의 정부 시절 입각을 강력히 희망했지만 비주류인 탓인지 한 번도 기회를 얻지 못했다. 2004년 4·15총선이 끝난 직후 나는 김근태 당시 원내대표에게 노 대통령을 만나 통일부 장관 입각을 강력하게 요청하라고 조언했다. 노무현 대통령께 그를 통일부 장관으로 입각시키는 것이 좋겠다고 간곡하게 건의해 반승

낙을 받은 이후였다. 노 대통령은 정동영 의장을 보건복지부 장관으로, 김근태 장관을 통일부 장관으로 입각시킬 결심을 굳히고 있었다.

그런데 이것이 뒤집혔다. 대통령이 정동영 의장을 보건복지부에 기용하려 한 것은 소위 '노인 폄하 발언' 때문에 크게 상처 입은 그를 세심하게 배려했기 때문이다. 보건복지부를 맡겨 세게 밀어주면 노인 복지 정책을 획기적으로 확충함으로써 고령층 유권자의 신뢰를 회복할 수 있을 것이라고 기대했다. 김근태 원내대표는 본인의 희망과 북측의 좋은 평가를 고려해 통일부를 맡기기로 했다. 이것은 경쟁 관계에 있는 차기 주자들을 공평하고 따뜻하게 배려한 처사였다. 정동영 장관이 이 제안을 거부한 것은 지금 생각해도 매우 안타까운 일이다. 특히 그의 일부 측근들이 김근태 장관의 가족 문제까지 거론하면서 '색깔론 연좌제'를 동원한 권력투쟁을 벌인 것은 모두를 불행하게 만들었다.

내 입각 자체도 우여곡절이 많았다. 2005년 11월 초 문희상 의장을 비롯한 열린우리당 지도부는 10월 재보선 참패의 책임을 지고 사퇴했다. 나도 최고위원직을 내놓았다. 연말이 가까이 오자 이해찬 국무총리가 대통령의 뜻에 따라 여당 내부 개각 의견을 수렴했다. '유시민 보건복지부 장관 기용설'이 곧바로 언론에 흘러나갔고, 정치권의 공방과 여당 국회의원들의 대통령 비난이 시작되었다. 반발과 비난의 수위가 심상치 않다는 사실 때문에 한때 나는 입각 대상에서 제외되기도 했다. 정치권과 언론의 비판과 여당 일각의 반대도 문제였지만, 대통령이 결코 무시할 수 없는 정치 원로들까지 강력한 우려와 반대 의사를 전해왔기 때문이다.

지금 생각해도 노무현 대통령께는 너무나 송구스럽다. 그러나 지명도 되지 않은 상태에서 스스로 입각을 사양하는 기자회견을 할 수는 없었다. 청와대에서는 대통령은 알아서 할 테니 아무 말도 하지 말고 가만히 있으라는 전갈이 왔다. 대통령께 부담이 되니 사양하겠다고 했으면 없던 일이 되었을 것이다. 그렇게 하는 게 맞지 않겠느냐는 생각을 하기도 했다. 그런데 누군가 이렇게 격려해주었다. 듣고 보니 옳은 말 같아서 그렇게 했다.

"당신이 대통령을 위해서 싸운 일은 수도 없이 많은데, 대통령이 당신 위해서 싸워주는 건 이번 딱 한 번이잖소. 정치적 부담이 좀 있기는 하지만, 노무현 대통령으로서도 이 싸움은 하시는 게 옳다고 봅니다."

후불제 민주주의

피터의 원리

'피터의 원리'라는 게 있다. 미국 컬럼비아대학 교수였던 로렌스 피터 Laurence J. Peter 와 레이먼드 헐Ramond Hull 이라는 작가가 1969년에 함께 출판한 책의 제목이다. 피터 교수는 군대와 정부 조직, 기업 등 위계질서를 가진 조직에서 나타나는 무능력 현상을 집중 연구한 끝에 이런 주장을 내놓았다.

위계질서를 가진 모든 조직에서 사람들은 자기의 무능력이 입증되는 지위까지 승진하는 경향이 있다.

얼핏 보면 해괴한 주장이다. 군대와 정부와 기업은 인간이 만든 다른 어떤 조직보다 효율성을 중시하고 또 효율적이라고 알려진 조직인데, 무능한 사람들이 높은 자리를 다 차지하고 있다면 도대체 그 조직이 어떻게 해서 굴러간다는 말인가. 하지만 걱정할 것 없다. 그 조직들은 어쨌든 잘 굴러간다.

위계조직을 겪어본 사람이라면 대체로 피터의 원리를 수긍할 것이다. 직장인들은 누구나 승진하기를 원하며 치열한 승진 경쟁을 벌인다. 승진하면 연봉도 올라가고 명예도 높아지니 당연한 일이다. 그런데 승진이 꼭 좋은 건 아니다. 대리 때는 빠릿빠릿하게 잘하던 직원이 과장 보직을 받은 뒤로는 동서남북을 분간하지 못하는 무능한 직원으로 판명된다거나, 유능한 부장으로 평가받던 직원이 이사가 된 뒤로는 영 힘을 쓰지 못한다든가, 전무직에 있을 때는 좋았던 사람이 사장이 되고 나서 회사를 구렁텅이로 몰고 갔다거나 하는 사례는 무수히 많다. 문제는 업무 능력과 리더십이다.

지위가 높아질수록 더 중요하고 복잡한 문제에 대해 의사결정을 해야 한다. 더 많은 부하 직원들을 지휘해야 한다. 과제를 보는 시야와 사람을 대하는 방법도 하위직에 있을 때보다 넓고 깊어져야 한다. 스스로 이런 변화를 이루지 못하는 사람은 승진한 후에야 자기가 무능하다는 것을 깨닫게 된다. 그는 승진하지 말았어야 했다. 능력을 충분히 발휘할 수 있는 정도의 지위까지만 승진해서 자신의 능력에 스스로 만족하면서 사는 것이 훨씬 행복한 삶이기 때문이다. 그래서 어떤 사람은 『피터의 원리』$^{The\ Peter\ Principle}$를 읽고 이런 좌우명을 얻었다고 한다. "승진하지 맙시다."

자신의 무능을 인식할 수는 있지만 인정하기는 매우 어렵다. 자존감이 무너지기 때문이다. 그래서 무능이 입증되는 지위까지 승진한 사람들은 자신의 무능이 나태함에서 나온 것이라고 생각하면서 더욱 열심히 일하며 무능을 감추려고 한다. 점심을 먹지 않고 일하고 일거리를 집에 가져간다. 쓸데없이 일찍 출근하고 일이 없어도 야근한다. 책상 정리에 목숨을 걸거나, 산더미처럼 서류를 쌓아놓지 않으면 좌불안석이 되거나, 하루 종일 전화기를 붙들고 쉴 틈 없이 누군가와 통화를 하거나, 부하 직원이 가지고 온 완벽한 결재서류에 대해서 하다못해 글자 크기를 가지고서라도 시비를 걸지 않으면 견디지 못한다거나, 간부회의에서 들은 정보를 직원들에게 전파하지 않고 혼자 독점할 때 왠지 모를 안도감을 느낀다거나, 여하튼 별 의미 없는 무언가에 몰두함으로써 자신과 남을 괴롭히고 조직의 업무 진행을 방해하게 된다.

장관 매뉴얼

피터의 원리는 기업과 달리 계량적 성과지표가 명확하지 않은 정부 조직에서 더 극단적인 형태로 나타난다. 특히 정부부처의 수장인 장관이 피터의 법칙에 걸려들면 행정이 엉망이 되고 국민이 고달파진다. 이런 사태를 막으려고 참여정부 때 중앙인사위원회가 매우 유익한 책을 만들었다. '장관 매뉴얼'이라는 제목이 붙은 '대외주의'對外注意 책이다. 전직 장관 수십 명을 심층 인터뷰해서 장관직을 성공적으로 수행하는 데 긴요한 사항들을 뽑아낸 업무 매뉴얼이다. 성공한 장관과 실패한 장관의 사례 분석도 곁들여놓았다. 하마평에 오르내릴 때부터 청문회를 준비할 때, 부임 초기, 퇴임을 앞두었을 때, 그리고 퇴임 후 유념해야 할 중요한 일들을 모두 챙겨두었다. 나는 지금도 전직 장관으로서 이 매뉴얼을 따르려고 노력한다.

내가 보기에 이명박 정부 내각에는 피터의 원리를 증명한 장관이 적지 않았다. 그분들은 장관이 무엇을 하는 자리인지 기본적인 개념도 탑재하지 않은 채 장관직에 올랐다. 문화체육관광부 장관은 보수 세력의 역정권교체가 몰고 온 문화적 퇴행을 '완장'이라는 지극히 비문화적인 형식으로 연출했다. 통일부 장관이 한 일은 대변인을 방송 카메라 앞에 대신 내세워 북한을 비난하고 자극한 것뿐이었다. 북한의 개성공단 인원 제한과 개성 관광 중단을 기존 남북 합의 위반이라고 비판한 논평은 그야말로 억지와 무능의 극치가 어떤 것인지를 보여주었다. 대통령과 집권당 대표가 공개적으로 "제2차 남북정상회담 10·4선언은 돈이 너무 많이 들어서 지킬 수 없다"고 누차 밝힌 마당에 기존 합의를 지키지 않는다고 북한을 비난하는 것은 자기 얼굴에 침을 뱉는 짓이나 마찬가지가 아닌가.

국방부 장관은 북한의 국가 지도자를 '버릇없는 아이'로 묘사함으로써 남북관계를 파탄으로 몰고 가는 데 한몫을 했다. 게다가 이명박 정부는 일부 민간단체들이 김정일 국방위원장을 인신공격하고 중병설을 퍼뜨리는 삐라를 대량 살포하는 것을 방치 또는 방조함으로써 불난 집에 기름을 끼얹었다. 기획재정부 장관은 '7·4·7' 공약을 달성하기 위해 외환시장에 자의적으로 개입하다가 국가경제에 큰불을 내고 말았다. 그들은 인사청문회를 준비하는 기간에 『장관 매뉴얼』을 읽지 않았던 것 같다. 피터의 원리를 구현하는 장관이 있는 부처에서는 다음과 같은 현상을 관찰할 수 있다.

① 장관이 업무 관련 협회와 이익단체의 정례적 행사에 부지런히 참석해 축사를 한다. 집무실에 잠깐 들어오면 직원들이 결재판을 들고 줄을 선다. 다음 행사 때문에 장관이 나가면 줄을 서서 기다렸던 직원들

은 한숨을 쉬면서 돌아선다. 장관한테 야단맞을 이유가 있는 보고나 결재는 이럴 때 얼른 해치운다. 장관은 시간이 없다는 수행비서의 독촉을 받는 와중에 대충 훑어보고 사인을 한다. "이거 이렇게 하면 문제가 없지?" 이런 하나 마나 한 질문을 하면서 말이다. 장관 대면보고 시간과 순서를 잡아주는 장관실 비서관의 권력이 극대화된다.

② 장관이 아침 일찍 일어나 신문을 보고 부처 관련 보도가 있으면 곧바로 해당 국장에게 전화를 해 궁금한 것을 물어본다. 국장도 아직 파악하고 있지 못한 때는 담당 과장과 서기관, 사무관, 주무관까지 식전부터 비상이 걸린다. 그런데 결국 그게 아무것도 아닌 일로 밝혀진다.

③ 오후 6시 30분이 지나도 장관이 왕왕 집무실에 머물러 있다. 극단적인 경우에는 밤늦게까지 집무실을 떠나지 않고 일한다. 실장, 국장에서 사무관까지, 산하기관 임원들까지 덩달아 퇴근하지 못한 채 장관이 언제 퇴청하는지 눈치를 살핀다.

④ 다른 부처와 또는 부내에서 실국 사이에 이견이 있는 문제를 보고받을 때 장관이 이렇게 말한다. "잘 협의해서 좋은 방안을 가지고 오세요." 그 문제는 해결되지 않은 채 하염없이 뒤로 미루어진다.

⑤ 장관이 국회 답변 자료를 완벽하게 써주기를 요구하고 현장에서 그대로 읽는다. 공무원들은 장관 국회 답변 자료를 밤새워 쓴다. 국회가 열리면 만약에 나올지도 모를 돌발 질문에 대비하느라고 회의장 밖 복도에 진을 쳐야 하기 때문에 민원인을 만나지 못하고 정책 기획을 할 시간도 없다. 공무원들이 자기 부처 장관을 좋아하거나 존경하지 않

는다.

⑥ 부처 간 이견이 심각한 정책 때문에 관계장관회의가 열렸을 때 장관이 문제의 핵심을 제대로 파악하지 못해 엉뚱한 이야기를 하거나 입을 다물어버린다. 다른 부처 주장을 채택하는 쪽으로 결론이 난다. 그 부처 공무원들은 부처 간 실무자 회의에 나가서 장관과 마찬가지로 입을 다물어버린다.

⑦ 능력 있는 공무원들은 해외연수나 교육연수 기회를 열심히 찾는다. 잘못 가는 정책에 자기 이름을 올리지 않기 위해서다. 새로운 정책을 제안하지도 않으며 잘못된 정책을 혁신하자는 건의도 하지 않는다. 장관이, 또는 청와대나 총리실에서 구체적으로 지시하는 일만 한다. 시간이 남으면 책을 읽거나 영어 공부를 하는 데 쓴다.

이렇게 되면 장관은 국민의 시야에서 사라진다. 국민들은 누가 어느 장관인지조차 모르게 된다. 대통령과 청와대 참모들이 모든 일을 챙겨야 하고 일이 잘못되면 대통령 혼자 온갖 비난을 듣게 된다. 무능한 장관은 대통령의 무덤이다. 대통령의 업무 중에 가장 중요한 것이 바로 유능한 장관을 발탁해 소신껏 일하도록 해주는 일이다.

공무원의 영혼

중앙정부의 행정부처는 강력한 위계질서가 존재하는 관료 조직이다. 피터의 원리가 지배하는 이 위계조직을 이끌고 일해야 하기에 장관은 고달프다. 새벽부터 밤늦게까지 잠시도 긴장을 늦추지 못한다. 대통령은 청와대 보좌진과 장관을 비롯해 수많은 정무직 공무원을 임명할 수 있다. 정치인 시절, 그리고 대선캠프에서 호흡을 맞춘 사람들을 데려다 쓴다. 인연이 전혀 없는 사람이라도 대통령이 간곡하게 청하면 특별한 사유가 없는 한 감사한 마음으로 그 자리를 받아 성심껏 일한다. 그러나 장관은 혈혈단신 공무원 조직에 투입된다. 마음대로 임명할 수 있는 정무직 공무원은 3급과 4급 정책보좌관 각각 한 사람씩 둘밖에 없다. 그 부처에 오래 근무한 간부들과 호흡을 맞추며 일해야 한다. 다른 선택이 없다.

    그러나 피터의 원리를 겁낼 필요는 없다. 피터의 원리에는 비상구가 있기 때문이다. 사람들이 자기의 무능이 입증되는 지위까지 승진하는 경향이 있고, 그래서 조직의 모든 중요한 자리가 무능이 입증된 사람들로 채워져 있다면 조직이 굴러갈 수 없다. 그런데도 조직은 잘 굴러간다. 이런 일이 어떻게 가능할까? 피터의 원리를 뒤집으면 해결책이 나온다.

모든 위계조직에는 아직 자신의 무능이 입증되는 지위까지 승진하지 못한 사람들이 많다.

한때 '영혼 없는 공무원'이라는 말이 유행했다. 과연 그럴까? 내가 보기에는 절대 그렇지 않다. 공무원들에게는 영혼이 있다. 국민의 공복이라는 직업적 자부심, 나라가 잘되기를 바라는 애국적 열정, 다른 부처나 다른 동료에게 뒤지지 않으려는 경쟁심. 이런 것들이 공무원의 영혼이다. 영혼은 믿는 자에게만 보인다. 집권 세력과 장관들이 공무원의 영혼을 인정하지 않으면 공무원들은 자기의 영혼을 감춘다. 하지만 믿고 불러내면 공무원들은 영혼을 보여준다. 공무원들의 내면에 웅크리고 있는 영혼은 대한민국 헌법에서 그 생명력을 부여받는다. 헌법 제7조는 이렇게 말한다.

① 공무원은 국민 전체에 대한 봉사자이며, 국민에 대하여 책임을 진다.

공무원은 대통령과 장관을 위해 봉사하는 사람이 아니며 대통령과 장관에게 책임지는 존재도 아니다. 그들은 국민에게 봉사하며 국민에게 책임을 진다. 임명권자인 대통령과 장관은 특정 정당에 속해 있거나 그에 가깝지만 공무원들은 정치적 편향성을 경계한다. 헌법 제7조는 공무원들이 이렇게 할 수 있도록 다음과 같이 못을 박아두었다.

② 공무원의 신분과 정치적 중립성은 법률이 정하는 바에 의하여 보장된다.

대통령과 장관은 공무원의 영혼을 불러내는 사람이다. 대통령과 장관이 "국민 전체에 대한 봉사자"로서 "국민에 대하여 책임을 지는" 자세로 사심 없이 일한다고 느낄 때, 공무원들은 비로소 자기의 영혼을 드러낸다. 공무원이 스스로 영혼이 없다고 푸념하는 풍경은, 그 공무원들을 이끌고 일하는 정부가 이미 절반쯤은 실패했다는 것을 증명한다.

후불제 민주주의

부정부패

좋은 리더는 어떤 사람인가. 자기가 이끄는 조직 구성원들이 즐겁게 일을 잘하도록 만드는 사람이다. 자기중심적일 수밖에 없는 사람들이 조직의 공동 목표를 바르게 알고 그 목표를 달성하는 데 기여하는 이타적 행동을 하도록 북돋우는 사람이다. 목표 달성에 유리한 외부 환경을 조성하기 위해 다른 집단과 우호적인 관계를 맺어나갈 책임이 있는 사람이다. 모두가 어둠과 혼란에 빠진 위기에도 불을 밝히고 길을 찾아내는 사람이다.

 대통령은 대한민국의 리더다. CEO는 한 기업의 리더다. 장관은 한 정부부처의 리더다. 위계조직의 중간 간부인 팀장과 국장은 그 팀과 국의 리더다. 기업 조직이든 정부 조직이든 조직의 성공과 실패는 리더의 지도력에 달려 있다. 위계조직에서 좋은 리더가 되려면 필요한 조건을 갖추어야 한다. 나는 한 번도 기업 조직에서 일한 경험이 없다. 그러나 유능한 장관이 되는 조건은 유능한 CEO가 되는 조건과 거의 비슷할 것이라고 생각한다. 짧은 경험에서 얻은 결론이라 보편적 타당성이 있는지는 모르겠지만, 제대로 장관 노릇을 하는 데 필요한 조건은 네 가지 정도 되는 것 같다. 공사公私 구분, 존중과 배려, 지적 능력, 그리고 상급자의 신임. 앞 두 가지는 성공의 필요조건이다. 뒤의 두 가지까지 겸비하면 필요충분조건이 충족된다.

첫째는 공사 구분 또는 사무사思無邪. 인사人事를 할 때 장관이 사적인 이유로 누군가를 특별히 살펴주면 안 된다. 장관이 그렇게 하면 국장들도 그렇게 한다. 그러면 인사가 엉망이 되고 불신과 냉소가 조직을 지배하게 된다. 민원 처리도 마찬가지다. 장관은 민원을 수도 없이 받는다. 장관이 거절하기 어려운 민원이 제일 많이 오는 곳은 국회다. 보건복지부 장관에게는 허위·부당 청구 때문에 추징금과 영업 정지 등 행정처분을 받은 의료기관을 잘 봐달라는 민원이 자주 온다. 국회에서 원만하게 입법 협조를 받으려면 어느 정도 들어줄 수밖에 없다. 그러나 이 경우에도 철저히 실무자의 의견을 존중해야 한다. 법규가 허용하는 범위 안에서 최대한 너그러운 처분을 하고 국회의원에게 양해를 구해야 한다. 봐주기가 지나치면 불법 행위가 된다. 여당 유력 의원의 부탁이라고 해서 무조건 봐주라고 강압적으로 지시하면 조직 전체가 원칙을 경시하게 된다. '우리 장관님은 개인적인 또는 정치적인 이유로 부당한 결정을 하는 법이 없어!' 이런 신뢰가 있어야 직원들도 그렇게 한다.

이 대목에서 『조선일보』와 『동아일보』 등 거대 보수 신문들에 감사의 뜻을 밝혀야 할 것 같다. 보수 신문 그 자체라기보다는 그들과 대통령 사이에서 5년 내내 전개되었던 '권언전쟁勸言戰爭'의 혜택에 대한 감사라고 하는 게 나을지도 모르겠다. 개인적으로 아는 선배가 제약사에 무언가를 납품하는 사업을 하는데, 예기치 못한 악재가 터져서 회사의 존망이 위태롭게 되었다. 비서실을 통하지 않고는 장관과 전화가 되지 않기 때문에 밤에 집으로 찾아왔다. 식약청에 이야기해서 제약사에 부탁하면 납품 오더를 받아서 부도 위기를 넘길 수 있다는 것이었다. 다른 업체들도 그렇게 많이 한다는 이야기를 했다. 하긴 내가 부탁을 했으면 다들 좋아했을 것이다. 식약청 간부는 장관 부탁을 들어주고 무언가 보은을 기대할 수 있다. 제약사 사장도 식약청 간부의 부탁을 들어주고 적절한 보은을 기대할 수 있다. 손해를 보는 것은 영문도 모른 채 오더의 일부를 빼앗길지 모르는 기존의 납품업체 하나뿐이다.

한참을 고민한 끝에 나는 그 부탁을 거절했다. "만약 이 사실을 『조선일보』나 『동아일보』가 알게 된다면……" 이것이 그 선배에게 말한 불가피한 거절의 사유였다. 1면 톱으로 기사를 쓸 것이다. 다른 언론이 받아 쓸 것이다. 정치권에서 퇴진 요구가 올 것이다. 내가 뇌물을 받지 않아도 직권남용이 될 것이다. 여차하면 참여정부 전체를 부패정권으로 매도하는 빌미가 될 것이다. 인간적인 미안함은 어쩔 수가 없지만 다른 선택이 없었다. 하도 절박해서 말을 건네기는 했지만 그런 청탁을 해서 미안하다고, 어떻게든 위기를 극복해보겠다고 응답해준 그 선배에게는 지금도 미안함과 더불어 고마움을 느낀다.

노무현 대통령은 『조선일보』 또는 '조·중·동'과 5년 내내 전쟁을 방불케 하는 대결을 벌였고 이 싸움에서 참혹하게 패배했다. 나도 그

전쟁에 가담했다. 정말 고통스러웠다. 그러나 다시 말하지만 만사에는 명암이 있다. 세상에 오직 나쁘기만 한 일은 흔치 않다. 그 전쟁 때문에 나는 장관으로서 좋든 싫든 365일 '갑호 비상령'을 유지해야만 했다. 단 한 푼의 업무추진비도 불법적으로 지출하지 않으려 노력했고, 정치적 오해 소지가 있는 장소에는 일절 발을 들여놓지 않았다. 어떤 민원도 그 일이 언론에 알려져서 부끄러울 것이 없다는 확신이 들지 않으면 들어주지 않았다.

정치권력과 언론권력의 충돌은 때로 시끄럽고 서로에게 상처를 입히지만 두 권력의 유착보다는 바람직하다. 『조선일보』로 대표되는 보수 언론의 감시와 왕왕 악의적이기까지 한 매서운 비판 덕분에 나는 장관으로서 사무사를 강요받았다. 정권이 교체된 후 검찰이 전임 정권의 국무위원들을 여러 달 동안 뒷조사했다는 이야기를 들었다. 사실인지는 모르겠으나 사실로 믿을 만한 정황이 여기저기서 보였다. 감사원은 내가 장관으로 일한 기간에 이루어졌던 보건복지부의 정책 의사결정과 장관의 업무 수행 관련 사항을 샅샅이 뒤졌다. 이건 분명한 사실이다. 국민연금 해외투자와 관련하여 감사원이 무언가 유시민 장관의 '부적절한 행위'를 포착해 곧 발표할 것이라는 소문이 돈 적도 있다.

그렇지만 나는 운이 좋아서 그런지 이런 정치보복의 광풍을 지금까지는 큰 탈 없이 견뎌냈다. 그러나 완벽하게 바른 삶은 몹시 드물다. 나도 끝까지 털어대면 먼지 나지 말란 보장이 없다. 환경운동연합 최열 대표처럼 20년 넘게 사재를 털어가면서 환경 보호에 헌신한 시민

사회 지도자도 검찰의 먼지털이식 조사에 걸려 구속영장이 청구되지 않았는가. 법원이 구속영장을 기각하기는 했지만 그는 앞으로 기나긴 법정싸움을 벌여야 할 것이다. 이것은 검찰을 동원한 일종의 공안통치라고 할 수 있는데, 야당뿐만 아니라 여당 국회의원들까지 모든 정치세력을 심리적으로 압박해 입을 다물게 하는 효과를 낸다. "털어도 털어도 먼지 한 점 나지 않을 자신이 있는 사람만 덤벼!" 이명박 정권은 지금 야당과 시민사회를 향해 이렇게 외치고 있다. 정작 자기네는 온몸에 덕지덕지 흙먼지를 뒤집어쓴 채로!

 진보 정권을 무너뜨리고 보수의 역정권교체를 이루기 위해 언론권력을 아낌없이 행사한 거대 보수 신문의 행태가 바람직하든 그렇지 않든 간에, 나는 그 무자비한 칼날이 무서워 법령과 도덕 규범을 어기지 않으려고 부진 애를 썼다. 그런데 이 보수 신문들의 서슬 푸르던 감시와 비판의 칼날이 지금은 솜방망이로 변해버렸다. 안타까운 일이다. 감시와 비판을 무서워하지 않는 권력은 반드시 나태해지고 부패한다. 거대 보수 신문들이 보수 정권과 유착하는 행태를 지속한다면 결국 이명박 정권은 권력형 부정부패의 늪에 깊이 빠지고 말 것이다.

2부 권력의 실재 _ 리더십

리더십

리더의 일은 남들이 일하게 만드는 것이다. 일도 공부도 운동도 즐기는 사람이 제일 잘할 수 있다. 머리 좋은 사람이 열심히 하는 사람을 당하지 못하고, 열심히 하는 사람이 즐기는 사람을 당하지 못한다. 직원이 즐겁게 일하도록 만드는 CEO는 반드시 성공한다.

장관으로 부임하고 보니 나보다 젊은 국장은 한 사람밖에 없었다. 국장은 물론이고 고참 과장들도 나보다 나이가 많았다. 장유유서長幼有序라는 전통적 미덕이 지배하는 대한민국에서 젊은 장관이 나이 많은 직원들을 존중하지 않으면 일이 될 리 만무하다. 젊은 사무관과 주무관들에 대해서도 세심한 배려를 해주어야 한다. 그들에게 장관은 너무 높은 사람이기 때문에 배려해주지 않으면 너무 긴장해서 아는 것도 제대로 표현하지 못한다. 나이도 많은 장관이 잘 배려해주면 더 확실한 공감을 일으킬 수 있다.

나는 이것을 『장관 매뉴얼』에서 배웠다. 오래전 보건복지부를 이끌었던 손학규 전 경기지사를 벤치마킹하기도 했다. 부임한 직후 여러 직원들에게 역대 장관 가운데 보건복지부 직원들이 제일 높게 평가하는 사람이 누구인지 물어보았다. 직원들은 마흔세 사람의 전임 장관 중에 제일 큰 업적을 남긴 사람으로는 2007년에 별세한 신현확 전 국무총리를 꼽았다. 그는 보사부 장관으로서 의료보험 제도를 도입했다. 가장 애착을 느끼는 사람은 최선정 장관이었다. 그는 지금껏 보건복지부 공무원 출신으로서 그 부처의 수장 자리에 오른 유일한 인물이다. 공무원들이 마음껏 일을 할 수 있도록 해준 사람은 손학규 장관이라고 했다. 부하 직원에 대한 존중과 배려로 말하자면, 손학규 장관은 단연 빛나는 인물이었다. 나는 손 장관이 어떻게 했는지를 자세히 듣고 많은 것을 따라 배웠다.

인사청문회를 준비할 때부터 나는 공무원들이 장관을 '교육'시키는 데 너무 많은 시간을 쓰지 않도록 했다. 국회에도 지원들이 많이 나오지 않도록 했다. 국회 답변 자료는 특별한 새 이슈가 아니면 원래 있던 자료에 추가할 내용을 적은 쪽지를 붙이게 했다. 웬만한 것은 내용을 미리 잘 숙지해 공무원들의 도움을 받지 않고 답변했다. 부처합동회의나 정책조정회의, 청와대와 총리실 보고 관련 업무도 최소화했다. 전시성 업무를 줄이고 꼭 필요하지 않은 허례허식을 없앴다. 그렇게 해서 절약한 시간을 민원 업무와 현장 방문, 정책 기획을 하는 데 쓰도록 했다.

장관이 국회에서 모든 문제에 대해 다 분명한 답변을 해야 하는 것은 아니다. 스무 명의 의원들이 저마다 다른 관심사를 묻는데 장관이 어찌 다 알 수 있겠는가. 잘 모르거나 답변하기 곤란한 질문이 나오면 이렇게 대답하면 된다.

존경하는 아무개 의원님. 좋은 지적이시고 매우 중요한 질문인 만큼 장관이 신중하고 정확하게 답변을 드려야 하겠습니다. 그런데 제가 지금 그 문제에 대해서 확실한 답변을 드리기가 어렵습니다. 자료를 확인해본 다음 이따 오후에(또는 내일) 정확하게 말씀드리도록 양해해 주시면 감사하겠습니다.

이런 답변을 자주 하지만 않는다면 불쾌하게 여길 국회의원은 없다. 다른 문제는 잘 답변하는 장관이 잘 모르겠다고 하니 오히려 기분이 좋을 수도 있다. 당장 대답하라고 다그치면 점잖지 못하다는 인상을 줄 우려도 있다. 그래서 대개는 기꺼이 양해한다면서 다음 질문으로 넘어간다. 공무원들에게 확인한 다음 오후 회의에 가면 질문한 의원은 자리에 없는 경우가 많다. 자기 질문 시간이 아니면 지역구 활동 등으로 바쁜 의원들이라 자리를 지키지 않는 경우가 태반이기 때문이다. 그러면 나중에 적절하게 서면으로 답변을 보내면 된다. 바로 답변하지 못하는 것을 장관 체면이 깎이는 것으로 생각해서 장관이 공무원들을 다그치면 결국 일도 안 되고 민원인들이 공무원 만나기만 어려워질 뿐이다.

제일 큰 문제는 소통이었다. 소통이 잘되지 않으면 어떤 간부들은 '장관의 심기에 대한 정보'를 독점해 직원들에게 횡포를 부리게 된다.

그래서 간부회의와 부내 정책토론회에서 장관이 한 말은 전체를 녹취해 텍스트로 푼 다음 내부통신망을 통해 모든 직원들에게 전하도록 했다. 국무회의나 대통령 국정보고회의, 관계장관회의에서 논의된 내용 가운데 보건복지부 관련 사항도 간부회의 발언을 통해 모든 직원들에게 전했다. 중요한 문제로 부내 정책토론을 할 때는 주무국장과 과장뿐만 아니라 업무 관련성이 있는 다른 국장과 과장, 담당 사무관과 주무관, 산하기관과 지방자치단체 관계자, 자문교수들까지 모두 한자리에 모았다. 대통령에서 장관과 국장을 거쳐 과장과 사무관과 주무관에게 이르기까지 보건복지 정책의 기본 방향과 사업 방식에 대한 이해와 공감을 넓히기 위해서였다. 장관과 공무원들이 제대로 소통하지 않으면 정확한 지시를 내려 보낼 수 없다. 정확한 작업 지시가 내려가지 않으면 공무원들은 굵은 통나무를 깎아 나무젓가락을 만드는 식으로 소중한 시간과 정력을 낭비하는 경향이 있다.

급한 일이 있으면 국장뿐만 아니라 과장이나 사무관도 직접 전화를 하도록 했다. 지휘계통을 거치지 않고 건의할 일이 있으면, 정책에 관해서든 자기 자신의 승진과 보직에 대해서든 상관없이, 장관의 친인척을 통해 청탁하지 말고 전자우편을 보내도록 했다. 물론 그 전자우편 계정의 비밀번호는 나밖에 모른다고 했다. 장관 비서실 직원들이 비밀번호를 모른다는 확신을 얻을 때까지 직원들은 아무도 메일을 보내지 않았다. 몇몇 용감한 직원들이 도종환 선생의 시를 보내는 등 별 내용 없는 편지로 나를 떠보았다. 짤막한 감사 답장을 신속하게 보냈다. 그 내용을 비서실에서 아는지 다시 분위기를 더듬어보고 비서관이 비밀번호를 정말로 모른다는 확신이 서자 비로소 많은 직원들이 메일을 보내왔다.

지방 검역소의 어느 직원은 가정 형편 때문에 근무지를 옮겨야 한다고 해서 그렇게 해준 일이 있다. 자기가 꼭 승진해야 하는 이유를 구구절절 써 보낸 직원도 있었다. 과장의 횡포를 비판하는 하급 직원들의 연판장이 오기도 했다. 제일 반가운 편지는 주로 여직원들에게서 왔다. 국회에서 입법이 좌절되었거나 장관이 언론에 얻어맞을 때, 그들은 힘이 되는 시를 보내주기도 하고 용기를 주는 노래를 보내주기도 했다.

필요할 때는 젊은 과장과 사무관들을 장관실로 불러 보고를 받았다. 차를 마시고, 몇 마디 농담으로 긴장을 풀어주고, 보고를 주의 깊게 들어주었다. 큰 사회적 갈등이 일어날 가능성이 있는 정책 변경을 할 때는 혹시 문제가 생길 경우 담당 직원이 불이익을 받지 않도록 결재서류 표지에 이런 글을 적고 사인을 하기도 했다. "담당 직원들의 강한 우려와 반대에도 불구하고 장관의 정책적 결단으로 시행하도록 함." 나중에는 부내 정책토론을 하는데 장관 의견이 문제가 있다고 논리적으로 지적하고 대안을 제시하는 직원도 볼 수 있게 되었다. 실장이나 국장급 간부들은 따로 찾아와서 말을 했지만, 젊은 과장과 사무관들은 회의 도중에 당당하게 자기 견해를 말했다. 정말 기뻤다.

나는 공무원들에게 늘 이렇게 말했다. "대한민국 보건복지 정책에 관해서는 여러분이 세계 최고의 전문가입니다. 여러분이 해법을 찾지 못하는 문제는 세계 어느 나라 어떤 전문가한테 가도 답을 얻을 수 없습니다. 우리 스스로 조사 연구하고 토론해서 답을 찾읍시다." 칭찬은 고래도 춤추게 한다지만, 생각 있는 고래는 칭찬한다고 해서 무조건 춤추지 않는다. 공무원들을 일하게 하는 것은 사명감과 자부심이라고 나는 생각한다. 존중과 배려는 공무원의 사명감과 자부심에 활력을 제공한다. 태만과 오류에 대한 질책과 징벌은 입에 올릴 필요가 없다. 공무원들 자신이 가장 잘 알고 늘 마음에 담아두고 있는 것이기 때문이다.

멍텅구리배

20년도 더 지난, 인신매매가 횡행하던 시절의 이야기다. '멍텅구리배'라는 게 있었다. 동력이 없는 새우잡이 목선을 말한다. 남해안과 서해안에 많이 있었다. 이 배는 엔진이 달린 어선 꽁무니에 매달려 새우 잡는 포인트로 가서 닻을 내린다. 노동자들은 동력선이 예인하러 올 때까지 새우를 잡는다. 모기장만큼 촘촘한 그물을 물때에 맞추어 하루 네 번 펼쳤다 걷는 고된 노동이었다.

 큰 바람이 불거나 파도가 덮치는데도 미리 예인하지 않아 배가 침몰하고 사람이 죽는 사건이 부지기수로 일어났다. 그때마다 경찰이 사망자의 신원을 확인하는 과정에서 인신매매단의 꼬임에 속아 팔려와 외딴섬에 감금된 채 구타와 학대에 시달리면서 강제 노동을 한 사례가 드러나 큰 물의를 일으키곤 했다. 1987년 태풍 셀마가 한반도를 덮쳤을 때는 무려 열두 척이 침몰해 50명 넘는 노동자들이 떼죽음을 당하는 대형 사고가 일어났다. 국민의 원성과 비난이 쏟아지자 정부는 선주와 어민들에게 보상금을 주는 조건으로 멍텅구리배를 모두 폐선시키고 조업을 금지했다. 멍텅구리배는 역사의 뒤안길로 사라졌다.

그런데 여의도에는 아직도 멍텅구리배가 많다. 매우 중요한 법률안이지만 자체 동력이 없는 탓으로 가결도 부결도 되지 않은 채 정쟁政爭의 바다 위에 표류하는 '무동력 법률안'이 그것이다. 대표적인 예가 국민연금법 개정안이었다. 국민연금은 가입자가 내는 보험료에 비해 수급권자가 받아가는 연금이 너무 많은 데다가, 수급권자의 수가 어느 시점이 되면 급격히 많아지고 평균수명도 크게 늘어나기 때문에 언젠가 기금 적립금이 고갈되어 침몰할 것이 확실히 예견되는 제도이다. 전문가들은 언제부터 물이 차기 시작해서 언제 완전히 침몰할 것인지를 비교적 확실하게 예측했다. 정부는 2003년에 더 내고 덜 받는 국민연금법 개정안을 만들어 국회에 제출했다. 근본적 해결책을 찾을 시간을 벌려면 먼저 예정된 침몰 시점을 늦추는 재정 안정화 대책부터 세워야 하기 때문이다.

그런데 무려 3년 가까운 세월이 흐르는 동안 국회 보건복지위원회는 이 법안을 상정조차 하지 않았다. 모두의 책임은 그 누구의 책임도 아니다. 온 국민이 관련된 중요한 법안이지만 빨리 처리하라고 데모하는 사람은 없었다. 처리하지 말라고 데모할 사람도 없었다. 국가연구개발 예산을 삭감하거나 기업 세제혜택을 줄이는 법안 같으면 난리가 난다. 연구비를 삭감당할지 모르는 대학교수들이 의원회관을 방마다 찾아다니고 기업인들은 국회의원과 주요 정당 지도부에 강력한 로비를 한다. 그러나 모든 국민이 다 조금씩 관련되는 법안은 그럴 사람이 없다. 그런데도 주요 정당과 국회의원들은 보험료를 올리고 연금

액을 깎는 법안을 통과시킬 경우 표가 떨어진다는 이유로 법안 심의를 한없이 미루었다. 국민연금법 개정안은 멍텅구리배와 마찬가지로 자체 입법 추진 동력이 없는 법안이었다.

장관 지명을 받자마자 이해찬 당시 총리에게 이 무동력 법안에 예인선을 붙이자고 건의했다. 소득과 재산이 거의 없는 노인들 수백만 명에게 매월 일정액을 지급하는 '효도연금법안'을 만들어 국민연금법 개정안과 묶어버리는 방안이었다. 정부가 이 두 법안을 한 묶음으로 처리한다는 방침을 세우면 '효도연금법'에 관심을 가진 노인단체와 고령 유권자들이 국민연금법 개정안 처리에 힘을 보탤 것이라는 게 내 주장이었다. 이 총리는 흔쾌히 동의했다. "꼭 국민연금법 문제 때문만이 아니라, 나라를 이만큼 발전시키고 자식들 교육하는 데 모든 것을 쏟아 붓고 빈손으로 노후를 맞은 어르신들을 국가가 이렇게 외면해서는 안 된다." 이것이 이 총리의 첫 반응이었다. 처음에는 내가 이미 국회에 제출했던 '효도연금법'을 토대로 해마다 약 2조 원 정도 예산이 들어가는 제도를 구상했고, 이 총리는 그 돈을 어떻게든 만들어보겠다고 했다.

장관 임명장을 받은 후 얼마 지나지 않아, 나는 청와대 관저로 노무현 대통령을 찾아뵙고 이 방안을 보고했다. "어르신들 노무현이 잘 모시겠습니다." 대통령 선거 때 이렇게 약속했는데 해드린 것이 별로 없지 않으냐는 말씀에, 대통령은 그렇지 않아도 미안한 마음이 있다면서 예산 지원을 약속했다. 야당과 합의 처리하는 데 필요하다면 법안

이름도 한나라당이 주장하는 '기초연금' 비슷하게 해주고, 박근혜 한나라당 대표가 합의해주기만 한다면 대통령이 권위주의 시대 유물이라며 굳세게 거부했던 '여야영수회담'에도 응하겠다고 했다. 박근혜 대표를 탐탁지 않게 여겼지만, 대표 임기 만료를 앞둔 박 대표가 국가 장래를 위한 어려운 결단을 내린다면 그에 상응하는 정치적 보답을 하겠다는 것이었다. 나는 사실상 백지수표를 받았다.

2006년 5월부터 박근혜 대표와 간접 비밀 협상을 했다. 실무 협상 대표는 윤건영 의원과 지금 청와대 수석으로 있는 박재완 의원이었다. 보건복지위원이었던 정형근 당시 한나라당 중앙위원회 의장이 적극적인 중재를 해서 협상은 타결을 눈앞에 두었다. 그런데 한나라당 실무 대표들이 박근혜 대표에게 한나라당 당론인 기초연금제 도입이 재정적으로 실현 불가능한 것이라는 사실을 제대로 보고하지 않았다. 박 대표는 한나라당 안을 그대로 받아도 정부안과 예산 차이가 별로 없다는 엉터리 보고를 믿고 정부의 협상안을 끝내 거부해버렸다. 비공개 협상이 완전히 결렬된 다음, 나는 여당 소속 강기정 의원에게 부탁해 새로운 국민연금법 개정안과 기초노령연금법 제정안을 의원입법 형태로 국회에 발의하도록 부탁했다. 그리고 여당 정책위에 내용을 보고함으로써 공개적인 입법 절차에 들어갔다.

공청회와 토론회를 열었다. 주요 언론사 사회 담당 논설위원들과 세미나를 하고 보건복지부 출입기자들과도 정책토론회를 했다. 못 먹는 술도 많이 마셨다. 보건복지부 사무관과 과장, 국장 들이 고향으로 달려가, '장관의 명'을 받아 왔다고 하면서 시군구 노인회장님들에게 밥 대접을 했다. 국민연금공단 지사장들은 노인복지 정책 간담회를 열어 지역의 노인단체 대표와 지역구 국회의원들을 한자리에 모았다. 한나라당 때문에 국민연금법이 통과되지 않으면 기초노령연금법도 할 수 없다는 소문을 전국적으로 퍼뜨렸다. 보건복지위원회 한나라당 의원들이 "이런 헛소문을 퍼뜨린 게 누구냐"고 장관을 윽박질렀다. 나는 "그런 일이 있는지 몰랐다"면서 "경위를 알아보고 만약 사실이라면 즉각 시정하겠다"고 답변한 다음, 공무원들에게는 "효과가 있는 것 같으니 더 세게 소문을 퍼뜨리라"고 지시했다. 결국 2006년 말 국회 보건복지위원회는 몇 달간의 심의 끝에 표결로 두 법안을 통과시켰다. 한나라당과 민주노동당은 끝내 반대하거나 퇴장했지만 표결을 방해하지는 않았다.

'알아야 면장'이란 말이 있다. 장관도 '알아야 장관'이다. 똑똑하다고 해서 유능한 리더가 되는 건 아니다. 그러나 이치에 밝지 않으면 성공하는 리더가 되기 어렵다. 리더는 조직이 추구하는 목표와 그 시기 전략 과제를 잘 이해하고 있어야 하며 실무자들이 방법을 잘 찾지 못할 때는 돌파구를 열어주어야 한다. "머리는 빌릴 수 있지만 건강은 빌릴 수 없다"고 한 대통령도 있지만 그렇지가 않다. 남의 머리를 빌리는 데도 머리가 필요하다. 사심 없이 일하고 부하 직원을 잘 배려하는 것만으로 좋은 평판을 얻을 수는 있지만, 확실한 지적 능력이 없이는 업적을 만들지 못한다.

써놓고 보니 낯간지러운 자기 자랑처럼 보인다. '정치하는 사람들은 입만 열면 자기 자랑을 하는 게 직업병이라더니, 공직에서 물러난 지 반년이 훨씬 넘었는데도 이 친구는 여전히 후유증에 시달리고 있군.' 독자들이 이렇게 너그럽게 읽어주었으면 한다. 그런데 사실은 자랑하려고 이 이야기를 한 것은 아니다. 장관부터 실국장과 과장, 사무관과 복지부 산하 공단 지역사무소 직원들까지 하나의 목표를 이루기 위해 한마음으로 서로 다른 역할을 하면서 뛰어다녔던 경험이 지금도 큰 고마움으로 남아 있다는 말을 하고 싶었다. 어디선가 그런 보람과 즐거움을 나눌 기회가 다시 올지 모르겠다.

2부 권력의 실재 _ 신임

신임

조직의 최고 지도자가 아닌 이상 누구에게나 업무상의 윗사람이 있다. 리더십을 발휘하려면 반드시 상사의 신임을 얻어야 한다. 재벌 계열사 사장이 오너 회장의 신임을 잃었다는 소문이 돌면 사장 노릇을 제대로 할 수 없다. 장관은 대통령의 대리인으로서 그 부처의 행정을 책임지는 사람이기 때문에 대통령의 신임을 받아야 무슨 일이든 할 수 있다.

 2008년 여름 개성 관광을 다녀왔다. 남북관계가 악화 일로를 걷는 터라 자칫 개성 구경 기회가 사라질까 싶어서 부랴부랴 다녀왔다. 아니나 다를까. 결국 남북관계가 파탄으로 가면서 그로부터 석 달도 지나지 않아 개성 관광이 중단되었다. 평범한 관광객으로서 가고 싶으니 북측에도 미리 그렇게 말해달라고 현대아산에 부탁했다. 모자를 눌러쓰고 알이 큰 선글라스를 꼈다. 그런데 전라남도 순천과 경상남도 거창에서 온 어르신들과 같은 버스를 타게 되었다. 그분들이 나를 알아보고 기초노령연금과 노인 일자리 사업에 대해서 감사 인사를 했다. 어떤 분은 17달러짜리 들쭉장뇌삼 술을 사주기도 했다. 그런데 그 일은 대통령의 신임이 없었다면 할 수 없는 것이었다.

애초 연간 2조 원 정도로 계획되었던 기초노령연금이 야당과의 협상 과정에서 2조 6,000억 원 규모로 커졌다. 어려웠지만 거기까지는 예산 당국의 동의를 받았다. 그런데 국회 심의 과정에서 지급 대상이 300만 명으로 늘어나면서 지출 규모가 연간 3조 4,000억 원으로 증가했다. 김한길 당시 여당 원내대표와 강봉균 정책위 의장은 정부의 지불보증을 받아와야 법안을 처리하겠다고 퇴짜를 놓았다. 또 대통령을 조를 수밖에 다른 도리가 없었다. 국무회의가 끝나고 대통령을 찾아갔다.

"대통령님, 돈을 조금 더 주셔야겠습니다."
"얼마나?"
"조금만 더 있으면 됩니다."
"글쎄, 얼마나 더?"
"8,000억 원 정도만 더 있으면 됩니다."

그러자 대통령이 버럭 큰소리를 내시는 게 아닌가.

"자네는 8,000억 원이 조금이야!"
"국민연금법 개정하고 가난한 어르신들 잘 모시는데, 그 정도는 큰돈 아닙니다. 국가 장래를 생각하셔야지요."
"알았어. 생각해보자고."

그날 밤 한명숙 국무총리의 긴급호출을 받고 총리공관으로 가니 기획예산처 장관과 경제부총리, 사회정책 수석 등 관련 공직자들이 모두 모여 있었다. 우리는 그날 3조 4,000억 원 규모의 기초노령연금법 제정안이 국회를 통과하면 수용한다는 합의를 도출하고 기획예산처에 자금 조달 책임을 부여했다. 여당인 열린우리당 정책위원회에도 정부가 지불보증을 했다는 사실을 보고했다.

국민연금법 개정안과 기초노령연금법 제정안은 함께 법사위를 통과해 2007년 4월 2일 국회 본회의에 올라갔다. 아침에 표 점검을 해보니 부결 가능성이 높았다. 김한길, 천정배 등 열린우리당 원내대표와 참여정부 장관을 지냈던 분들을 포함하여 수십 명의 여당 의원들이 노무현 대통령을 비판하고 열린우리당 해체를 외치면서 탈당해버렸기 때문이다. 나는 대통령에게 부결되더라도 오늘 결정을 내야 한다고 보고했다. 그냥 표류하다가 폐기되는 것보다는 차라리 부결되는 편이 다시 일을 시작하는 데 좋다는 게 내 판단이었다. 임채정 국회의장에게는 표결이 잘못되어 한나라당의 수정안이 통과되더라도 정부가 책임질 테니 표결을 해달라고 요청했다.

기초노령연금법은 한나라당 수정안이 부결되고 원안이 통과되었다. 그런데 국민연금법은 한나라당 수정안과 원안이 모두 부결되어버렸다. 한나라당 의원과 열린우리당을 탈당한 의원들 대부분, 그리고 민주노동당 의원 전원이 원안에 대해서도 반대 또는 기권표를 던졌기 때문이다. 한나라당 의원 중에는 2003년도 정부안 작성에 관여했던 이혜훈 의원 혼자 찬성표를 던졌다. 결과적으로 무동력선과 같은 국민연금법은 내버려둔 채 예인선으로 띄운 기초노령연금법만 연결선을 끊어 챙겨 간 것이다. 여야 국회의원들은 나중 의정보고서를 만들 때 너나없이 자기가 기초노령연금법을 만든 주역인 양 지역구 노인들에게 생색을 냈다. 법 개정을 위해 함께 뛰었던 보건복지부 간부들이 이럴 수가 있느냐면서 분통을 터뜨렸다. 우는 직원도 있었다. 모든 일이 다 끝나버린 것처럼 보였다.

'여당을 탈당한 의원들이 유시민 미워서 반대표를 던졌다'는 보도가 꼬리를 물었다. 나는 다음날 문재인 비서실장에게 전화를 걸어 대통령께 장관 문책 경질을 건의해달라고 요청했다. 문재인 실장은 웃으며 큰 책임 의식을 전해드리겠노라고 했다. 다음날 나는 청와대 수석보좌관 회의에 가서 대통령의 참모들에게 국민연금법 불씨를 되살리려면 주무장관을 문책 경질해 법안 부결에 대한 여론의 역풍을 불러일으켜야 한다고 주장했다. 그때서야 문재인 비서실장은 진지하게 이 문제를 받아들였다. 항간에는 대선 출마를 위해 일부러 사표를 낸다는 소문이 돌기도 했다. 하지만 나는 장관을 문책 경질하는 것만이 꺼져버린 국민연금법 개정 불씨를 되살릴 수 있는 유일한 방법이라고 판단했기 때문에 그렇게 했다. 나는 나중에 대통령 후보 경선에 참가하기는 했지만 그 당시에는 그런 문제를 고려하지는 않았다.

나는 청와대 관저에서 저녁식사를 함께 하면서 대통령께 직접 문책 경질을 건의했다. 그런데 그때 기자들이 내가 관저에 온 사실을 눈치채고 계속 확인을 요청하고 있다는 전갈이 왔다. 대통령은 문책 경질은 적절치 않고, 장관이 책임 의식을 느끼고 사의 표명을 했다는 사실과 대통령의 사표 수리 여부는 미정이라는 입장만 밝히도록 했다. 국민연금법 부결 뒤 나흘이 지난 2007년 4월 6일 금요일 밤의 일이었다. 다음날부터 거의 모든 신문과 방송이 수정안과 원안을 보두 부결시킨 여야 국회의원들을 질타했다. 국민연금법 협상이 재개되었고 대통령은 한덕수 국무총리를 협상 주체로 내세우는 초강수를 띄웠다. 내 사표는 한 달 반이 지난 5월 22일에 수리되었다. 그리고 내가 만든 원안보다 급여를 더 많이 삭감하는 대신 보험료는 동결하는 국민연금법 개정안이 7월 2일 국회 본회의를 통과했다.

국민연금법 개정안을 의결할 때 나는 국회 본회의장 내 자리에서 조용히 찬성 버튼을 눌렀다. 장복심 의원이 나를 향해 축하 인사를 보냈다. "유시민 장관이 한 건데, 정작 장관 그만두고 나니까 통과되었네." "진작 제가 비켜설걸 그랬나 봐요." 국민연금법을 개정하고 기초노령연금을 도입해 300만 명의 가난한 어르신들에게 작은 혜택이나마 드리게 된 것은 전적으로 노무현 대통령의 업적이다. 노 대통령은 그 두 법률안의 기획에서부터 한나라당 박근혜 대표와의 비공개 협상, 여당과의 협의, 재정 조달, 그리고 부결된 법률안을 다시 살려내 처리하는 시점까지 모든 과정을 보고받았고 중요한 쟁점에 대한 판단을 내렸다. 나는 대통령을 대신해 전략을 마련하고 현장을 뛰었을 따름이다. 대통령의 큰 신임이 없었다면 애초에 일에 착수할 엄두를 내지 못했을 것이며 입법을 완수하기도 어려웠을 것이다. 혼자 힘으로 성공하는 리더는 없다.

2부 권력의 실재 _ 영어

영어

2006년 5월 보건 담당 장관으로서 세계보건기구WHO 총회에 갔을 때 일이다. 독일 프랑크푸르트에서 간호사 파독 40주년 기념행사에 참석한 다음 제네바로 가는 도중에 예상치 못한 비보를 받았다. 한국인 최초의 국제기구 수장이었던 WHO 사무총장 이종욱 박사가 뇌출혈로 쓰러졌다는 소식이었다. 급히 병원으로 달려갔지만 중환자실 출입이 허락되지 않았다. 이 박사가 뇌수술을 받았고 의식을 회복하지 못했다는 병원 관계자의 설명을 듣고 돌아설 수밖에 없었다.

다음날 아침 총회 개막식에서 이 박사의 별세를 알리는 공식 발표가 나왔다. 각국 대표들이 찾아와 애도의 뜻을 전해 왔다. 그때 나는 영어를 잘하면 좋겠다는 생각을 생전 처음으로 진지하게 했다. 만약의 사태에 대비해 통역에게 몇 마디 급히 배웠고 또 통역이 도와주었지만 무언가 부족한 느낌이었다. 고인이 소아마비와 에이즈 퇴치를 위해 특별한 관심과 노력을 쏟았던 아프리카 여러 나라 대표들은 내 손을 잡고 눈물을 흘렸다. 나는 그들을 제대로 위로하지 못했다. 슬픔이 뚝뚝 묻어나는 애도에 대해 공감과 감사의 뜻을 있는 그대로 표현할 수 없었다.

　WHO 사무국에서는 모든 회원국을 대표해 대한민국 보건 장관이 장례식 추도사를 하라고 했다. 회원국 대표 자격이라 영어로 해야만 했다. 추도사는 제네바 대표부 최혁 대사가 직접 써주셨다. 밤늦은 시간에 원고를 받아 연습했다. 인류의 건강을 위해 일생을 바친 고인의 크고 높았던 꿈, 소박함과 겸손함으로 직원들을 감동시켰던 고인의 리더십을 기리는 감동적인 추도사였다. 나는 통역이 지도한 대로 추도사를 읽었다. 문제는 그 다음이었다. 사람들은 내가 영어를 잘하는 줄 알았는지 통역을 거치지도 않고서 자기네끼리 주고받는 빠른 영어로 내게 말을 걸었다. 알아듣기는 어렵고 무어라고 응대는 해야 하니, 실로 진땀 나는 일이 아닐 수 없었다.

　지금은 지구촌 시대다. 영어를 잘해야 한다. 비즈니스를 하는 사람은 비즈니스 영어를, 외교관은 그에 맞는 영어를 능숙하게 구사할 수 있어야 한다. 세계를 무대로 활동하려는 꿈을 가진 아이들은 어릴 때부터 영어와 친숙해지도록 노력할 필요가 있다. 외국의 사업 파트너들과 업무와 관련한 소통을 원활하게 할 수 있는 능력을 가지는 건 필수에 속한다. 단순한 업무상의 소통을 넘어 서로를 인간적으로 이해하고 문화적 교감을 나눌 수 있는 정도가 되면 더 큰 신뢰를 얻을 수 있다.

　하지만 모든 한국인이 다 영어를 잘할 필요는 없다. 읽을 줄 알고 여행을 하는 데 꼭 필요한 표현만 조금 알면 충분하다. 영어를 전혀 하지 못한다고 해도 그리 큰 문제는 아니다. 외국 나갈 때 통역 겸 가이드를 고용하려면 돈이 좀 든다는 문제가 있을 뿐이다. 이런 점에서 보면 한동안 나라를 시끄럽게 했던 이른바 '영어몰입교육' 논란은 아무 쓸데없는 소동이었다. 미국 유학 시절 영어 발음 때문에 어려움을 겪었던 분들이 권력을 손에 넣자 그런 방식으로 자기들의 트라우마(외상 후 스트레스 증후군)를 표출한 것에 지나지 않는다. 요즘 젊은이들은 '영어몰입교육' 같은 것을 받지 않고도 우리 세대보다 영어를 훨씬 '나이스하게' 한다.

학문하는 사람은 영어에 특별히 많은 투자를 할 필요가 있다. 정보 취득의 속도와 소통의 범위가 중요하기 때문이다. 영어는 연구자에게 지적 자유와 독립의 가능성을 열어주는 필수 조건이며, 지성의 힘을 기르는 중요한 수단이다. 새로운 지식과 가치 있는 정보는 대부분 영어로 만들어지고 유통된다. 영어로 쓰인 정보를 능숙하게 해독하지 못하는 사람은 번역자에게 의존하게 된다. 스스로 필요한 정보를 효과적으로 검색하고 취득하지 못한다. 정보 취득 비용이 많이 들 뿐만 아니라 속도에서 뒤지게 된다. 좋은 생각과 창의적 아이디어가 있어도 이것을 영어로 표현하지 못하면 모국어 울타리 안의 좁은 국내 지식시장에 갇히게 된다. 지식 생산과 유통을 맡은 연구자와 지식인들이 세계와 자유롭게 소통하지 못한다면, 그 나라의 지식과 기술은 세계 수준을 따라잡을 수 없다.

나 개인으로서는 너무 늦었다는 생각이 든다. 이제 왕성하게 사회활동을 할 수 있는 시간이 아무리 길어야 15년밖에 남지 않았다. 영어 실력을 더 개선할 수는 있겠지만 많은 시간을 투자할 수는 없다. 나는 한국의 '내수시장'에서 활동하는 '지식소매상'으로 살 운명인 모양이다. 가끔 그런 상상을 한다. 어릴 때부터 영어를 제대로 배우고 익혔더라면, 모국어만큼은 아니라도 그에 준하는 수준으로 영어를 읽고 이해하고 말하고 영어로 글을 쓸 수 있었다면, 그랬다면 한국 독자만이 아니라 세계 시민들을 상대로 세계인이 관심을 가진 주제를 연구하고 글을 쓰고 책을 낼 수 있었을 텐데.

두뇌가 한참 잘 돌아가던 젊은 시기에 보냈던 시간들은 다시 돌아오지 않는다. 정부를 규탄하는 유인물을 쓰고, 가치 있는 그 무엇도 남기지 못한 채 사라져버린 이런저런 조직을 만들고, 거리 시위와 집회를 여는 데 썼던 그 많은 밤과 낮. 그 시간들이 쌓여 오늘의 내가 되었다. 거기서 느끼고 배운 모든 것들이 사회생활과 공직 활동의 기초가 되었다. 그러나 지식인이라는 관점에서 보면 나는 기초 훈련도 받지 않고 전장에 투입된 소년병과 같았다. 요행히 살아남아 지식소매상으로서 시장의 한 귀퉁이를 붙들고 있기는 하지만, 사회적·역사적으로 의미 있었던 젊은 날의 그 일들은 나라는 개인이 지식인으로서 성장할 수 있는 기회를 함께 가져가버렸다. 현대사의 격랑 속에서 아무렇게나 뒤엉켜버린 내 삶을 돌아보면 최선을 다해 열심히 살았다는 자부심을 느낀다. 그러나 가슴 한편에 짙은 아쉬움이 남는 것만은 또 어쩔 수가 없다.

내가 만약 지금 대학에 들어가는 청년이라면 무엇을 할까? 학문을 하는 데 필요한 영어 실력을 기르고, 수학과 라틴어와 한문을 공부하고, 철학과 물리학 분야의 고전을 읽을 것이다. 우주와 세계의 질서, 국가와 인간의 본질을 이해하고 미래를 전망하는 데 필요한 지식 탐구의 도구를 풍부하게 갖추는 데 많은 시간을 투자할 것이다. 세계 시민과 소통할 정신적·학술적·문화적 능력이 있는 지식인. 다시 태어난다면 나는 그런 사람이 되고 싶다.

후불제 민주주의

도서관

고대 그리스 수학자 디오판토스^{Diophantos}는 대수학에 처음 기호를 사용한 인물로서 『아리스메티카』$^{Arithmetica, 算學}$라는 유명한 책을 남겼다. 그로부터 무려 1,400여 년이 지난 17세기 프랑스에서 페르마$^{Pierre\ de\ Fermat}$라는 판사가 취미 삼아 수학을 연구했다. 그는 『아리스메티카』를 읽으면서 책의 여백에 많은 메모를 남겼다. 페르마는 책을 읽는 동안 여러 가지 정리^{定理}를 만들어 여백에 기록해두었다.

페르마가 죽은 후, 그가 읽었던 책 여백의 기록을 포함한 책이 출간되었다. '페르마의 주석이 달린 디오판토스의 아리스메티카'라는 제목의 책이었다. 주자의 주석이 붙은 『맹자』가 동아시아 유학자들에게 널리 읽힌 것처럼, 이 책도 유럽의 수학자들 사이에서 센세이션을 일으켰다. 후대 수학자들은 페르마가 적어둔 정리와 증명 과정을 남김없이 점검했다. 증명이 맞는지 연구했고, 증명이 없는 정리를 모두 증명했다. 어떤 정리는 페르마의 실수로 인한 오류임이 밝혀지기도 했다. 그런데 딱 하나가 300년 넘는 세월을 견디며 증명되지 않은 채 남아있었다. 이것이 바로 유명한 '페르마의 마지막 정리'였다.

'페르마의 마지막 정리'는 초보적인 대수학이나 기하학을 아는 사람이라면 누구나 이해할 수 있을 만큼 간단한 문제다. 독자들께서는 피타고라스 정리가 무엇인지 알 것이다. 학창 시절의 추억을 맛보는 기분으로 잠깐 살펴보자.

직각삼각형에서 빗변의 길이를 제곱한 값은 나머지 두 변의 길이를 각각 제곱하여 더한 값과 같다.

직각삼각형의 빗변 길이를 z라 하고 나머지 두 변의 길이를 각각 x와 y라고 하면, $x^2+y^2=z^2$라는 방정식이 성립하는 것이다. 예컨대 직각을 낀 두 변의 길이가 각각 3과 4인 직각삼각형 빗변의 길이는 5가 된다. 9+16=25. 피타고라스 정리는 문제도 명료하고 증명도 쉽다. 여기서 x, y, z의 제곱을 임의의 정수 n제곱으로 바꾸어보자. 피타고라스 정리를 일반화하는 것이다.

$x^n+y^n=z^n$

'페르마의 마지막 정리'는 이렇게 된다. "n이 3 또는 그보다 큰 정수일 때 이 방정식을 만족하는 0이 아닌 정수해整數解는 존재하지 않는다." 문제는 누구나 이해할 수 있을 정도로 쉽다. 그러나 증명은 그렇지 않다. 페르마는 『아리스메티카』 여백에 "놀라운 증명을 찾아냈지만 책의 여백이 부족해 적지 않는다"라고 써두었다. 요컨대 자신은 이를 증명했다는 것이다.

후대 수학자들은 이 정리를 증명하기 위해 온갖 노력을 다 했지만 성공하지 못했다. 20세기 말까지 나온 모든 새로운 수학적 기법을 다 동원했지만 증명할 수가 없었다. 그래서 페르마가 후손들을 놀려 먹으려고 거짓말을 했거나 착각을 했을 것이라는 주장까지 나왔다. 독일의 어떤 수학 애호가가 이 문제를 푸는 사람에게 줄 엄청난 상금을 내걸었지만 소용이 없었다. 페르마의 마지막 정리는 무려 357년 동안 증명되지 않은 채 남아 있었다.

1963년 영국 케임브리지 시내 밀턴 가에 있는 작은 동네 도서관에서, 지적 호기심으로 충만한 열 살짜리 소년이 재미난 것이 없을까 서가의 책들을 뒤적이고 있었다. 소년은 우연히 집어든 책에서 '페르마의 마지막 정리'를 처음 대면했다. 에릭 템플 벨Eric Temple Bell이 쓴 『최후의 문제』The Last Problem라는 수학책이었다. 학교에서 수학 문제 푸는 것을 아주 좋아했던 소년은 이 문제를 명료하게 이해했고 어쩐지 마음이 끌린다고 느꼈다.

소년은 그로부터 30년이 지난 1993년 여름 고향 케임브리지대학 뉴턴 연구소 강당에서 페르마의 마지막 정리를 증명하는 강연을 했다. 홀을 가득 메운 수학자들은 기립박수를 쳤지만, 강연 직후 작은 오류가 지적되었다. 그는 오류를 바로잡고 난 다음에 완전한 증명을 발표했다. 페르마 시대에는 존재하지도 않았던 온갖 새로운 수학적 기법을 동원한, 책 두 권 분량의 방대한 증명이었다. 4세기 동안 풀리지 않았던 문제를 해결한 이 수학자의 얼굴은 『뉴욕 타임스』The New York Times 1면을 장식했다. 그 이름은 앤드루 와일스Andrew John Wiles. 직업은 프린스턴대학 수학 교수였다.

인도 출신 물리학자로서 과학 대중화에 많은 힘을 쏟았던 사이먼 싱Simon Singh은 『페르마의 마지막 정리』Fermat's Last Theorem라는 책에서 앤드루 와일스의 지적 성장 과정을 꼼꼼하게 관찰해 알기 쉽게 정리했다. 수학자 와일스의 지적 탐험은 수천 년에 걸친 인간 지성의 발전 과정을 압축한 것이었다. '수학자 와일스'의 출생지는 동네의 작은 도서관이었다. 디오판토스는 1,700여 년 전 세계 최고의 도서관이 있었던 알렉산드리아에서 대수학을 발전시켰다. 그가 쓴 『아리스메티카』는 1,400여 년의 세월을 뛰어넘어 페르마의 손에 들어갔다. 징검다리는 도서관이었다. 페르마를 앤드루 와일스가 만난 곳도 도서관이다.

이런 일이 와일스에게만 일어난 것은 아니다. 『코스모스』Cosmos라는 현대의 고전을 집필한 미국 천문학자 칼 세이건Carl Edward Sagan이 천문학에 대한 꿈을 키운 곳도 동네 도서관이었다. 이 책에서 세이건은 처음 도서관에 갔던 날의 기억을 실감나게 재구성해두었다. 우크라이나 출신 가난한 이주노동자의 아들로 태어난 세이건은 뉴욕 브루클린 빈민가에서 성장했다. 좁은 골목길에서 공놀이를 하면서 뛰어놀던 그는, 어느 날 부모님이 준 도서관 대출카드를 들고 브루클린 가 85번지에 있는 도서관에 뛰어갔다. '스타들'stars에 관한 책을 달라는 소년에게 도서관 직원은 당대의 유명한 영화배우 사진이 잔뜩 든 잡지를 주었다. 태어나서 브루클린을 벗어나본 적이 없었지만 밤하늘의 별들이 무엇일까 짙은 호기심을 품었던 그 소년이 영화배우가 아니라 진짜 별들에 대한 책을 다시 받아 펼쳐든 순간, 한 사람의 탁월한 천문학자가 탄생했다. 세이건이 여러 저서에서 도서관의 중요성을 강조한 것은 아마도 이런 경험 때문이었을 것이다.

대한민국에는 부족한 게 많지만 무엇보다도 도서관이 부족하다. 재능이 입증된 소수의 과학자들에게 연구비를 듬뿍 준다고 해서 노벨상을 타는 과학자가 나오는 게 아니다. 지적 호기심이 충만한 아이들이 걸어서 갈 수 있는 작은 도서관이 있어야 한다. 우리나라에는 공공도서관이 가뭄에 콩 나듯 있을 뿐이다. 그나마 값비싼 건축자재를 써서 겉은 화려하게 지었지만 서가와 장서는 형편없이 부족하다. 건물을 짓는 데는 아낌없이 돈을 쓰면서 도서 구입비는 쥐꼬리만큼 책정한다. 그래서 공공도서관들까지도 왕왕 출판사에 편지를 보내 양서를 기증해달라고 요청한다. 이처럼 도서관이 빈약한 나라에서 노벨상을 받는 과학자가 나온다면, 그게 오히려 이상한 일이 될 것이다.

동네의 작은 공공도서관을 만드는 것이 그리 어렵지는 않다. 영화감독 이창동이 문화관광부 장관으로 있었을 때 나는 그런 정책을 제안하고 문화부 공무원들과 실무 협의를 하기도 했다. 아파트 단지나 주택가에 작은 도서관을 만드는 사업이었다. 건물을 새로 지을 필요 없이 넓은 개인 주택이나 아파트를 구입해서, 또는 임대해서 그곳을 도서관으로 꾸미는 것이다. 공공도서관이 분원으로 지정해 운영 시스템을 넣고 학부모와 주민 자원봉사를 받아 운영하면 크게 돈이 들어갈 일도 없다. 이창동 감독이 장관을 너무 일찍 그만두는 바람에 이 기획이 결실을 맺지 못했는데, 두고두고 생각해도 아깝기 짝이 없다.

후불제 민주주의

국회의원

세월 앞에 장사 없다더니 나도 예외가 아닌 모양이다. 요즘에는 기억을 불러내는 데 어려움이 있다. 메모리 용량이 부족한 컴퓨터처럼 잠깐씩 두뇌가 먹통이 된다. 파일을 클릭하면 자꾸만 모래시계가 뜨고 버퍼링 시간이 길어진다. 수도 없이 불러냈던 주민등록번호가 뜨지 않을 때도 있다. 신용카드 번호는 아예 저장이 되지 않는다. 핸드폰 전자 다이어리 메모장이 없으면 사회생활에 적잖은 애로가 생길 것 같다. 그런데 쓸 일도 거의 없는 여덟 자리 군번은 절대 잊어버리는 법이 없다. 희한하다. 기억의 강도强度에 관한 한 역시 병영 체험이 최고다. 그런데 요새 군인들도 그런 걸 하는지 궁금하다. 무언가 실수했을 때 동료들 앞에서 큰 소리로 외치는 "내가 왜 이럴까" 3회 복창 말이다.

내가 왜 이럴까!
사회에서는 안 그랬는데!
짬밥 먹고 쪼다가 됐나 보다!

2부 권력의 실재 _ 국회의원

군대에서 이걸 수도 없이 했는데, 국회의원이 되고 나서는 다른 사람들이 나를 향해 손가락질하면서 외치는 것을 들어야 했다. "쟤는 왜 저럴까! 예전에는 안 그랬는데! 금배지 달더니 사람이 변했나 보다!" 국회의원치고 어떤 이유에서든 이런 소리 듣지 않는 이가 드물 것이다. 실제로 국회의원이 되면 사람이 변한다. 변할 수밖에 없다. 겸손했던 사람도 어깨와 말투에 힘이 들어간다. 자신의 능력을 과대평가하게 되어서 남의 말을 잘 듣지 않게 되기도 한다. 길바닥에 함부로 침을 뱉는 습관이 있었던 사람이 그런 나쁜 버릇을 고치기도 하지만, 보통은 좋지 않은 쪽으로 변하기가 쉽다. 내 경험에 따르면 그렇다.

무엇보다 두드러진 변화는 일상생활에 임하는 태도가 아닐까 싶다. 국회의원이 되면 일단 서민 생활과는 작별이다. 원래부터 돈이 아주 많은 사람이 아니라면 모두가 이런 변화를 겪는다. 이걸 인정해야 한다. 정몽준 씨가 한나라당 대표 경선 토론회에서 '버스 요금 70원' 발언을 했다가 엄청난 비난을 들었다. 이걸 만회하느라고 전자 교통카드를 들고 유세장에 나왔는데 그게 하필 청소년용 카드라 또 한 번 구설수에 올랐다. 이명박 정부의 경제 총수였던 강만수 장관은 삼겹살 값을 몰라 국회에서 곤욕을 치렀다. 그런데 버스 요금과 삼겹살 한 근 가격을 묻는 질문을 던져 두 사람을 궁지에 몰아넣었던 국회의원들은 그런 것들을 다 아는 서민일까? 나는 그렇지 않다고 생각한다. 공직자 재산 순위 꼴찌 근처를 오갔던 나도, 국회의원을 하는 동안만큼은 서민이 아니었다.

후불제 민주주의

　비서가 승용차를 운전해주고 전화를 대신 받아주는 서민을 본 적이 있는가. 냉난방이 잘되는 사무실에서 1억 원 연봉을 받고 근무하면서 해마다 두세 차례 이상 공식·비공식 외국 여행을 다니는 공직자가 서민일 수 있을까. 회의 시간에 상임위원장실 소파에 앉아 여비서가 가져다주는 커피를 마시면서 지난 주말 라운딩 때 날린 티샷 비거리를 자랑하는 사람도 서민인가. 대한민국 0.1%에 들어가고 남을 만한 부자 기업인들과 마주 앉아, 봉사료 포함해 1인당 10만 원이 넘는 일식 메뉴로 스코틀랜드산 몰트위스키를 곁들인 만찬을 즐기기도 하는 사람이, 자기가 밥값을 계산하지 않았다고 해서 서민이라고 할 수 있는가. 방송 카메라 앞에서는 너나없이 서민경제를 챙기노라고 말하지만, 그렇게 사는 국회의원들이 서민일 수는 없다고 본다. 그 사실을 솔직히 인정하면서 더 열심히, 서민들의 삶을 개선하기 위해 자주 사람을 만나고 현장을 방문하고 전문가의 조언을 듣고 보고서를 읽으며 공부하고 연구하고 고민하면 되는 것이다.

　우리 국민들은 국회와 국회의원을 존경하지 않는다. 믿지도 않는다. 누구에게 책임이 있을까? 물론 국회의원 자신에게 책임이 있다. 그러나 국민들에게도 작지 않은 책임이 있다는 게 내 판단이다. 국회의원의 생활은 시간과의 전쟁이다. 누구에게나 그렇듯 정치인에게도 하루는 24시간, 1년은 열두 달 365일뿐이다. 국회의원의 일상은 세 가지로 채워진다. 국회의원으로서 해야 하는 활동, 다음에 또 국회의원이 되기 위해 하는 활동, 그리고 정치와 직접 관련되지 않은 개인 생활이다. 비례대표 국회의원은 좀 다르겠지만 지역구를 가진 국회의원의 일상은 주로 두번째 활동으로 채워진다. 그래서 국민을 만족시키지 못하는 것이다.

국회의원의 일상을 짤막하게 재구성해보자. 살벌한 공천 경쟁과 치열한 선거전을 벌인 끝에 당선증을 받는다. 선거사무소에서 축하객과 함께 샴페인을 터뜨린다. 그리고 곧바로 선거를 도와준 '유력 인사'들에게 감사 전화를 돌린다. 다음날부터 한동안 유세차, 스쿠터, 자전거를 타거나 걸어서 지역구를 구석구석 누빈다. 소위 당선사례를 하는 것이다. 선거운동원과 열성 당원, 지역 유지와 후원자들을 그룹별로 모아 한도 끝도 없이 밥을 먹고 차를 마신다.

이렇게 선거 뒷정리가 대충 끝나고 나면 4년 내내 일상적인 지역구 활동을 한다. 부처님 오신 날에는 절에 가고 부활절에는 교회 가고 성탄절에는 성당에 간다. 지역구에 있는 종교단체가 여는 각종 기도회, 법회, 바자회 등도 잘 챙겨야 한다. 바르게살기협의회, 주민자치위원회, 자율방범협의회 등 소위 '관변단체'들이 하는 각종 행사와 체육대회에 가서 축사를 한다. 새벽 거리 청소에도 되도록 자주 나가야 한다. 적십자봉사단이나 녹색어머니회와 같은 봉사단체의 활동은 물론이요, 노인회나 장애인단체, 학교운영위원회, 아파트단지 동대표 회의에 이르기까지 관심을 주어야 할 지역 내 단체의 활동은 너무나 많고 또 다양하다.

계절별 특별 활동도 있다. 설과 추석이 다가오면 재래시장과 노인정, 복지시설 등을 방문하여 격려하는 자상함을 보여야 한다. 정월 대보름 무렵에는 노인정과 마을회관 윷놀이 행사가 있고, 2월에는 초·중·고등학교 졸업식이 열린다. 빠져서는 안 된다. 5월 가정의 달에는 마을마다 경로잔치가 열린다. 이런 데 가려면 고정 레퍼토리 노래 몇 곡 정도는 익혀두어야 한다. 봄과 가을에는 각급 학교의 총동문 체육대회가 열린다. 천막마다 다니면서 소주 한 잔 정도는 마셔주는 센스를 발휘해야 한다. 알코올 분해효소가 많이 필요하다. 동네 조기축구회나 배드민턴 클럽 등 스포츠 동호인 모임도 되도록 여러 곳에 가입해 회비를 내면서, 운동은 안 하더라도 종종 들러서 자판기 커피라도 나누는 게 좋다.

최고 500만 원까지 크게 후원해주거나 다른 후원자를 조직해 그보다 더 많은 후원금을 모아준 손 큰 후원자들에게는 마땅히 특별한 감사의 정을 전해야 한다. 그런 후원자들이 없으면 정치를 깨끗하게 하기가 어렵다. 조용한 곳에서 함께 식사를 하는 건 기본이요, 가끔은 술자리도 가져야 한다. 때로 '필드'에 나가 '라운딩'도 함께 해야 한다. 국회의원은 매 순간 전쟁 중이다. 제한된 시간을 효율적으로 쪼개 쓰려면 절대 피할 수 없는 전쟁이다. 4년 후 반드시 등장할 잠재적 경쟁자에게 금배지를 빼앗기지 않으려면 당선된 날부터 다음 선거 때까지 계속 시간과의 전쟁을 벌여야 한다.

국민들은 국회의원 집단을 불신하고 혐오하지만 '우리 동네 국회의원'이 자기의 생활공간에 나타나는 것을 크게 반긴다. 갖가지 행사를 여는 다양한 단체의 회장님들은 지역구 국회의원이 와서 축하를 해주면 정말로 좋아하고 고마워한다. 그렇기 때문에 어디에는 가고 다른 데 가지 않는 국회의원은 사람을 차별한다는 비판을 받기 쉽다. 아무 곳에도 가지 않으면 모두에게 욕을 먹는다. "건방지다." "선거 때 굽실거리더니 당선되고 나서는 코빼기도 안 보인다." "지역구에는 신경도 쓰지 않는다."

그래서 국회의원에게 지역구 활동은 일종의 성역聖域이 된다. 국회와 당의 회의에 불참해도 지역구 행사 때문이라고 하면 서로 너그럽게 봐준다. '어쩌겠는가, 살아보겠다고 발버둥치는데.' 그런 것이다. 국회의원 주례를 금지하고, 지역구 유권자의 개업집과 초상집에 꽃을 보내는 것을 포함해 일체의 기부행위를 금지하는 등 국회의원의 지역 활동 부담을 줄이는 입법을 했지만, 그래도 국회의원은 변함없이 바쁘다.

국회의원의 책무는 정부를 감시하고 견제하며 국가 예산을 심의하고 법률을 만드는 공적 서비스를 제공하는 것이다. 그러나 유권자들은 지역구 국회의원이 이러한 공적 서비스를 얼마나 열심히 잘하는지에 대해서는 별로 큰 관심이 없다. 그보다는 자기의 일상적 생활공간에 자주 얼굴을 보이면서 인간적 교분을 쌓는 것을 훨씬 좋아한다. 무슨 나쁜 의도가 있어서 그런 게 아니다. 국회의원이 자기 문제를 해결해줄 것이라 믿어서 그런 것도 아니다. 나랏일 하는 국회의원에게 직접 자기의 요구를 말할 수 있고, 국회의원이 자기의 말을 경청해준다는 사실만으로도 그 유권자는 커다란 기쁨을 느낀다. 유권자로서 당연히 누려야 할 권리이고 즐거움이다. 지역구에서 순박하고 진심 어린 환대를 받다 보면 국회의원들은 기꺼이 동네 행사에 참석하고 싶은 마음이 생긴다.

그렇지만 이런 선의가 나쁜 정치를 만든다. 여의도 국회의사당에 떠도는 괴담 중에는 이런 것이 있다. '회의 참석률과 재선 성공률은 반비례한다.' 국회의원으로서 일을 열심히 하는 사람은 떨어지지만, 일은 하지 않고 동네 골목을 열심히 누빈 국회의원은 다시 당선된다는 이야기다.

하지만 이것이 전부는 아니다. 다음에 공천을 받으려면 튼튼한 당내 기반을 만들어야 한다. 유력한 차기 대권주자들이 이끄는 계파 조직이나 연구 모임 여기저기에 발을 걸쳐두고 정책토론회나 공청회에 서로 얼굴을 내밀어주고 밥 먹는 모임, 골프 모임, 등산 모임에도 함께 해야 한다. 언론에도 신경 써야 한다. 정치인으로서 인지도와 호감도를 높여 다음 선거에 유리한 고지를 차지하려면 '언론정보 서비스' 또는 '기자 관리'에도 아낌없는 투자를 해야 한다. 출입기자 이름과 얼굴을 익혀야 하고, 기자가 찾아오면 만사를 제쳐두고 차라도 한 잔 해야 한다. 소속 언론사나 성향에 따라 여러 그룹으로 나누어 식사도 하고 술자리도 가져야 한다. 요즘 젊은 기자들은 접대가 아니라 기사 작성에 도움이 되는 유익한 정보를 원한다. 그러나 인간적인 호감이 있어야 우호적인 기사가 나올 수 있기 때문에 기자들과 자주 인간적인 교류를 해야 한다. 적지 않은 시간이 여기에 들어간다.

이러다 보면 현직 국회의원으로서 해야 할 일을 하는 데 쓸 시간이 별로 없다. 국회의원의 기본은 상임위와 본회의에 참석해 발언하고 표결하는 일이다. 그런데 의원들이 지역구 관리를 비롯한 다른 일에 너무 바쁜 나머지 회의에 나오지 않아 상임위와 본회의 의결정족수 채우기가 어렵다. 그래서 국회 회의는 보통 예정 시간보다 30여 분 늦게 시작된다. 제시간에 나가면 손해라는 걸 알기 때문에 모두들 미적거리다 보면 저절로 그렇게 된다. 정부 중앙부처 국회 담당 공무원과 간부들의 중요한 업무 가운데 하나가 상임위 법안 처리 의결정족수를 채우기 위해 의원회관 사무실이나 의원 사우나, 여의도 일대 호텔 등에 흩어져 있는 국회의원들을 모시러 다니는 일이라면, 믿으시겠는가.

이렇게 사노라면 사람이 변하게 된다. 지성미 풍기던 대학교수도, 정의감 넘치던 386 운동권도, 논리와 법리로 먹고살았던 판검사와 변호사도, 모두 원산지를 구별하기 어려운 비슷비슷한 '지역구 국회의원'이 되어가는 것이다. 권력의 속살에는 그래서 약간의 비린내가 날 수밖에 없는 것인지 모른다. 삶은 원래 그런 것인가. 이런 처연한 느낌이 들 때, 나는 박인환 시인의 「목마와 숙녀」 한 구절을 마음속으로 읊조리곤 했다.

인생人生은 외롭지도 않고
거저 잡지雜紙의 표지表紙처럼 통속通俗하거늘
한탄할 그 무엇이 무서워서 우리는 떠나는 것일까

후불제 민주주의

정치인 수입 개방

욕 많이 먹으면 오래 산다는 말이 있다. 정말 그런 것 같다. 대통령들만큼 욕 많이 들은 사람이 달리 없을 것이다. 전직 대통령들이 다들 오래 사시는 걸 보면 옛말이 틀리지는 않았나 보다. 대통령만 그런 게 아니라 국회의원도 욕 얻어먹는 게 일상 업무의 일부다. 국민들은 대통령부터 국회의원, 시장, 군수까지 정치인들에 대한 욕을 입에 달고 산다. 경쟁은 심하고 성공하기는 힘든 세상살이, 욕할 게 어디 한두 가지인가. 나는 그렇지 않은데 도매금으로 얻어맞으니 억울하다는 변명은 접어두는 게 맞다. 어디 화풀이할 데도 마땅치 않은 국민들이 정치인 욕도 못 하면 스트레스를 달리 어떻게 풀겠는가. 다소곳이 욕 먹어주는 게 공직자의 큰 효용 중 하나라고 생각한다. 나쁠 것도 없지 않은가. 국회의원 중에서도 유독 욕을 많이 먹은 나는, 5년씩이나 국민 세금으로 먹고산 데다 장수長壽의 축복까지 덤으로 받았다.

국민들은 정부와 국회, 정치인을 믿지 않는다. 대한민국 국민들은 길 가다 우연히 만난 사람보다도 정치인을 더 믿을 수 없다고 생각한다. 한국개발연구원이 2006년도에 한 '사회적 자본 실태 종합조사'를 보면 교육기관과 시민단체가 신뢰도 면에서 그나마 길 가다 만난 사람보다 약간 후한 평가를 받았다. 언론기관과 기업, 법원과 검찰은 길 가다 우연히 만난 사람과 별로 다를 바 없었다. 최악은 국회와 정당, 그 다음이 정부였다. 그때는 참여정부 시절이었다. 지금은 다를까?

이명박 정부의 '광우병 괴담' 타령은 현실을 모르는 순진한 불평에 지나지 않았다. 국민들은 대통령과 정부, 여당의 주장보다는 길 가다 우연히 만난 사람한테 들은 소문을 더 잘 믿는다. 대통령 담화문보다 인터넷 게시판 익명 댓글의 신뢰도가 더 높다는 이야기다. 그게 현실이다. 대통령이나 기획재정부 장관, 내로라하는 민간경제연구소 책임자들은 국민들이 '미네르바'라는 한 네티즌의 경제 위기 예측을 자신들의 말보다 더 신뢰하는 현실에 충격을 받았던 모양이다. 얼마나 충격을 받았는지 결국 검찰은 일부 사실과 일치하지 않은 글이 있었다는 것을 명분 삼아 '미네르바'로 지목된 박 아무개라는 30대 청년을 구속했다. 이제는 깨달았는지 모르겠다. 길 가다 우연히 만난 사람을 대통령보다 더 신뢰하는 우리의 현실이 대통령 바뀌었다고 해서 갑자기 달라질 수는 없다는 사실을.

정치 때문에 울분을 견디지 못한 나머지 기발한 착상을 하는 사람들이 있다. "정치인도 수입하자!" 이런 칼럼을 쓴 언론인이 실제로 있었다. 우리나라 대통령을 비판하는 데 신물이 난 어떤 언론인들은 세계로 시야를 넓혔다. 레이건Ronald Reagan, 대처Margaret Thatcher의 리더십 예찬은 기본이다. 두바이 왕 셰이크 모하메드의 지도력을 띄우고, 심지어는 정치력보다는 낭만적 연애담으로 더 유명한 프랑스 사르코지 Micolas Sarkozy 대통령을 비행기 태우고, 그것도 모자라 일당독재를 하는 중국공산당 지도자 후진타오胡錦濤와 원자바오溫家寶에게까지 찬사를 바쳤다. 보수 언론이 공산당 지도자를 예찬한다는 게 좀 이상하긴 하다. 옛날 국가보안법에 따르면 "국외 공산계열을 이롭게 하는" 중대한 범죄행위가 되었겠지만, 시대가 변하고 법률도 변했으니 그냥 넘어가자.

그런데 정치인을 수입해도 될까? 정치 지도자를 수입해도 될까? 먼저 법률적 가능성 여부만 보자. 안 된다. 정치인을 수입하려면 먼저 헌법을 고쳐야 한다. 헌법 제67조 제4항, "대통령으로 선거될 수 있는 자는 국회의원의 피선거권이 있고 선거일 현재 40세에 달하여야 한다". 공식선거법은 '25세 이상 대한민국 국민 가운데 법률에 의해 피선거권을 제한당하지 않는 사람'만 국회의원에 출마할 수 있도록 해놓았다. 그러니 대한민국 국민이 아닌 외국인은 국회의원이 될 수 없고 대통령도 될 수 없다. 대통령이나 국회의원은 수입 금지 물품 목록에 올라 있다는 이야기다.

정말 필요하다면 헌법을 고쳐서 정치인을 수입할 수도 있을 것이다. 그런데 그렇게 하면 과연 좋아질까? 정치인도 수입하자고 외치는 분들께는 슬픈 소식이 되겠지만, 답은 뻔하다. 수입해봐야 별수 없다. 왜일까? 수출할 정도로 경쟁력을 인정받는 정치인은 지구 어디에도 없기 때문이다. 세계화와 무역자유화를 외치는 분들이 특별히 좋아하는 나라 미국에서도 정치인들은 별로 신뢰받지 못한다. 헤르만 셰어 Hermann Scheer라는 분이 벌써 이 문제를 검토했다. 셰어는 독일연방의회 의원을 지낸 경제학자이며 사회학자이다. 세계재생에너지위원회 의장을 맡기도 한 국제적 유명인사이기도 하다. 그는 『정치인을 위한 변명』Die Politiker 이라는 책에서 주요 국가들의 정치인 신뢰도를 일목요연하게 정리해두었다. 몇 나라의 사례를 소개한다.

2001년도 조사라 좀 오래되기는 했지만, 근자에 미국 정치인들이 갑자기 국민의 신뢰를 회복했다는 뉴스를 들은 적이 없으니 그대로 인용하자. 미국 갤럽의 직업별 신뢰도 조사에 따르면 미국 국민들에게 신뢰도 최고 집단은 용감한 119대원들이다. 물론 미국에서는 119가 아니라 911이다. 신뢰도 무려 98%. 다음이 경찰과 의사, 65%가 넘는다. 미국에서도 기자는 크게 볼 일 없는 수준인 29%. 정치인은 그만도 못한 25%였다. 변호사와 자동차 판매업자를 눌렀다는 걸 위안거리로 삼으면 되겠다.

어디 선진국이 미국뿐인가. 가까운 일본으로 가보자. 일본은 더 험악하다. 일본 국회 신뢰도는 겨우 9%, 행정부는 8%, 총리는 6%로 도토리 키 재기 경쟁이 치열하다. 신문 신뢰도 42%, 법원 신뢰도 29%와 비교하면 정치인은 수출할 만한 경쟁력이 전혀 없다. 『트러스트』 Trust라는 유명한 책을 쓴 프랜시스 후쿠야마Francis Fukuyama 박사에게 물어볼 필요가 있을 것 같다. 일본은 고신뢰 사회라 경제가 발전했고 한국은 저신뢰 사회라 더 발전할 가능성이 없다고 그는 그 책에서 주장했다. 그런데 조사 결과에서 보듯 한국의 사회적 신뢰 수준이 일본이나 별 차이가 없으니, 한국도 최소한 일본은 따라잡을 수 있겠다고 하는 게 맞지 않을까?

이제 미국과 일본을 가리켜 신자유주의가 판치는 천박한 사회라고 꾸짖는 진보파의 모범 국가로 가보자. 먼저 사회적 시장경제로 유명한 수출 세계 챔피언 독일. 2001년 독일 알렌스바흐 여론조사기관이 직업집단에 대한 국민의 존경도를 조사했더니 의사가 단연 1등이었다. 나도 겪어봤지만 독일 의사들 정말 존경할 만하다. 의사 존경도 무려 73%. 성직자는 41%, 대학교수 33%, 기업인 30%. 존경은 신뢰와 크게 다르지 않은 만큼, 독일은 상대적으로 높은 사회적 신뢰가 자리 잡은 나라임에 분명하다. 그런데 여기서도 정치인을 존경하는 사람은 10%밖에 되지 않았다. 단연 꼴찌!

독일은 그렇다고 해도 유럽연합EU은 전반적으로 다르지 않을까? 천만의 말씀이다. 같은 해 유로바로미터의 EU 회원국 정치인 신뢰도 조사는 이런 기대를 남김없이 무너뜨렸다. 독일 7.8%, 영국 6.3%, 이탈리아 4.5%, 프랑스 3.2%. 세계의 정치 선진국들이 이럴 수가 있을까! 하지만 절망할 필요까지는 없다. 스웨덴 9.8%, 덴마크 13.1%, 네덜란드 14.9%, 룩셈부르크 16.8%. 좀 나은 곳도 있다.

결론을 말하자면 정치인을 수입하고 싶은 국민이 많아도 수출할 만한 양질의 정치인을 보유한 나라가 없기에 이것은 대안이 될 수 없다. 신뢰받는 정치 지도자는 유무통상有無通商의 대상이 될 수 없다는 것이다. 이 문제는 반드시 나라 안에서 해결해야만 한다. 헤르만 셰어는 이러한 정치 불신의 기저에 정당과 시민 사이의 끝없는 대립과 공생 관계가 놓여 있다고 했다. 그렇다. 정치인과 시민들의 관계는 사랑과 미움의 쌍곡선이다. 그렇지 않다면 길 가다 우연히 만난 사람만큼도 믿지 않는 국회의원, 하는 일 없이 세비나 축내면서 밤낮 당파싸움과 먹살잡이나 하고, 의사당에서 해머와 전기톱까지 들고 나와 난장판을 벌인다고 욕을 먹는 국회의원에게, 아들딸 결혼식이나 봄날의 동네 경로잔치에 와달라고 하는 일이 어찌 가능하겠는가. 세상은 온통 아이러니로 가득하다. 정치라고 다를까.

후불제 민주주의

정당

정치에 첫발을 들여놓았을 때부터 내 관심의 초점은 정당이었다. 나는 정당 안에서 대한민국 헌법 제1조의 정신을 구현하고 싶었다. 대한민국의 주권이 국민에게 있고 모든 권력이 국민에게서 나온다면, 그렇다면 대한민국 헌법의 특별한 보호를 받는 정당 안에서도 이 원리를 그대로 적용해야 한다는 것이 내 생각이었다. "당의 모든 권력은 당원으로부터 나온다." 공화정의 원리를 따르는 민주정당이라면 당연히 이 원리의 지배를 받아야 한다는 것이다. 그런데 현실은 그 반대였다. 정당을 지배하는 것은 당원이 아니라 정치인이었다. 정치를 직업으로 하는 정치인들이 정당을 지배하고 당원을 지배했다. 거기에 공화정의 원리가 들어설 공간은 없었다.

2003년 국회의원이 된 직후였다. 수십 년 동안 정당 중앙당의 당직자 생활을 했고 비례대표 국회의원도 한 번 해보았던 분이 정당 개혁을 외치는 내게 이런 말을 했다. "자네 말이 맞긴 맞아. 이 바닥에서는 지구당위원장이 백백교 교주보다 힘이 세다는 말이 있어." 호기심이 발동했다. 그래서 백백교가 어떤 종교인지 알아보았다. 놀랍게도 그런 괴상한 이름을 가진, 그 이름보다 실체가 더 괴상했던 종교가 정말로 있었다.

동학혁명이 좌절된 후 동학의 한 분파를 이끌었던 전정운이라는 사람이 백도교白道敎라는 신흥종교를 창시했다. 교리는 동학과 큰 차이가 없었고 신도가 1만 명이나 될 정도로 제법 번창했다. 1900년의 일이다. 전정운이 1919년에 죽자 교단은 분열되었다. 교조敎祖의 사망이 교단의 분열을 부르는 것은 신흥종교들이 흔히 겪는 일이다. 전정운의 세 아들은 각자 하나씩 교파를 만들었다. 둘째 전용해가 만든 것이 바로 백백교白白敎였다. 전용해는 일제가 패망하고 새 세상이 올 것이라고 하면서 그때 구원받으려면 미리 재산을 헌납하라고 했다. 일종의 종말론을 유포한 것이다.

1937년에 사건이 터졌다. 황해도 해주 제일의 한약방을 운영했던 사람이 백백교에 전 재산을 털어 넣었다. 그 아들은 그것도 모자라 자기 딸을 전용해의 첩으로 바쳤다. 이것을 알게 된 손자 유곤용이 전용해의 첩이 된 누이를 통해 백백교 본부에 들어가 한바탕 난투극을 벌였다. 구사일생 도망쳐 나온 유곤용은 곧바로 주재소로 달려가 경찰의 신변 보호를 요청했다. 이것이 불씨가 되어 대대적인 경찰 수사가 진행되었다. 도주했던 전용해는 짐승에게 뜯어 먹힌 시체로 발견되었.

백백교의 야만 행위는 상상을 초월했다. 전용해는 신도들의 재산을 빼앗은 뒤 낯선 곳에 있는 '피난소'로 이주시켰다. 신도들의 젊고 예쁜 딸 수십 명을 첩으로 삼았다. 교단의 간부들도 첩을 여럿 거느렸다. 의심하거나 반항하는 자는 모두 죽였고 딸린 아이들을 함께 생매장했다. 수사와 재판 과정에서 밝혀진 살인만 320건이 넘었다. 일당 가운데 사형 선고를 받은 사람만 열두 명이었다. 그들이 쓴 죄명은 살인, 사체 유기, 살인강도, 횡령 등 무려 10여 가지나 되었다. 일제 패망을 예언한 종말론 교리에는 보안법 위반 혐의가 적용되었다.

어떤 이들은 보안법 적용을 이유로 들어 백백교 사건을 일제의 민족종교 탄압이었다고 주장한다. 그러나 백백교의 일제 패망론은 항일 민족사상의 표현이라기보다는 종교적 종말론의 변종이라고 보는 게 타당할 것이다. 조선왕조가 건재해 있었다면 그들은 아마도 조선 패망론을 설파했을 것이다. 백백교는 우매한 백성을 속여 재산과 생명을 강탈한 흉악무도한 범죄 조직이었다. 이런 황당한 범죄가 일어날 수 있었던 것은 한마디로 무지 때문이다. 백백교 신도는 대부분 문맹이었고, 간부들 중에도 제도 교육을 받은 사람은 소학교를 나온 사람 하나밖에 없었다.

정당의 지구당위원장이 백백교 교주보다 세다는 말은 명백한 과장이다. 그러나 거기에는 외면할 수 없는 진실이 담겨 있다. 정당들이 헌법 정신에 어긋나는 극히 비민주적인 방법으로 조직을 만들고 운영했기 때문이다. 교과서에 나오는 정당은 정치적 이상을 함께하는 사람들이 그것을 실현하기 위해 모인 결사結社를 가리킨다. 대의민주주의를 하려면 이런 정당이 여럿 있어야 한다. 국민들의 생각과 이해관계가 다양하기 때문에 그것을 대의하려면 복수의 정당이 필요하다. 그래

2부 권력의 실재 _ 정당

서 헌법 제1장 총강 제8조는 다음과 같이 정당 활동의 자유와 원칙, 정당에 대한 국가의 특별한 보호와 지원 방법을 규정하고 있다.

① 정당의 설립은 자유이며, 복수정당제는 보장된다.
② 정당은 그 목적·조직과 활동이 민주적이어야 하며, 국민의 정치적 의사 형성에 필요한 조직을 가져야 한다.
③ 정당은 법률이 정하는 바에 의하여 국가의 보호를 받으며, 국가는 법률이 정하는 바에 의하여 정당 운영에 필요한 자금을 보조할 수 있다.

그런데 대한민국 주요 정당들은 ①의 자유와 ③의 혜택을 한껏 누리면서도 ②의 원칙은 지키지 않는다. 공화당은 박정희 대통령이 지배하는 정당이었다. 전두환 대통령은 민정당을 지배했다. 노태우 대통령은 민자당을 만들었다. 김영삼 대통령은 신한국당을 만들었다. 여당 대통령 후보가 된 이회창 총재는 한나라당을 만들었고, 한나라당을 나온 다음에는 자유선진당을 만들었다. 공화당 출신 김종필 씨는 신민주공화당과 자민련을 만들었다. 이것이 한나라당과 그 아류 보수 정당의 계보이다. 김대중 대통령 후보는 평민당을 만들었고, 이것이 여러 차례의 연합 제휴와 분열 통합, 그리고 당명 변경을 거쳐 오늘의 민주당에 이르렀다.

위에서 거명한 지도자들은 총재 또는 당 대표로서 자기의 정당을 배타적으로 지배했다. 그들이 정당을 만들고 지배하는 방식은 다음과 같았다. 먼저 지도자가 추종자를 모아 창당준비위원회를 만든다. 여기에서 손이 큰 추종자들에게 시도당이나 지구당을 창당할 조직책 자리를 준다. 그들은 지역으로 가서 자기의 추종자나 아는 사람을 모은다. 자기 자신을 지구당위원장으로 선출하는 데 협력할 사람만을 모아 지구당을 만들고 지구당위원장으로 선출되는 것이다. 그런 다음 지구당위원장의 권한으로 대의원을 지명한다.

이 대의원들은 이름만 대의원일 뿐 사실 그 누구의 정치적 의사도 대의하지 않는다. 지구당위원장의 지시에 복종할 따름이다. 당원들에게는 아무런 권리가 없기에 의무도 없었다. 아무도 당비를 내지 않으니 지구당 운영에 들어가는 돈은 모두 정치인이 구해 와야 한다. 원래 돈이 많은 사람이 아니면 누군가에게 손을 벌려야 한다. 돈이 많은 사람은 대부분 기업인이다. 여기서 합법·불법 후원금과 뇌물이 이런저런 청탁과 교환되는 정경유착과 부패가 싹트고 자라고 열매를 맺는다. 지구당위원장은 작은 기업과 작게 유착하고 중앙당 지도자는 큰 기업과 크게 유착한다. 이렇게 해서 정당은 공익단체가 아닌 이익단체로 전락한다.

2002년 겨울에 개혁국민정당 고양시 덕양갑지구당을 창당했을 때 일이다. 나는 보궐선거에 출마할 예정이었고, 정치 활동을 하려면 지구당위원장 직책이 필요하다고 판단한 당원들은 나를 위원장으로 선출했다. 창당준비위원장은 다른 당원이었다. 지구당 창당대회를 치른 다음 실무자가 지구당 창당 승인을 받는 데 필요한 서류를 들고 지

2부 권력의 실재 _ 정당

역 선관위를 찾아갔는데 서류 접수가 원활하지 않았다. 창당준비위원장과 선출된 지구당위원장의 이름이 다르다는 게 문제였다. 물론 이것은 정당법에 따르면 아무 문제가 될 수 없다. 그래서 선관위 직원이 이렇게 해도 되는지 의심스러워서 법규를 찾는 시간만큼 서류 접수가 지체된 것이다. 결국 선관위 직원은 미심쩍은 표정으로 서류를 접수하면서 이렇게 덧붙였다. "오래 업무를 봐왔지만 이런 경우는 처음이라서."

정치인들이 신당을 창당할 때는 언제나 하향식으로 작업했다. 당원이 지구당위원장을 선출하는 게 아니라 창당준비위원장이 자기에게 필요한 당원을 선별했고, 그 당원 중에서 말 잘 듣는 사람을 대의원으로 임명해 자기를 지구당위원장으로 선출하게 한 것이다. 지구당위원장들은 이 대의원들을 버스에 싣고 서울의 체육관에 가서 자기에게 지구당 창당준비위원장 자리를 주었던 지도자를 당 총재로 선출한다. 이것은 박정희, 전두환 대통령이 했던 체육관 선거와 근본적으로 똑같다. 겉보기에는 민주적 절차를 따르지만 내용은 헌법 제8조 제2항이 규정한 민주성의 원칙에 위배된다. 주요 정당들은 체육관 대통령 선거를 폐지했지만 스스로는 그와 똑같은 선거를 수십 년 동안 그대로 해 왔던 것이다.

이런 구태를 탈피한, 최초의 정당다운 정당은 민주노동당이었다. 나는 1989년 월간 『말』지에 '개혁적 국민정당 건설을 위한 국민운동이 필요하다'는 취지의 글을 기고한 적이 있다. 나는 이 글에서 직업정치인이 지배하는 비민주적 정당, 당비 내는 당원이 없기 때문에 지구

후불제 민주주의

당위원장과 총재가 기업에 손을 벌려야 하는 부패한 정당으로는 민주주의를 온전하게 구현할 수 없는 만큼, 깨끗하고 민주적인 정책정당을 만들기 위해서는 그런 목표를 내건 대중적인 정당 건설 운동을 벌여야 한다고 주장했다. 민주노동당이 바로 이런 경로를 통해 만들어졌다.

한나라당은 이명박 대통령이 지배하는 정당이다. 이명박 대통령이 인기를 회복하지 못하면 다음번 전국 선거를 앞두고 박근혜 의원이나 다른 유력자가 당을 지배하게 될 것이다. 민주당은 지배주주가 없는 시장상인연합회 비슷한 정당이 되었다. 누구도 당을 지배하지 못하며, 누구도 민주적 절차가 당을 지배하게 만들지 못한다. 민주당이 '제1야당으로서 정부여당을 견제한다'는 오늘의 역할을 넘어 하나의 정당으로서 오래 존재해야 할 이유를 다시 찾는 데는 앞으로도 많은 시간이 길릴 것이다. 영원히 찾지 못할 수도 있다.

지구당위원장이 백백교 교주보다 세다는 과장된 말에 담긴 진실의 무게는 아직도 크게 줄어들지 않았다. 한나라당과 민주당은 모두 지구당위원장을 중앙당이 임명하며, 지구당위원장이 대의원을 지명한다. 당원의 뜻을 정당 운영에 반영하는 그 어떤 실질적인 대의 절차도 존재하지 않는다. 대한민국의 주권은 국민에게 있지만 정당의 주권은 정치인들에게 있고, 국민이 정당을 통해서 주권을 행사할 수 있는 일상적인 통로는 거의 완벽하게 봉쇄되어 있다. 정당은 공익단체가 아니라 정치인들의 권력의지를 충족하는 데 동원되는 이익단체가 되어버렸다. 비극이다.

민주노동당은 민주적인 당원정당이지만 정책 노선과 조직의 분위기가 내 지향과 맞지 않아서 나는 가입하지 않았다. 나는 2002년 개혁국민정당이라는 새로운 정당을 만드는 데 참여해 당 대표로 선출되었고, 이 정당의 공천을 받고 보궐선거에 출마해 국회의원이 되었다. 인터넷을 기반으로 하는 당원 중심의 참여민주주의 정당을 만들어 지역주의를 타파하고 정책정당을 완성하는 것이 우리의 목표였다. 2004년 국회의원 총선을 앞두고 수십 명의 국회의원들이 민주당과 한나라당을 탈당하여 신당을 추진했을 때 다수의 개혁당원들은 온라인 투표로 당 해산을 결의하고 이 신당에 참여했다. 이렇게 해서 대의원이 부분적으로라도 일반 당원의 뜻을 대의하는 구조를 만들었던 열린우리당이 탄생했다. 하지만 이 정당도 결국 소멸하고 말았다. 힘센 다수파가 이런 구조를 원하지 않았기 때문이다. 정치에서는 옳은 이상이 아니라 힘센 쪽이 이긴다. 옳은 쪽이 우연히 힘도 셀 때, 가끔 정의가 승리하는 것처럼 보일 따름이다.

큰 희망을 안고 개혁당 당원이 되었던 분들, 의구심이 없었던 것은 아니지만 그래도 약간의 기대를 품고 열린우리당에 당원으로 참여했던 많은 시민들에게 머리 숙여 사과드린다. 개혁당의 정신을 열린우리당에서 실현하려고 했던 시도는 실패했으며, 그 원인이 오판에 있든 능력 부족에 있든, 실패의 가장 큰 책임이 나에게 있다고 생각한다. 이유가 무엇이었든 간에 나는 열린우리당을 소멸시키고 대통합민주신당이라는 가건물을 짓는 데 합의해주었다. 소위 '잔류 민주당'과의 통합에 대해서는 그 이전에 대통합민주신당을 탈당함으로써 선택의 괴로움을 회피해버렸다.

    정당개혁운동가로서 나는 지난 5년 동안 정말 비참한 실패를 겪었다. 이 실패 때문에 마음의 고통을 느낀 모든 분들에게 용서를 청하고 싶다. 그리고 누군가 더 능력 있는 분들이 나타나서 내가 실패했던 그 일을 보란 듯이 성공시키는 것을 보고 싶다. 그 성공에 나의 아주 작은 힘을 표 나지 않게 보탤 수 있으면 얼마나 좋을까.

최장집

대한민국 국민은 정치와 정치인을 믿지 않는다. 이러한 불신은 근본적으로 정당의 실패에서 비롯되었다고 나는 진단한다. 정치인과 정책이 자동차라면, 정당은 그 자동차를 조립하는 생산 라인이다. 생산 라인에 문제가 있으면 불량품을 리콜해도 소용이 없다. 반품하고 다른 차를 받아도 마찬가지 결함을 지니고 있기 때문이다. 그런데 유권자들은 정치인과 정책에 대해서는 관심이 있지만 정당에는 관심이 없다. 소비자가 좋은 자동차를 원하지만 생산 라인의 구조적·기능적 결함에는 관심이 없는 것과 마찬가지다.

우리 학계에서 정당 문제에 누구보다 큰 관심을 기울이면서 많은 연구와 발언을 한 정치학자는 아마 얼마 전 정년퇴직한 고려대학교 최장집 교수일 것이다. 그는 『민주화 이후의 민주주의』라는 유명한 책에서 한국 민주주의 발전의 가장 큰 걸림돌이 허약한 정당 체제라고 주장했다. 민주적으로 운영되는 진보적 정책정당이 우리 정치의 축으로 자리 잡지 못한 것이 근본 문제라는 것이다. 정당 문제에 천착하는 최장집 교수와 그 제자들의 진지한 자세를 나는 존경한다.

후불제 민주주의

최장집 교수의 문제의식은 이런 것이다. '민주주의가 어떻게 보통 사람들의 이해와 관심에 바탕을 둔 능력 있는 정부를 창출하여 사회 구성원 전반의 삶의 질을 향상시킬 수 있는가?' 그는 우리의 민주주의가 이런 목표를 이루지 못했다고 진단했다. 그리고 우리 정당 체제가 보수 독점의 협애狹隘한 이념적·사회적 기반을 가진 탓으로 사회경제적 갈등과 균열을 제대로 반영하고 대표하지 못한 것을 그 원인으로 들었다. 나는 이러한 문제의식과 진단에 동의한다.

그런데 최 교수는 여기서 한 걸음 더 나아갔다. 정당 체제의 실패가 민주 정부의 실패를 불러왔다는 것이다. 민주화 이후 정부들이 경제정책 및 사회정책에서 권위주의 정부보다 더 신자유주의적이고 시장근본주의적인 경제 독트린과 정책 노선을 추구했고, 특히 노무현 정부는 더욱 공공연하고 적극적으로 '신자유주의적 민주주의'를 추진함으로써 사회경제적 수준의 민주화를 퇴보시켰다고 진단했다. 이 진단에 대해 나는 제한적으로만 공감한다.

민주화 이후 한국 경제의 개방화와 시장화는 유신 시대나 제5공화국 때와는 비교할 수 없을 만큼 넓고 깊게 진행되었다. 그러나 나는 이것이 민주화 이후 정부들의 '더 신자유주의적이고 시장근본주의적인 정책 노선' 때문에 생긴 변화라고 보지 않는다. 소련과 동유럽의 사회주의 붕괴 이후 세계는 그 이전과 달라졌다. 세계의 모든 산업국가들이 개방화, 시장화의 길을 걸었다. 우리만 그랬던 것은 결코 아니다. 민주화 이후 정부들은 이러한 변화의 흐름에 더러는 더 능동적으로,

더러는 더 소극적으로 대처했다. 특히 1997년 외환위기의 소용돌이 한가운데서 정권을 넘겨받은 김대중 정부는 구제금융을 제공하는 대가로 IMF가 강요한 금융 개방과 노동시장 규제 완화를 받아들일 수밖에 없었고 그때 이루어진 제도 변화는 되돌릴 수 없는 현실이 되었다. 이를 이유로 들어 민주 정부 10년의 정책 노선을 '신자유주의와 시장 근본주의'로 규정하기에는 논리적 근거가 충분하지 않다고 본다.

최장집 교수는 또 민주 정부를 강하고 능력 있게 만들기 위해서는 민주주의의 중심 메커니즘인 정당과 정당 체제를 바로 세우고 튼튼한 사회적 기반을 갖게 만들어야 한다고 주장한다. 맞는 말이다. 누구나 다 아는 이야기이고 반대할 사람도 없다. 그런데 그렇게 하려면 도대체 무엇을 어떻게 해야 한다는 것일까? 그는 거기서 멈추어버린다. 그러고는 정치 현장에서 벌어지는 실제 상황과는 크게 동떨어진 주장을 한다.

최 교수 말은 진보적 정책 노선을 가진 민주적인 정당을 누군가 만들어 키우고 국민 속에 뿌리내리게 해야 한다는 것이다. 그 일은 이미 민주노동당이 열심히 해왔다. 그렇지만 성과가 별로 없었다. 1987년 대통령 선거 백기완 후보 출마에서 민중당 창당을 거쳐 민주노동당과 진보신당의 분열에 이르기까지 20년 동안 노력했지만 그리 큰 성공을 거두지 못했다. 무려 20년 동안 국민 앞에 자기를 선보였는데도, 지난번 대통령 선거와 국회의원 총선 정당 지지율은 그야말로 형편없는 수준에 그쳤다. 민주노동당과 진보신당이 잘했는데 국민이 알아주지 않아서 그렇다고 하는 것은 자신과 남을 동시에 속이는 일이다. 무언가 문제가 있다고 보는 게 상식에 부합한다.

한나라당을 비롯한 보수 정당들의 문제는 그 이념적 옹졸함과 천박함이라고 나는 생각한다. 민주노동당과 진보신당 등 소위 '진보적 정책정당' 역시 이념적 편협함과 경직성이라는, 비슷한 질병을 앓고 있다고 본다. 당 안팎에서 경쟁하는 정치세력에 대한 도덕적 비난의 과격함과 자기성찰의 부족이 마치 이념적 투철함의 발로인 것처럼 통용되는 한, 진보 정당이 국민 속에 뿌리내리기는 앞으로도 매우 어려울 것이다. 민주노동당과 진보신당의 분열도 이런 풍토 때문에 일어난 정치적 비극이라고 본다.

민주노동당은 과거 열린우리당(지금은 민주당)과 차별화하는 깃을 가장 중요한 전략으로 삼았다. "한나라당과 열린우리당 사이에는 실개천이 있고 열린우리당과 민주노동당 사이에는 한강이 있다." 널리 알려진 이 구호와 이를 자랑스럽게 여기는 태도가 민주노동당의 앞길을 막았다고 나는 생각한다. 민주노동당은 열린우리당과 참여정부를 '신자유주의 세력' 또는 '짝퉁 진보'라고 공격했다. 그 '짝퉁'이 '짝퉁'임을 폭로하면 '명품 진보' 민주노동당의 대중 기반이 강화될 것으로 생각했다. 그러나 현실은 그렇지 않았다. 열린우리당이 망했지만 민주노동당은 아무런 정치적 소득을 얻지 못했다. 지금 진보 정당들은 참여정부를 공격한 것과 똑같은 논리로 이명박 정부를 공격하고 있다. 그때나 지금이나 진보의 적은 변함없는 '신자유주의 정권'이다. 그런데 국민들은 참여정부와 이명박 정부 사이에 '한강'이라는 표현으로도 충분치 않은 큰 차이가 있다는 사실을 체험하고 있다. 두 정부의 차이는 실개천이라고 하기에는 너무나 크다.

진보 정당이 국민 속에 뿌리내리려면 무엇보다 먼저 가까운 이웃을 친구로 만들어야 한다. 과거 열린우리당과 노무현 대통령을 지지했던 유권자들은 다른 어떤 정당보다 민주노동당을 좋아했다. 그런데 그리로 가려면 한강을 건너야 한다. 실개천도 샛강도 아니고 한강을 건너야 한다. 게다가 강 건너에서는 참여정부가 "좌측 깜빡이를 켜고 우회전함으로써 민생을 파탄냈다"고 쉴 새 없이 뾰족한 화살을 날린다. 과연 누가 그곳으로 갈 엄두를 낼 수 있을까. 이런 식으로는 진보 정당의 기반을 넓히기 어렵지 않을까.

진보 정당들은, 내부에서는 많은 성찰과 자기비판을 하는지 몰라도, 밖에서 보기에는 외부의 비판에 대해서 귀를 닫은 정당처럼 보인다. 혹시라도 이 책을 읽을지도 모를 민주노동당과 진보신당 당직자들의 분노에 찬 표정과 격앙된 목소리가 벌써 들린다. "나라 망친 짝퉁 진보 노무현 잔당아, 너나 잘하세요." 비판하는 쪽의 오류가 비판받는 쪽의 오류를 정당화하는 근거가 될 수 없다는 상식이 통용되지 않는 것일까? 나는 내가 모든 면에서 옳다고 확신해서 진보 정당을 비판하는 게 아니다. 내 오류와 그들의 오류는 별개의 것이다. 깜깜한 어둠 속에서는 죄 많은 사람이 손에 든 촛불이라도 때로 도움이 될 수 있다고 나는 생각한다. 죄인이 미운 나머지 촛불까지 외면해버린다면 얼마나 안타까운 일인가.

나는 우리 정치와 정당 체제가 보수 편향으로 흐르는 것이 선거제도와 지역주의의 상호작용 때문이라고 생각한다. 6년 동안 정당 활동과 국회 활동을 하고 수많은 선거를 치러본 끝에 내가 얻은 경험적 소견이다. 연구자는 연구 대상을 있는 그대로 관찰해야 한다. 정치학자는 현장의 소리, 정치 현업에서 뛰는 사람들의 호소에 귀를 기울일 필요가 있다. 그런데 최장집 교수와 그 제자들은 누구나 동의하는 진단과 누구도 반대하지 않을 당위적 목표만을 말할 뿐 구체적 방법에 대해서는 말이 없다.

만약 우리가 독일식 선거제도를 채택한다면? 10년 안에 보수 편향의 정당 체제와 지역주의 정치 지형이 붕괴할 것이라고 나는 확신한다. 결선투표도 없이 최다 득표자 한 사람만이 당선되고 비례대표 비중이 매우 낮은 국회의원 선거제도는 신생 정당이 넘기 어려운 진입장벽이다. 민주노동당은 이른바 탄핵 역풍으로 진보적 유권자들의 한나라당에 대한 공포심이 일시적으로 약화된 가운데 치러졌던 17대 총선에서 무려 13%의 정당 지지표를 받았다. 그러나 의석은 3.3%인 10석에 불과했다.

민주노동당은 정당으로서 13%의 국민 지지를 받았지만 지역구에서는 두 석밖에 얻지 못했다. 영호남은 한나라당과 민주당이 배타적으로 독점하고 있으며, 정도는 덜하지만 충청도 역시 지역당 풍토가 만만치 않다. 인재와 자원이 모두 지역의 강세 정당으로 몰리는 악순환이 반복되면서 약세 정당은 기본 조직을 유지하기에도 벅찬 불균형이 갈수록 심각해지고 있다. 정치하는 사람에게 이것은 넘을 수 없는 벽으로 느껴진다. 그런데 최장집 교수는 앞서 거명한 책에서 이렇게 말한다.

한국의 지역주의는 권위주의 지배의 한 산물로서 반호남주의를 핵심으로 하는바 민주화의 진전과 더불어, 특히 김대중 정부의 집권과 더불어 괄목할 만큼 완화되었다. 지역주의는 그 자체가 독자적이고 지배적인 균열이 아니라 권위주의의 잔여 범주로서 정당 체제의 이념적 협애성과 사회적 기반의 약함, 시민사회의 강한 보수 헤게모니 등으로 인해 작위적으로 동원될 수 있었고 영향력을 가졌던 일종의 종속변수였다. 문제는 지역주의를 극복하지 못했기 때문이 아니라, 지역주의를 만들어내고 유지시키는 현재와 같은 정치적 대표 체제를, 보다 민주화하고 갈등의 이념적·계층적 기반을 넓히는 데 실패하고 있는 것이 문제이다.

지역갈등 극복을 정치 개혁의 최우선 의제로 삼고 선거제도를 바꾸게 된다면, 기존 거대 정당들은 규모의 이점을 나눠 갖게 되고, 보수 독점적 양당 체제는 강화되며, 오히려 약화되고 있는 지역갈등 구조를 다시 불러들일 수도 있다. 그럴 경우 사회의 이익계층들이 대표될 수 있는 보다 민주적인 제도 개혁의 가능성은 사전에 봉쇄될 것이다. 오늘의 시점에서 지역 문제가 정권의 운명을 걸고 추구해야 할 최우선의 과제가 되어야 한다고 말한다면, 그것은 뭔가 다른 의도를 가진 정치적 알리바이일 가능성이 크다.

최 교수의 주장을 요약하자면, 지역주의 정치 구도를 해소하는 다른 처방은 필요하지 않다. 진보적인 정책정당을 잘 발전시킴으로써 정당 체제의 이념적 지평과 사회적 기반을 넓히면 된다. 더 나아가서는 지역주의와 선거제도가 문제라고 주장하는 사람들을 정치적·도덕적으로 공격한다. 나는 이런 주장이 원인과 결과, 또는 제도적 환경과 그 환경의 산물을 혼동한 데서 나온 것으로 본다. 나는 2005년 내 홈페이지에서 다음과 같은 질문을 던진 적이 있다.

과연 김대중 정부 이후 지역주의는 약화되어왔는가? 2007년 대선에서 후보 구도에 따라서는 2002년 대선 이전과 같은 극단적인 지역주의적 투표 행태가 급속하게 복원될 가능성은 없는가? 정치의 현장에서 느끼는 지역 구도는 여전히 철벽처럼 강고하다.

진보 정당의 진출이 지체되고 약화된 것은 뚜렷한 지역주의적 정당 구도로 인해 사람과 자원과 아이디어와 표가 모두 두 거대 정당에 몰린 때문이다. 결선투표 없는 대통령 선거와 비례대표 비율이 낮은 국회의원 소선거구제도가 이런 현상을 유지시키는 엄청난 진입장벽으로 작용한다. 정당 체제의 이념적 협애성이 지역주의의 위력을 키운 것이 아니라 지역주의적 정당 구도와 거대 정당에 압도적으로 유리한 선거제도가 한국 정당 체제를 보수 일색의 협애한 공간에 묶어둔 원인이며 제도적 환경이라고 보는 것이 오히려 타당하지 않은가? 원인을 그대로 둔 채, 어떤 알 수 없는 신묘한 방법으로 결과를 개선함으로써 원인을 없애라고 하는 것은 도착된 논리가 아닌가?

이것은 내가 말하지 않아도 누군가 제기할 수밖에 없는 당연한 반론이다. 그런데 여태껏 아무런 대답도 듣지 못했다. 그러는 동안 극단적인 지역주의 투표 성향이 표출되는 가운데 한나라당이 압승을 거둔 대통령 선거와 국회의원 선거가 있었다. 보수 정당의 후보들이 압도적 승리를 거두었고 영호남과 충청권의 지역주의 정당 구조는 더욱 공고해졌다. 10석이던 진보 정당 의석도 반 토막이 났다. 그런데도 최장집 교수와 그 제자들은 지금도 허약한 정당 체제가 문제라는 말만 반복하고 있다. 내 반론과 질문이 답변할 가치가 없는 것인지는 모르겠지만, 나라면 치열하게 반박하든지 겸허하게 수용하든지 둘 가운데 하나를 했을 것 같다. 다시 묻고 싶다. '그 허약한 정당 체제에서 벗어나는 방법은 무엇입니까?'

무슨 좋은 방안을 뚝딱 내놓으라고 하는 게 아니다. 단지 지역주의와 현행 선거제도가 상호 상승작용을 하면서 보수 편향의 협애한 정당 체제를 더욱 강화하는 현실을 있는 그대로 봐주기를 바랄 뿐이다. 그리고 그 불합리한 현실을 타파하기 위해 애쓰는 사람들을 향해, 때로 그들이 미련한 방법으로 무모한 도전을 할지라도, 무슨 다른 정치적 의도를 가지고 꼼수를 쓰는 것처럼 도덕적으로 비난하지는 말기를 부탁하는 것이다. 그뿐이다.

2부 권력의 실재 _ 지역주의

지역주의

토끼는 작은 풀밭 하나면 일생을 행복하게 살 수 있다. 그러나 사자나 호랑이에게는 넓은 들판과 숲이 있어야 한다. 정치 생태계도 비슷하다. 어떤 정치인은 당선 가능성이 높은 지역구 하나를 확실하게 지킬 수 있다면 언제나 행복한 마음으로 정치를 한다. 여러 번 당선되어 국회 상임위원장도 하고, 운이 좋아 여당이 되면 장관도 해보는 것. 그 정도면 크게 만족한다. 그러려면 국회의원 자리를 지켜야 하기 때문에 무엇보다 지역구가 소중하다. 지역구 유권자를 만나는 행사가 당과 국회의 어떤 회의보다 더 중요하다. 지역구가 서식지인 정치인은 거기에 맞는 정도의 스케일로 생각하고 거기에 어울리는 범위에서 활동한다. 위험한 도전을 기피하며 모든 문제를 자신의 다음 선거 득표와 연관지어 판단한다. 표를 얻는 데 도움이 된다면 지역감정을 조장하는 언동마저 서슴지 않는다. 지역구 유권자들은 잘 알고 정답게 대하지만, 지역구 밖으로 나가면 알아보는 사람이 거의 없다.

    정당에는 이런 정치인이 필요하다. 이런 사람이 많아야 당이 어려움에 처했을 때도 선거에서 살아남는 의원이 많고, 그래야 위기에도 당세를 유지할 수 있다. 이런 정치인이 많은 정당이라야 큰 호랑이나 사자처럼 대한민국 전체를 서식지로 삼는 정치 지도자들이 마음 놓고 뛰어다닐 수 있다. 대한민국 전체를 자기의 서식지로 인식하는 정치인은 거기에 맞는 스케일로 생각하고 거기에 어울리는 방식으로 활동한다. 이런 정치인들은 위험한 도전을 즐긴다. 큰 목표를 이루는 데 도움이 되는 일이라면 작은 손해를 기꺼이 감수한다. 이익을 따지기에 앞서 대의명분을 생각하며, 다음 선거만이 아니라 10년 후를 고민한다. 오늘에만 살지 않고 역사를 공부한다. 정당에는 이런 정치인이 꼭 있어야 한다. 그렇지 않으면 그 정당은 조만간 비전 없는 오합지졸로 전락하고 만다.

내가 관찰한 바로는 토끼가 자라서 사자가 되는 일은 없다. 작은 토끼는 아무리 자라도 큰 토끼가 될 뿐, 사자나 호랑이가 되지는 않는다. 사자는 처음에 작을지 몰라도 모양과 본성이 처음부터 사자다. 중간에 죽기도 하고 사라지기도 하지만 시련을 이기고 자라면 큰 사자가 된다. 토끼과인지 사자과인지는 그냥 보면 알 수 있다. 토끼는 처음부터 토끼, 사자는 처음부터 사자다. 자기가 사자라고 착각하는 토끼는 있지만, 자기가 사자인지 모르는 사자는 없다.

지역주의 정치는 토끼가 너무 많거나 사자가 적기 때문에 생기고 유지된다. 지역주의는 국민국가의 발전을 좀먹고 그 지역의 발전을 가로막는다. 국회의원 299명 가운데 290명이 대통령과 같은 당 소속이라면 헌법이 규정한 복수정당제는 아무 의미가 없을 것이다. 행정부와 국회 사이의 견제와 균형도 있을 수 없다. 그런데 경상도와 전라도 시군구의회 의원은 거의 모두 시장, 군수, 구청장과 같은 당 소속이다. 서울시의회와 경기도의회 역시 마찬가지다. 서울과 경기도는 다음 선거에서 여론 흐름이 바뀌면 한나라당 독점이 무너질 가능성이 있다. 그러나 정치 지형의 특별한 변화가 일어나지 않는 한 영호남은 다음에도 마찬가지일 것이다.

지역주의 투표 행위는 20년 넘는 세월을 거치는 동안 그 지역의 문화로 뿌리를 내렸다. 영남에서 한나라당 후보와 맞서본 사람, 호남에서 민주당 후보와 싸워본 사람이라면 누구나 이 사실을 알고 있다. 지역선관위에 예비후보 등록을 한 다음 명함을 들고 시장통에 가면 제일 먼저 그리고 가장 자주 받는 질문이 공천은 받았느냐는 것이다. 어느 정당의 공천을 받았느냐가 아니다. 그냥 공천을 받았느냐고만 묻는다. 무소속이라 공천이 필요 없다고 하면 곧장 이런 반응이 돌아온다. "공천부터 받고 와." 이때 공천이란 영남에서는 한나라당, 호남에서는 민주당 공천을 의미한다. 다른 정당 소속이라고 하면 이런 반응이 온다. "열심히 해보세요." 괜히 헛돈 써가며 용쓰지 말라는 뜻이다.

영호남에서 한나라당과 민주당은 각각 '우리 당' 또는 '우리 동네 당'이다. 유권자의 30% 정도가 무조건 그 정당을 찍는다고 할 경우 나머지 70%에게서 50대 20 이상의 그야말로 압도적인 표를 받아야만 다른 정당의 후보가 당선될 수 있다. 아주 예외적인 경우가 아니고는 실현되기 어려운 일이다. 나는 현행 국회의원 소선거구제도가 유지되는 한 예측할 수 있는 가까운 미래에 지역주의 정치 지형을 바꿀 만큼 큰 정치적 변화가 일어날 가능성은 별로 없다고 본다. 우리 정치는 당분간 지금 보는 것과 거의 비슷한 상태에 머무르게 될 것이다.

민주당

지금껏 살면서 입당원서와 탈당계를 각각 세 번씩 써보았다. 첫번째는 1988년 김대중 총재가 이끌던 평민당이었다. 이해찬 전 국무총리가 초선 의원이던 시절 국회 정책보좌관이자 지구당 교육부장으로서 그를 돕기 위해 입당했다. 그리고 1991년 첫 지방의회 선거에서 평민당 서울시의원 후보 공천을 받았지만, 인접 지역구에서 벌어진 돈 공천 추문에 항의하면서 탈당했다. 그리고 정치가 내 길이 아니라고 생각해 독일 유학을 떠났다.

두번째는 2002년 11월 창당한 개혁국민정당이었다. 나는 작지만 지구당이 130개나 되었던 이 '온라인 정당'의 대표로 뽑혔으며, 개혁당 공천을 받고 보궐선거에 출마해 국회의원이 되었다. 2003년 열린우리당을 창당하기 위해 전 당원 온라인 투표로 당 해산을 의결했지만 중앙선관위가 온라인 투표는 정당법에 따른 정당 해산 요건을 충족시키지 못한다고 하는 통에 어쩔 수 없이 탈당 절차를 밟았다.

세번째 입당원서는 2003년 11월 창당한 열린우리당에 냈다. 나는 이 정당의 첫 경기도당위원장으로 선출되었고 재선 국회의원이 되었으며 당 최고위원으로 뽑히기도 했다. 열린우리당이 손학규 씨가 합류해서 만든 대통합민주신당이라는 이름을 가지고 있던 정당에 흡수 합병되었기 때문에 그 당에는 입당원서를 쓸 필요가 없었다. 세번째 탈당계는 제17대 대통령 선거 참패 이후 대통합민주신당에 제출했다. 그후 대통합민주신당은 의석이 열 개도 되지 않던 '잔류 민주당'과 합쳐 '통합민주당'이 되었다가 결국은 그냥 '민주당'이 되어 있다.

이명박 정부에 대한 국민 지지도가 바닥으로 가라앉고 집권 한나라당 지지도 역시 대선 당시와 비교해 거의 반 토막이 났다. 그런데 민주당 지지도 역시 정체하거나 동반 하락을 보이는 기현상이 나타났다. 민주노동당과 진보신당도 비슷한 어려움을 겪었다. 그들은 지난 정권 내내 집권 대통령을 신자유주의자로 몰아가고 열린우리당을 '짝퉁 진보'라고 공격했지만 열린우리당이 소멸하고 민주당의 당세가 바닥으로 추락하는데도 불구하고 지지율이 오히려 하락했다. 대선 때 잠시 반짝했던 문국현 씨의 창조한국당과 이회창 씨의 자유선진당 지지도는 숫자로 표시하기가 어려울 지경이 되었다. 지지하는 정당이 없다고 하는 유권자가 절반을 훌쩍 넘겼다. 그런데 이런 민심을 새로운 정당의 출현에 대한 요구로만 해석하기도 어렵다. 일부 그런 소망도 담겨 있지만 전체적으로는 전기톱과 해머까지 등장한 국회, 나아가서는 정당정치 그 자체에 대한 혐오와 무관심이 밑바닥에 흐르고 있다고 봐야 할 것이다. 이런 풍토에서는 진보, 보수를 불문하고 어느 정당도 건전하게 발전하기 어렵다.

정부와 여당의 인기 하락은 야당의 지지율 상승으로 연결되는 게 정상이다. 그런데 그런 역할을 할 수 있는 야당이 없다. 제1야당인 민주당은 일종의 불임 정당이다. 과거의 업적이 크고 현재의 역할이 중요하지만 미래의 희망을 찾기 어려운 정당이라는 뜻이다. 지난 정부의 집권당이던 열린우리당은 자유주의 연합정당이었다. 상이한 사회적 기반과 서로 다른 정책 노선을 가진 자유주의 정치세력이 서로 경쟁하고 협력하면서 동거하는 정당이었다. 처음부터 보수적 다수파가 당내 권력을 장악했지만 어느 정도는 소수파를 배려했고, 진보적 소수파도 언젠가는 다수파가 될 수 있다는 희망을 가지고 있었다.

그러나 2007년 대선을 앞두고 열린우리당 다수파가 그 연합정당을 매우 비민주적인 방법으로 소멸시키고 '잔류 민주당'과 합치는 과정에서 민주당은 자유주의 연합정당의 성격을 상실했다. 오늘의 민주당은 사실상 호남 지역기반 위에서 보수 자유주의 세력이 배타적으로 지배하는 보수 야당이 되고 말았다. 안타까운 일이지만 민주당이 다시 자유주의 연합정당으로 발전할 가능성은 거의 없다고 나는 생각한다.

후불제 민주주의

사회자유주의

참여정부는 어떤 정권이었는가? 누구는 친북좌파 정권이라 하고 누구는 신자유주의 정권이라고 주장한다. 그런 면에서 참여정부는 확실히 한나라당과 민주노동당 사이, 보수와 진보 사이 어디엔가 서 있던 정권임에 확실하다. 노무현 대통령의 정책 노선만 보면 참여정부를 '사회자유주의 정권'이라고 하는 게 합당하다고 나는 생각한다. 민주당과 진보 정당들은 참여정부를 만들어냈던 사회정치적·문화적 요인과 그 정부의 정치적 몰락을 야기한 요인을 잘못 판단하고 있다.

어떤 정부의 이념이나 정책 노선을 규정하려면 집권 세력의 주관적 지향과 아울러 그 정부가 처해 있던 현실적 조건과 상황을 함께 보아야 한다. 당대의 사회적·정치적·경제적 상황과 조건에 따라서는 진보적 지향을 지닌 정부가 보수의 과제를 해결해야 할 때가 있으며, 진보적 지향을 실현하는 정책을 추진하는 경우에도 그 목표와 정책 수단을 제약당한다. 실제로 나타난 모든 정책은 집권 세력의 이념적 지향과 현실 제약 조건의 상호작용을 통해 만들어진다. 집권 세력의 주관적 지향이나 결과적으로 시행된 정책 중 어느 하나만을 근거로 삼아 어떤 정부의 이념 성향을 판단하는 것은 동전의 한 면만을 보고 판단하는 것처럼 불합리하다.

참여정부는 국민의 정부보다 훨씬 더 뚜렷한 자유주의적 기조를 지니고 있었다. 시민의 자유와 권리를 최대한 보장하고 정경유착과 권언유착 등 권력 카르텔을 해체함으로써 헌법 규정에 부합하는 권력의 민주화와 분권화를 추진했다. 해묵은 권위주의 문화를 청산하는 동시에 기업에 대한 정치권력의 부당한 간섭과 자의적 개입을 극소화했다. 시장경제라는 국민경제의 기본 질서를 확고하게 승인했고 한-칠레 FTA를 비준했으며 한미FTA를 체결하는 등 자유무역 확대에도 적극적인 정책을 추진했다.

참여정부는 동시에 사회적 형평과 사회 통합, 그리고 기회 균등을 이루기 위한 국가의 개입을 확대 강화했다. 과거사 진상 규명과 과거의 국가 범죄에 대한 정부의 사과, 신행정수도 건설과 지역균형발전정책 추진, 노사정위원회와 저출산 고령사회 연석회의, 투명사회실천협의회 등 사회적 대타협을 위한 기구 신설과 강화 노력, 국가사회지출의 대폭 확대, 노인장기요양보험과 기초노령연금 도입, 아동과 장애인 지원 확대, 교원 확충, 종부세 등 보유세 강화와 강력한 부동산 거래와 신용 규제 등이 대표적인 사례라 하겠다. 이런 정책에서는 참여정부의 진보적 성향이 뚜렷이 나타났다.

진보는 보수와 달리 비군사적 수단에 의한 국제분쟁 해결을 선호한다. 참여정부는 전시작전권을 환수함으로써 한반도 정세에 대한 대한민국의 주도권을 되찾으려 했다. 한국의 동의가 없는 미국의 대북 군사조처에 단호하게 반대했으며 북한 미사일 발사와 핵실험 파문에도 불구하고 국민의 정부가 추진했던 남북 평화 번영을 계승·발전시켰다. 자이툰 부대 이라크 파병은 한반도 평화 정책을 추진하는 데 한미관계가 악화됨으로써 장애가 조성되는 사태를 피하려고 한 '내키지 않는 선택'이었을 뿐이다.

사회자유주의는 우리 헌법이 규정한 정치와 경제의 다원주의적·자유주의적 기본 질서를 전적으로 승인하는 가운데 사회적 형평과 통합, 기회 균등과 경쟁의 공정성, 사회적 안전과 평화, 환경 보호 등의 가치를 실현하기 위해 적극적인 국가의 개입과 사회적 타협을 추구하는 사상적·이론적·정치적 흐름을 가리킨다. 이것은 전통적인 보수와 진보를 인정하면서 그 장점을 취하는 중도통합 또는 중도진보적 이념 성향이라고 할 수 있다.

참여정부가 사회자유주의를 공개적으로 표방하지는 않았다. 때로 정책 기조가 흔들렸고 자신의 정책 조합에 대한 국민 지지를 획득하지도 못했다. 그러나 참여정부가 왼쪽 깜빡이를 켜고 우회전을 했다는 진보 세력의 비판은 정확한 것이 아니다. 그것은 정치적 동기를 가진 의도적 왜곡인 동시에 소위 진보 세력의 경직된 이념과 사고방식을 드러내는 징표일 뿐이다. 참여정부가 '좌익 포퓰리즘'에 사로잡혀 성장을 도외시하고 분배에만 치중하는 바람에 국가경제를 망쳤다는 소위 보수 세력의 비판은 그보다 훨씬 더 심각한 정치적 비방이자 모략인 동시에, 그들의 천박한 이념과 세계관을 보여주는 증거라고 할 수 있다.

참여정부는 경제 양극화, 보수 편향의 담론시장, 그리고 미국 중심의 세계 질서 재편이라는 제약 조건 아래서 국정을 운영했다. 대기업/중소기업, 수출/내수, IT/비IT의 격차 확대에서 나타나듯 외환위기 이후 10년간 국민경제의 유기적 통합성은 크게 약화되었다. 특히 수출 대기업의 '글로벌 아웃소싱' global outsourcing 으로 인해 협력업체로 수출 증가의 혜택이 전달되는 소위 '물흐름 효과' trickle down effect 가 약화되면서 '고용 증가 없는 성장'과 '정규직-비정규직 차별의 고착화' 현상이 나타났다. 일자리가 신규 진입 노동력을 흡수할 만큼 빠르게 늘어나지 못하고, 제조업 일자리 감소로 요식업 등 자영 서비스업의 구조적인 공급 과잉 현상이 심화되면서, 국민들은 단기간에 효과가 나타나는 성장 정책을 요구하게 되었다. 참여정부는 단기적 경기부양책을 쓰지 않고 실제 고용 창출까지 시간이 많이 걸리는 사회적 해법을 강구했지만, 국민들은 이런 정책에 만족하지 않았다.

부시 행정부의 독선적·일방주의적 군사외교 정책이 국제사회를 압도하면서 참여정부는 사회자유주의에 걸맞은 한반도 평화주의 정책을 채택하기 어려웠다. 다시 말하지만 이라크 파병은 한반도 정세 악화를 막기 위해 불가피하게 받아들인 '내키지 않는 선택'이었을 뿐이다. 미국의 테러 지원국 해제 거부, 북한의 금융자산 동결, 북한인권법 제정, 대량살상무기 확산 방지를 명분으로 한 공해상의 북한 선박 검문, 경수로 건설 중단 등 군사적·경제적 고립과 압박에 맞서 북한이

후불제 민주주의

장거리 미사일 발사 실험과 핵실험을 감행하는 등 역시 군사적 수단으로 반발함으로써 몇 차례나 위기가 야기되었다. 그 결과 '6·15남북공동선언'을 이행하는 개성공단 건설 등 성과가 있었고 제2차 남북정상회담을 열어 '10·4선언'을 도출했지만 남북관계와 한반도 평화가 비약적 발전을 이루지는 못했다.

거대 보수 신문들은 한나라당과 재벌, 보수 지식인 집단과 손잡고 참여정부의 진보적 측면 또는 사회자유주의의 '사회'적 측면에 이데올로기적 공격을 집중함으로써 정부를 국민에게서 이념적으로 고립시키는 데 성공했다. '세금 폭탄론', '좌익 포퓰리즘론', '대북 퍼주기론', '잃어버린 10년론'이 그 대표적 사례라 하겠다. 반면 상대적으로 약세인 진보 언론은 참여정부의 '자유주의'적 측면에 비판의 화살을 집중했다. 참여정부를 가운데 두고 보수, 진보 양쪽이 동시에 전개한 '담론 전쟁'의 결과를 보면, 진보 세력은 사실상 빈손이었고 값진 전리품은 거의 모두 한나라당과 보수 진영이 챙겨 갔다.

국민들은 참여정부 시절 잘했던 것은 그대로 하고, 참여정부가 잘하지 못했던 경제성장과 일자리 만들기는 더 잘하는 정부를 원했다. 그래서 이명박 후보를 선택하고 총선에서 한나라당과 그 아류 정당들을 밀어준 것이다. 그런데 이명박 정부와 한나라당은 경제를 살리기는 고사하고 위기관리조차 제대로 하지 못해 국가경제를 나락으로 밀어넣었다. 그러면서 국가균형발전이나 사회 서비스 확대, 남북 평화 협력 등 지난 정부가 잘해왔던 것을 모두 뒤집어엎고 파탄내버렸다. 다

수 국민이 반대하는 부자 감세를 밀어붙였다. 이명박 대통령과 한나라당의 지지율 하락은 당연한 결과였다.

그런데도 민주노동당과 진보신당은 여전히 양비론을 구사한다. 노무현 정부 때도 신자유주의 반대투쟁을 하더니 이명박 정부에 와서도 여전히 신자유주의 반대투쟁에 몰입하는 것이다. 노무현과 이명박은 똑같은 보수 정치인이고 똑같은 신자유주의자라고 주장한다. 국민들은 그 두 정부가 엄청난 차이가 난다는 사실을 날마다 체험하고 있는데도 말이다.

한편 민주당 주요 정치인들은 참여정부가 국정을 파탄냈다는 한나라당과 진보 정당의 공격에 주눅이 들었는지 벌써 몇 년째 반성과 사과를 하고 있다. 그러면서 무얼 어떻게 하자는 것인지는 보여주는 게 없다. 그런 정당에 확실한 지지를 보낼 국민이 얼마나 있겠는가. 소위 'MB악법 저지투쟁'으로 존재감을 회복하는 데는 성공했지만, 국회의원과 당원들이 스스로 강한 확신과 자부심을 가진 정당으로 서지 못하는 한 그러한 존재감이 오래 지속되기는 어려울 것이다.

후불제 민주주의

연합정치

노무현 대통령과 참여정부는 시대적 과제에 잘 대응했지만 정치적으로는 성공하지 못했다. 경제의 구조적 양극화와 보수 편향의 담론시장, 미국의 패권주의적 외교 정책이라는 제약 조건을 극복하고 국민의 지지를 받는 사회자유주의적 정책 패키지를 만들어가기에는 역량이 부족했다. 집권 세력의 역량 부족은 대통령의 리더십과 집권당의 무기력, 그리고 집권 세력의 정치 기반 붕괴 등에서 뚜렷하게 드러났다. 나도 그 책임을 져야 할 사람 가운데 하나다. 그래서 국민들은 그 책임을 물어 나를 국회의원직에서 해고했다. 나는 마땅한 징계를 받았다고 생각한다. 그런데 징계는 받았어도 소명은 하는 게 좋겠다. 민간 기업에서도 사람을 해고할 때 최소한 소명할 기회를 주지 않는가. 좀 뒤늦은 감은 있지만 그래도 이 기회를 빌려 소명해보려고 한다.

노무현 대통령은 자유주의자답게 권력의 힘이 아니라 말과 논리로 국정을 운영하려 했다. 노 대통령은 '재래식 살상무기'를 버리고 스스로 무장을 해제한 가운데 전쟁에 나섰다. 검찰, 국정원, 감사원, 국세청을 모두 청와대에서 독립시켰고, 야당과 보수 세력의 거센 정치공

세에 시달리면서도 '재래식 무기'를 사용하지 않았다. 힘을 사용하는 대신 말을 사용하는 전투에서 대통령이 야당과 보수 언론을 이길 수는 없는 일이었다. 말에 의존하는 대통령의 리더십 스타일은 정치적 적대세력의 집중적 타격 목표가 되었고, 그러면서 국민과 정부의 커뮤니케이션이 이루어질 수 있는 정서적 토대가 파괴되었다. 국민과 직접 대화할 통로가 부족한 가운데 대통령의 모든 말이 거두절미 왜곡되어 보수 세력의 '정권 살상용 실탄'으로 재활용되었다. 마치 변변한 방어용 무기 없이 전쟁에 나선 지휘관처럼 대통령은 보수 신문과의 '전쟁'에서 참패했고, 참여정부는 이로 인한 정서적 고립에서 벗어나는 길을 찾지 못한 가운데 끝이 났다.

역량 부족은 사회자유주의 정책 패키지를 마련하여 국민을 설득하고 입법을 해나갈 수 있는 정치세력이 존재하지 않는 데서도 드러났다. 열린우리당은 한때 국회 과반수 의석을 가졌지만 사회자유주의 노선을 이해하고 자기 것으로 견지하려는 세력은 여당 내의 매우 미약한 소수 정파에 지나지 않았다. 열린우리당은 미국 민주당처럼 보수적 자유주의와 사회자유주의 세력이 제휴한 연합정당이었다. 그런데 대통령의 국정 수행 지지도가 하락하자 연합정당으로서 열린우리당이 존재할 수 있는 기반이 되었던 제도적·절차적·정치적 원칙이 당내에서부터 모두 무너졌다. 그러자 대통령은 몇몇 국정과제위원회와 청와대 참모, 일부 장관, 그리고 관료들의 도움으로 사회자유주의적 정책 조합을 만들고 추진했다.

노무현 대통령은 열린우리당 부설 정책연구원이 장기 정책 비전을 만들 역량이 없다는 사실을 고려해 직접 '국가비전 2030'이라는, 경제 정책에서 국방 정책까지 국정의 모든 분야를 망라하고 있어서 한 정당의 기본 정책으로 써도 손색이 없을 만한 정책 조합을 만들었다. 그런데 여당 국회의원이나 정책연구원 실무자들이 작업에 참가하지 않았다. 여당 지도부는 '국가비전 2030'을 '세금 폭탄'으로 규정한 보수 언론의 보도가 난무하는 상황을 보고 너무나 위축된 나머지 이것을 공식 발표하는 보고회에 참석하기를 거부해버렸다. 결국 정권이 교체되면서 '국가비전 2030'은 정치 무대에서 완전히 자취를 감추었다. 그것은 이제 국가기록원이 운영하는 '제16대 대통령 웹 기록 서비스' 자료실에서 조용히 잠자고 있다. 확고한 정치세력이 없이는 어떤 정부의 정책 지향도 제대로 실현하기 어렵다는 사실을 생생하게 입증하는 사례라 하겠다.

참여정부는 정치적 기반을 확대하지 못한 데서도 역량 부족을 드러냈다. 참여정부는 국민의 정부를 탄생시켰던 호남 유권자와 진보 세력의 연합을 기반으로 삼고 그 위에 노무현 대통령의 개인적 매력을 덧붙임으로써 탄생한 정부였다. 개인적으로 볼 때 뚜렷한 사회자유주의 성향을 지녔던 노무현 대통령 자신의 정치적 지지기반은 매우 약했다. 그런데 대통령의 자유주의적 통치 기조가 이 연합을 크게 약화시켰다. 대북송금 특검법을 수용한 대통령의 조처는 호남 지역기반을 크게 흔들어놓았다. 반면 보수 진영의 이데올로기 공세를 극복하지 못했기 때문에 한나라당의 영남 기반을 무너뜨리는 데는 실패했다. 다른 한편 신행정수도 건설과 강력한 지역균형발전 정책, 그와 연계된 수도권 규제는 서울·경기 지역 유권자들이 등을 돌리게 만들었다.

역량이 부족한 중도 정권은, 그것이 중도진보든 중도보수든, 좌우 양쪽에서 오는 이념적 공격에 취약하다. 역량이 크면 통합에 성공해 좌우 극단주의를 소수파로 만들 수 있지만 역량이 부족하면 협공에 밀려 소수파로 전락할 위험이 있다. 참여정부는 후자의 사례가 되었다.

확고한 정치세력을 얻지 못하는 이념은 존재하지 않는 것이나 마찬가지다. 전통적인 양당제 국가, 그것도 영호남이 각각 보수, 진보와 친화성을 지니고 지역적으로 분할되어 있는 상황에서, 사회자유주의라는 중도진보적 정책 노선이 독자적인 정치세력을 획득하기는 매우 어려운 일이다. 자유주의자, 사회자유주의자, 사회주의자가 한 지붕 아래 공존 경쟁하는 미국 민주당에서 사회자유주의 성향의 오바마가 대통령 후보가 되고 대통령이 된 데서 보듯, 우리나라에서도 다양한 진보 자유주의 세력이 하나의 정당 안에 공존 경쟁하면서 보수 한나라당에 맞서는 것이 바람직하다. 만약 독일식 선거제도가 실시된다면 당연히 독자적인 정당으로 활동하면서 서로 연합할 수 있을 것이다.

그러나 당장의 우리 현실에서는 두 길이 다 막혀 있는 것으로 보인다. 첫번째 길은 보수 자유주의 다수파가 열린우리당이라는 연합정당을 파괴함으로써 봉쇄되었다. 사회자유주의자들이 오늘의 소수파가 내일의 다수파가 될 수 있는 규칙을 허용하지 않는 정당에 다시는 발을 들여놓지 않을 것이다. 지금의 민주당은 사회자유주의 성향의 유권자들에게서 지지를 받기 어렵다. 따라서 여러 정당이 반보수대연합을 형성할 수는 있을지 모르지만 새로운 자유주의-진보 연합정당이 예측 가능한 미래에 출현할 가능성은 거의 없다. 두번째 길은 한나라당과 민주당이 함께 봉쇄하고 있다. 각각 배타적 지역기반을 보유한 이 정당들은 현행 선거제도가 만들어낸 기득권 집단이다. 다당제와 '연합정치'를 가능하게 만드는 선거법 개정이 이루어질 가능성은 연합정당이 만들어질 가능성보다 더 낮다.

두 갈래 큰길이 다 봉쇄된 상황에서 좁은 틈새를 비집고 들어가 독자적인 사회자유주의 정당을 만드는 방법이 남아 있다. 이것은 민주노동당이나 진보신당과 비슷한 길을 가는 방법이다. 사회자유주의 정책 노선은 대중적 수용성 면에서 민주노동당이나 진보신당보다는 나을 것으로 보이기는 하지만, 그래도 무척 긴 시간이 걸릴 것이다. 특히 문제가 되는 것은 새로운 정당 건설의 기치를 든 인물과 세력이 보이지 않는다는 사실이다. 기존 정당의 신뢰성이 땅에 떨어진 만큼 유권자들의 기대심리를 불러일으킬 만한 인물이 어느 정도 세력을 모아내는 데만 성공한다면 짧은 시간에 상황이 급변할 수도 있을 것이다. 이런 정치세력이 출현한다면 그 다음 단계에서 '연합정치'를 시도할 수 있다.

그러나 '연합정치'도 금방 이루어지기는 어렵다. 민주당, 진보신당, 민주노동당, 그리고 아직은 존재하지 않는 사회자유주의 정당이 각개약진 하는 가운데 자유주의-진보 세력의 선거 패배가 더 이상 견딜 수 없을 만큼 되풀이되고 나서야 비로소 다양한 자유주의 정치세력과 진보 세력의 '연합정치'가 불가피한 또는 바람직한 선택으로 받아들여질 것이기 때문이다.

후불제 민주주의

장하준

공부를 하다 보면 부러운 친구들이 있다. 같은 시간 공부를 하는데도 더 깊이 이치를 깨닫고 능수능란하게 배운 것을 적용하는 친구들을 보면 선망하는 마음이 저절로 생긴다. 나는 제대로 공부한 경제학도가 아니지만 누가 제대로 된 경제학자인지 대충 알아볼 수는 있다. 요사이 활발하게 활동하는 경제학자 가운데 그런 느낌을 주는 분들이 여럿 있다. 참여연대에서 맹활약하는 한성대 김상조 교수나 재벌 연구에 천착하는 방송대 김기원 교수, 홈페이지를 통해 중요한 정책 현안에 대한 독창적 분석을 시도하는 서울대 이준구 교수 같은 학자들이다. 내가 경제학의 기본을 배웠던 정운찬 전 서울대 총장과 경제학과 동기생들 가운데 제일 공부를 잘했던 것으로 기억하는 홍익대 전성인 교수도 내 마음에 공부를 더 하고 싶은 욕망을 일으키는 학자이다. 나는 이런 분들이 혹시 내가 쓴 경제학 관련 책을 읽으면 어쩌나 겁이 난다. 검증된 명의名醫와의 만남을 염려하는 돌팔이 무면허 의사의 심정을 나는 무척 실감나게 이해한다.

최근 눈길을 끄는 학자는 장하준 교수다. 그는 경제학자일 뿐만 아니라 역사학자 또는 경제정책사 연구자라고 해도 손색이 없겠다. 『쾌도난마 한국경제』를 시작으로 『사다리 걷어차기』와 『나쁜 사마리아인들』, 『다시 발전을 요구한다』에 이르기까지, 그는 미국 중심의 신자유주의 세계화를 풍부한 역사적 사실과 다양한 경제 이론을 동원해 매우 효과적으로 비판한다.

장하준 교수는 서울대학교를 나와 영국 케임브리지대학에서 경제학 박사학위를 취득했고 그 대학 교수가 되었다. 영어권 국가에서 학위를 한 경제학자가 발에 차일 만큼 많은 대한민국에서 그리 특별할 것도 없는 경력이다. 그런데 그는 특별하다. 영어로 책을 내고, 그 다음에 한국어판을 출간한다. 미국이나 영국에서 학위를 딴 경제학자들 중에도 영어로 책을 써서 출판하는 사람이 한국에는 흔치 않다. 장 교수가 우리말을 잘 쓰는 것을 보면 영어 문장도 훌륭할 것이라 짐작할 수 있다. 그가 뮈르달 상 Myrdal Prize과 레온티예프 상 Leontief Prize 등을 받은 데는 신자유주의 이데올로기를 효과적으로 비판하는 학문적 역량뿐만 아니라 뛰어난 글솜씨도 크게 작용했을 것으로 본다.

그보다 더 인상적인 사실이 있다. 어느 네티즌이 블로그에 올려둔 글에서 본 것인데, 장 교수가 중학교 2학년 시절에 칼 세이건의 『코스모스』 영문판을 열한 번, 한국어판을 열두 번 읽었다는 것이다. 언제 장 교수를 만나면 사실인지 꼭 물어봐야겠다. 이 책은 내가 읽어본 책 가운데 가장 아름다운 문학 향기가 나는 과학책이며 가장 아름다운 과학 향기가 나는 문학책이었다. 그래서 대학에 입학하는 딸한테 이 책을 영문으로 여러 차례 읽어보라고 강력하게 권한 터였다. 세이건의 책을 열 번 넘게 읽었다면, 그 나이에 이미 외국 대학에서 박사학위를 따는 데 필요한 영어 실력을 갖추고도 남음이 있었을 것이다.

내가 보기에 장하준 교수는 21세기에 환생한 프리드리히 리스트 Georg Friedrich List라고 할 수 있다. 19세기 독일 경제학자였던 리스트는 『정치경제학의 국민적 체계』 Das Nationale System der Politischen Ökonomie에서 경제학에도 국적이 있다고 주장했다. 자기가 영국인이었으면 애덤 스미스 Adam Smith와 데이비드 리카도 David Ricardo의 이론을 의심하는 일이 없었을 것이라고 했다. 리스트는 독일 내에서는 스미스와 리카도의 이론을 그대로 승인했다. 당시 30개가 넘는 나라로 분열되어 있었던 독일의 내국관세를 철폐하여 하나의 자유로운 국내시장으로 통합하고 경제활동에 대한 국가의 자의적인 간섭을 철폐하자고 주장했다.

리스트에게 세계시장은 거인과 난쟁이가 싸우는 무대였다. 공업을 장악하는 나라가 세계를 장악한다고 본 리스트는 강력한 국가 주도형 산업 정책과 보호관세 도입을 주장했다. 조국 독일의 분열된 나라들이 하나의 관세동맹을 맺고, 영국과 비교할 때 아직 어린아이와 같은 독일 제조업을 일정 기간 보호해 성장시킨 다음, 충분한 경쟁력을 확보하고 나서 자유무역으로 이행하자는 것이었다. 리스트는 그런 목적으로 도입하는 관세에 '보육관세' Erziehungszoll라는 멋진 이름을 붙였다.

정치적인 면에서 리스트는 프랑스대혁명의 영향을 받은 혁명적 자유주의자라고 할 수 있다. 그 때문에 갖가지 정치적 탄압을 받았고 결국 미국으로 망명했다. 리스트는 '유럽에서 온 저명한 경제학자'로 엄청난 환영을 받았다. 철도 회사를 세워 큰 성공을 거두었고, 나중에는 독일 주재 미국 총영사 자격으로 조국에 돌아왔다. 장하준 교수의 말마따나 미국은 19세기 세계에서 가장 높은 관세장벽을 보유했던 나라였고, 리스트의 보육관세론은 미국에 꼭 필요한 이론이었던 것이다.

미국과 독일 등 후발 산업국가들은 모두 이런 '사다리'를 타고 경제발전에 성공했다. 일본과 한국도 마찬가지였다. 리카도의 자유무역론은 그것이 이론적으로 참이든 오류이든, 그 시점에서는 후발 산업국가들이 영국을 따라오지 못하도록 하는 '사다리 걷어차기'였음에 분명하다. 20세기 종반 이후 세계를 휩쓸고 있는 미국형 신자유주의 경제정책과 이론은 미국과 선진 산업국을 위한 '사다리 걷어차기'다. 독일과 미국, 일본과 한국이 그랬던 것처럼, 국가 주도형 산업 정책과 보호 관세를 통해 산업 발전을 이루려는 나라들을 좌절시키려고 사다리를 걷어차는 것이다. 장하준 교수는 여러 책과 논문에서 명백한 역사적 사실과 설득력 있는 경제 이론을 들어 미국식 신자유주의 경제정책과 국제무역 질서를 효과적으로 비판했다.

그러나 장하준 교수가 19세기의 리스트의 모습 그대로 환생했다고 할 수는 없다. 둘 사이에는 제국주의 시대와 두 차례의 세계대전, 소련·동유럽의 사회주의 혁명의 승리와 붕괴, 리스트는 상상할 수조차 없었던 통신 기술 혁명과 지식정보화 혁명이 놓여 있다. 지구는 좁아졌고 문명은 발전했다. 리스트는 조국 독일이 많은 식민지를 거느린

제국주의 강대국이 되기를 소망했다. 그런 점에서 리스트는 경제학자라기보다는 혁명가 또는 정치인에 가까웠다. 그는 보편적인 과학적 진리가 아니라 조국 독일의 번영이라는 민족주의적 목표를 추구했다. 그러나 장하준은 코즈모폴리턴이다. 그는 역사적 진실을 중시하며 보편타당한 이론을 추구한다.

장하준 교수는 뛰어난 학자임에 분명하다. 그런데 나는 장하준 교수의 책에 열광하는 독자들과 일부 지식인들을 보면서 적지 않은 당혹감을 느낀다. 장하준의 견해에 대한 오독誤讀 경향 때문이다. 경제학자 장하준은 역사적 사실에 입각해서 보편타당한 이론을 추구한다. 그게 경제학자 장하준의 일이다. 그는 세계를 산업국과 개발도상국으로 분할한 다음, 미국식 신자유주의 경제정책과 그것을 정당화하는 이론이 개발도상국의 경제발전을 봉쇄하는 '사다리 걷어차기'임을 치밀하고 집요하게 논증한다. 개발도상국들에게 미국 행정부와 IMF 등 미국이 주도하는 국제기구의 정책 권고를 거부하고 과거 일본과 독일, 한국 등 후발 산업국들이 채택했던 국가의 적극적 산업 정책과 금융 정책, 무역 정책을 활용하라고 충고한다. 그래서 그의 책들은 여러 언어로 번역되어 개발도상국 지식인과 경제 전문가들에게 읽히고 있다. 실로 훌륭한 학자라고 하지 않을 수 없다.

하지만 거기까지다. 장 교수의 학문적 주장을 대한민국 정부의 경제정책을 만들거나 평가하는 데 활용할 여지는 별로 많지 않다. 대한민국 정부는 역사의 진실이나 보편적 진리가 아니라 국가 이익을 추구한다. 대한민국 대통령은 치열한 국민국가 수준의 생존경쟁이 펼쳐지는 지구촌에서 국민을 이끌고 국가의 이익을 도모해야 한다. 때로는 자기의 개인적 도덕관념과 철학에 어긋나는 선택도 마다할 수 없다.

장하준 교수에게 이런 질문을 하면 어떤 대답이 올지 궁금하다. 대한민국은 미국식 신자유주의가 걷어차려고 하는 사다리의 어디쯤에 올라와 있는가? 누군가 이 사다리를 걷어차는 데 성공했다고 할 때, 대한민국은 개발도상국 일반이 그런 것처럼 담벼락 아래로 굴러 떨어질 것인가, 아니면 팔다리에 상처야 좀 나겠지만 담벼락 위를 붙잡고 기어 올라갈 수 있는 위치에 있는가? 만약 올라갈 수 있는 위치에 있다면 누군가 사다리를 걷어차는 게 우리에게 마냥 나쁘기만 한 일일까?

이 질문을 더 노골적이고 정치적인 표현으로 바꾸어보자. 미국식 신자유주의가 새로운 제국주의 이데올로기라 하자. 사다리를 걷어차면 대한민국은 필연적으로 그 희생물이 될 수밖에 없는가? 만약 미국의 꽁무니를 따라가는 아제국주의亞帝國主義 국가로 성공할 수 있다면 어떻게 하는 게 좋은가? 보편적 진리와 선을 추구하는 코즈모폴리턴이라면 당연히 부당한 '사다리 걷어차기'에 맞서 싸워야 한다고 주장할 것이다. 그러나 직무에 충실한 대한민국 대통령이라면 그 반대쪽을 택하는 것이 옳을 수도 있다고 나는 생각한다.

많은 사람들이 장하준 교수의 책에서 한미FTA 반대론을 끌어낸다. 우리 국민들은 누구나 자신의 도덕적·정치적·철학적·이론적 견해와 경제적 손익계산에 입각해 한미FTA를 반대할 수도 있고 찬성할 수도 있다. 그러나 '사다리 걷어차기'를 비판하는 장하준의 보편타당한 이론을 쌍방 간의 관세·비관세 장벽의 폐지를 핵심 내용으로 하는 한미FTA 반대 논거로 사용하는 것은 일종의 '차원 혼동의 오류'에 해당한다고 나는 생각한다. 경제학자의 주장과 대통령의 선택을 같은 잣대로 재단해 규범적 평가를 하는 것은 합리적이지는 않다는 이야기다.

　장하준 교수의 신자유주의 비판은 일반적으로 받아들여지는 것과는 다른 측면에서 경청할 가치가 있다. 감세, 산업과 금융에 대한 규제 철폐, 민영화 등을 핵심으로 하는 신자유주의 경제정책은 개발도상국의 경제발전에 필요한 사다리를 걷어차는 것인 동시에 선진 산업국의 경제 안정성과 삶의 질을 해치며 지속적인 경제성장에 필요한 사회통합의 기초를 파괴한다. 장 교수의 책은 공정하지 못한 세계무역 질서에 대한 비판인 동시에 선진 산업국 내부의 불합리한 경제 질서와 경제정책에 대한 비판이다. 이 비판은 또한 이미 산업국의 대열에 들어선 한국 정부의 경제정책에 대한 적절한 비판일 수 있다. 그가 최근에 쓴 『다시 발전을 요구한다』를 이런 시각에서 살펴보면 정부의 경제정책 담당자들이 참고하면 좋을 내용을 여럿 발견할 수 있다.

　그런데 혹시 내가 장하준을 잘못 읽은 것은 아닐까. 다시 생각하고 거듭 읽어보았지만 그런 것 같지는 않다. 앞으로 장하준 교수가 일반론을 넘어 한국 경제의 특수성과 현주소에 딱 맞는 좋은 경제정책을 더 구체적으로 연구하고 제안하는 날이 오기를 기대한다.

지식소매상

국회의원 임기가 끝난 후 새 명함을 만드는데 마땅히 쓸 내용이 없었다. 소속한 정당이 없으니 다른 낙선한 정치인들과 달리 지구당위원장이나 중앙당 당직을 쓸 수 없었다. '전'前이라는 글자가 붙은 직함을 쓰는 것도 이상했다. 경북대학교에서 강의를 하기는 하는데, 시간강사라고 쓰자니 젊은 연구자도 아니고 나이 50이 된 사람으로서 어쩐지 마음이 추웠다. 그래서 며칠 고민 끝에 '지식소매상'이라고 적었다. 아래에는 블로그와 전자우편 주소만 표시했다.

'지식소매상'은 국세청에서는 아직 인정하지 않는 직업이다. 나는 세법상 개인사업자나 마찬가지로 매년 5월 말에 종합소득세 신고를 한다. 인세, 원고료, 강의료, 강연료 등은 학술 연구와 관련되어 있어서 수입 가운데 소득으로 인정해 과세하는 몫이 매우 적다. 소득세 실효세율이 모든 개인사업자 집단 가운데 제일 낮다는 이야기다. 사실 책을 구입하거나 여기저기 강의 다니면서 차비 쓰고 밥 사 먹고 잠자는 데 드는 것 말고는 특별히 비용이 들어갈 일이 없기 때문에 수입 대비 소득 인정 비율이 제일 낮은 건 이치에 맞지 않는 듯 보인다. 그렇지만 학문 연구와 저술 활동이 사회에 직간접적으로 좋은 외부효과를 준다는 이유로, 그런 활동을 권장하기 위해 국가가 세율을 낮게 적용하는 것이다. 게다가 대학과 출판사가 주는 강의료와 인세는 모두 세금이 원천징수되고 국세청에 통보된다. 그래서 나는 장부를 쓰지 않는다. 장부를 쓰는 비용을 절감하는 대신 소득세액의 10%를 가산해서 낸다. 국세청도 좋고 나도 편리하다.

 소매상은 최종소비자를 상대로 거래하는 유통업자를 말한다. 나는 전문가가 아닌 보통 시민들에게 지식을 판다. 어떤 때는 말로, 어떤 때는 글로 지식을 유통시킨다. 영어, 한문, 라틴어, 수학 등 학술 정보 생산에 필수적인 작업 도구를 충분히 보유하지 못했기 때문에 나는 새로운 지식을 생산할 능력이 없다. 학자들이 보는 전문 저널에 논문을 실을 실력도 되지 않는다. 역사책을 썼지만 아마추어 역사학도일 뿐이고 경제학 책을 내고 대학에서 강의를 하지만 어떤 확실한 전문 분야도 없는 얼치기 경제학도에 불과하다. 국회의원을 하고 장관을 했지만 지금은 '퇴출당한 전직 정치인'에 지나지 않는다. 가진 것이라고는 여러 분야 연구자와 전문가들이 생산한 새로운 지식과 정보 중에서 일반 시민들에게 필요하고 또 가치가 크다고 생각하는 것들을 정리하고 추려서 공급하는 능력밖에 없다.

 그렇지만 나는 지식소매상이라는 직업에 대해 제법 큰 자부심을 가지고 있다. 이것은 유명한 '맛집'을 경영하는 식당 주인 겸 주방장이 느끼는 자부심과 닮았다. 좋은 야채와 육류를 생산하는 농민이나 생산

기술을 연구하는 학자들도 훌륭하지만, 그들이 만들어낸 좋은 재료를 가져다 멋진 요리를 만들어 수준 높은 단골 고객들의 입맛을 사로잡는 주방장도 나름 괜찮지 않은가. 새로운 메뉴를 개발하고 기존의 메뉴를 혁신하고 남들이 다 쓰는 양념을 남들과 다른 자기만의 방법으로 배합하는 요리사의 능력은 다른 전문 직업인들의 고유한 능력과 동등한 가치를 지닌다고 나는 믿는다. 맛있는 음식으로 많은 고객들의 입을 즐겁게 하는 데서 기쁨을 얻는 맛집 주인처럼, 나도 재미있거나 유용한 지식을 많은 독자들과 나누어 가지는 데서 행복을 얻는다.

그런데 인문사회 분야 책을 쓰는 프리랜서 저술가는 높은 소득을 기대하지 않는다. 시장이 작기 때문이다. 그래서인지 살아가는 데 늘 무엇인가 조금씩은 부족하다. 지식소매상은 '결핍'과 더불어 사는 것을 자연스럽게 받아들인다. 결핍은 때로 삶을 불편하게 하지만 꼭 나쁘지만은 않다. 프리랜서 글쟁이로 살아가는 것은 새해 첫날 아침 잠자리에서 눈을 뜰 때, 다가올 한 해 동안 자기가 얼마의 돈을 벌게 될지 알 수 없다는 것을 의미한다. 아이들을 키우고 가정을 유지하고 어머니와 주변 사람들에게 인간의 도리를 하려면 돈을 벌어야 한다. 그러려면 잘 팔리는 책을 써야 한다. 독자들이 어떤 정보를 원하는지, 어떤 문제를 어떻게 다루어야 많은 독자를 불러 모을 수 있을지 매 순간 고민한다. 그러나 잘 팔리는 책을 써서 돈을 버는 것이 유일한 목표가 될 수는 없다. 다른 것도 아닌 '지식'을 파는 사람으로서의 알량한 자존심이, 그 책이 독자의 교양 향상에 도움이 되는 '좋은 책'일 것을 요구하기 때문이다.

　만약 내게 100억 원의 자산이 있다고 한다면? 그래도 지금처럼 심각하게 고민하면서 열심히 읽고 쓰면서 살게 될까? 아무래도 그렇지 않을 것 같다. 자산이 100억 원이라면 연이율 6%만 챙겨도 6억 원이다. 매월 5,000만 원 소득이 생기는 것이다. 부지런히 읽고 쓸 리가 없다. 책 쓰는 일로 돈을 벌지 않아도 풍족하게 살 수 있다면 느긋하게 읽고, 느긋하게 쓰고, 누가 그 책을 사든 말든 크게 신경 쓰지 않게 될 것이다. 그렇게 여유 만만 사는 것도 나쁘지는 않겠지만, 지금처럼 아등바등 일하면서 사는 것 역시 나름대로 행복한 인생이 아닌가 싶다.

　너무 혹독한 결핍은 사람을 좌절에 빠뜨리지만 적당한 결핍은 창조적 에너지를 일으킨다. 적당한 결핍을 느끼며 사는 오늘의 삶이 내게는 무척 소중하다.

에필로그
선과 선의 연대를 위하여

선과 악

"당신은 악^惡에 가담한 적이 있는가?" 누가 이렇게 묻는다면 무어라고 대답할까? 내 대답은 이렇다. "그렇습니다. 그런 적이 있습니다." 나는 딱 한 번 그런 적이 있다. 인간은 자기에게 불리한 사실은 쉽게 망각해버리는 '선택적 기억상실증'이 있는 동물이라 그것 말고 더 있는지도 모르겠지만 내 기억으로는 그렇다. 그때 나는 군대를 다녀온, 스물네 살 먹은 젊은이였다.

내가 '범죄'에 가담한 일은 많다. 나는 1970년대와 1980년대에 수도 없이 많은 '범죄행위'를 저질렀다. 존재 그 자체가 '범죄'였던 시기도 있었다. 정부를 비판하는 성명서를 쓰고, 유인물을 찍고, 집회와 시위를 선동하고, 화염병을 던지고, 반정부 활동을 하는 조직을 만들고, 정부가 판매 금지한 책을 읽었다. 그 모든 활동이 그 당시에는 국가보안법, 계엄법, 대통령 긴급조치, 집시법, 도로교통법을 위반하는 '범죄행위'였다. 그 때문에 계엄사와 경찰서, 구치소, 군법회의, 교도소 등 여러 국가기관의 밥을 축내기도 했다. 나는 그것이 모두 실정법

에필로그 _ 선과 선의 연대를 위하여

을 위반한 '범죄'였음을 인정한다. 그러나 악에 가담한 행위였다고 생각하지는 않는다. 오히려 선善을 이루기 위한, 우리 헌법의 정신과 국민주권을 실현하는 정당한 행위였다고 믿는다.

내가 가담한 악은 악인 동시에 실정법을 위반한 범죄였다. 그 일은 1983년 9월 서울대학교 교정에서 일어났다. 그때 다수의 서울대학교 학생들이 학생이 아니면서 학생 행세를 했다고 의심되는 사람들을 학생회관에 잡아두고 학생운동에 대한 정보수집 활동을 했는지 조사한다면서 폭행한 일련의 사건이 일어났다. 피해자는 네 명이었다. 당시 서울대 복학생협의회 대표였던 나는 이 사건을 주동한 혐의로 구속 기소되어 1년 동안 영등포구치소와 마산교도소 독방에서 수감 생활을 했다. 죄명은 '폭력행위 등 처벌에 관한 법률 위반'이었다. 이 '폭력 전과'는 공직 생활 내내 내 뒤를 따라다녔고, 앞으로도 죽을 때까지 따라다닐 것이다.

당시 경찰은 이 모든 사건을 내가 계획하고 지시하고 집행했다고 발표했다. 모든 언론이 경찰 발표를 그대로 받아 대서특필했다. 그러나 진실을 말하자면, 나는 이 네 사건 어디에도 주동적으로 관여하지 않았다. 직접 사람을 구금하거나 폭행하지 않았고, 다른 학생에게 그런 일을 지시한 적도 없었다. 첫번째 피해자는 하룻밤 잡혀 있었지만 심한 폭행을 당하지는 않았다. 나는 다음날 아침 그 사실을 알고 가족이 학교에 오도록 연락해서 그를 데려가도록 했다. 두번째 피해자는 반구금 상태에서 법과대학 학생들과 여러 날 동안 학교 안팎을 오가면서 함께 생활했다. 나는 그와 잠깐 이야기를 나눈 일밖에 없다. 그는 매우 건강한 상태로 지냈다. 세번째 피해자는 본 적도 없다.

문제는 네번째 피해자였다. 그는 하룻밤 감금되어 있는 동안 매우 심한 폭행을 당했다. 아침 이른 시간 학생회관에서 처음 보았을 때 그는 온몸이 멍들어 있었고 의식이 또렷하지 않았다. 나는 총장님께 부탁해 구급차를 불러 피해자를 서울대병원으로 이송시킨 다음 폭행에 책임이 있는 학생들이 스스로 나설 수 있도록 하려면 시간이 며칠 필요하다고 건의했다. 총장님은 사법 당국에 시간을 달라고 부탁했다. 그런 상황에서 경찰이 영장 없이 나를 체포했다. 당시 관악경찰서 수사과장으로서 조사를 지휘했던 분이 후일 밝힌 바에 따르면, 서울대 학생 조직 간부 가운데 미리 대피하지 않고 있다가 잡혀온 사람이 나 하나밖에 없어서 모든 것을 내가 주동한 것으로 엮었다고 한다.

많은 세월이 흘렀다. 나는 실정법 위반으로 처벌받기는 했지만, 당시에 내가 악한 사람이라거나 악에 가담했다고는 생각하지 않았다. 그런데 최근에 와서야 나는 내가 악한 사람이든 아니든, 실제로 악한 일을 했다는 사실을 깨달았다. 나는 악한 사람이 악한 짓을 하고 선한 사람은 선한 일을 한다고 믿었지만 진실은 그렇지 않았다. 악한 사람은 물론 기회 있을 때마다 악을 저지른다. 그런데 악하지 않은 사람도, 어떤 상황에서는 별 죄의식 없이 악을 저지른다. 어쩌면 선한 사람과 악한 사람을 선험적으로 분류할 수 없을지도 모른다.

26년 전 그때 상황으로 돌아가보면, 내가 악을 저지르고 있다는

에필로그 _ 선과 선의 연대를 위하여

것을 나는 인식하지 못했다. 나는 직접 사람을 잡아 가두지 않았다. 내가 때린 것도 아니었고, 다른 사람에게 그런 것을 시키지도 않았다. 그 일이 누군가에 의해 이미 벌어진 상황이었기 때문에, 그 사람들이 얻어맞지 않도록 '나름대로' 노력하고 '되도록' 빨리 그 사람들을 내보내려고 했을 뿐이다. 그러나 그것으로는 충분하지 않았다. 선을 행하려면 학생들이 누군가를 정보원으로 의심해 감금하고 있다는 사실을 안 바로 그 순간, 즉각 그들을 내보내도록 단호한 태도로 학생들을 설득했어야 했다. 내가 복학생협의회 대표였던 만큼, 후배 학생들이 그 말을 들어주었을 가능성이 충분히 있었다. 단단히 마음을 먹었다면 그렇게 할 수 있었을 것이다. 이런 상황에서는 적극적으로 선을 행하지 않으면 그게 악이 된다는 것을 나는 몰랐다.

밤에 밀폐된 공간에서 다수의 학생들이 한 사람을 '취조'하는 데는 폭력 행사가 따를 위험이 매우 높다는 것은 상식적으로 명확한 일이었다. 그런데도 나는 그 위험을 심각하게 느끼지 않았고, 감금 상태를 즉각 해소하기 위한 단호한 행동을 하지도 않았다. 그것이 내가 해야 할 일이라는 생각을 하지도 않았다. 결국 나는 악한 행동을 방조함으로써 악에 가담한 것이다. 지난 세월 나는 폭력범으로 징역을 산 것을 몹시 억울하게 여겼다. 그러나 지금 생각해보면 그게 꼭 억울한 일이었던 것만은 아니다. 경찰서 유치장 생활까지 합쳐서 약 13개월의 징역형을 살지 않았더라면, 악을 행하고도 그에 상응한 처벌을 받지 않은 데 따르는 괴로움을 지금 와서 더 크게 느꼈을지도 모르기 때문이다. 법에 따른 처벌을 받았다는 사실이, 그 처벌이 법리적으로 합당한 것이었는지 여부와는 별개로, 내가 저지른 악 때문에 느끼는 괴로움을 크게 덜어주었다.

악의 평범성

독일 태생 유대인으로 미국에 망명했던 정치학자 해나 아렌트Hannah Arendt는 『뉴요커』The New Yorker 특파원 자격으로 예루살렘을 방문해 유대인 대학살을 저지른 죄로 뒤늦게 체포된 나치 군대 중령 아돌프 아이히만Karl Adolf Eichmann의 전범재판을 취재했다. 1963년 아렌트는 이 재판 보고서를 토대로 삼아 『예루살렘의 아이히만』Eichmann in Jerusalem이라는 유명한 책을 냈다. 그는 여기서 '악의 평범성'the banality of evil이라는 개념을 제시했다. 아렌트가 본 아이히만은 '인간의 탈을 쓴 악마'나 '비정상적 살인광'이 아니었다. 그는 주어진 책무를 성실히 수행하고 상부의 명령에 복종한 평범한 군인이었을 뿐이다. 아이히만은 유대인을 학살하면서 아무런 양심의 고통을 느끼지 않았으며 오히려 그 명령을 정확하게 수행하지 못했더라면 양심의 가책을 느꼈을 것이라고 말했다. 타인의 고통과 슬픔에 공감하지 못하고 아무 생각 없이 위에서 내려온 명령을 실행한 것이 아이히만의 죄였다. 아렌트는 말했다. "누구나 아이히만이 될 수 있다."

정말 그렇다. 이 글을 쓰는 시점에서 이스라엘은 하마스 격퇴를

에필로그 _ 선과 선의 연대를 위하여

명분으로 팔레스타인 가자 지구를 폭격해 수백 명의 어린이와 노인, 여성들을 죽였다. 이스라엘 육군부대는 수백 명의 민간인을 건물에 몰아넣고 집중 포격을 가하는 끔찍한 집단학살극을 저질렀다. 아우슈비츠 희생자의 자손들이 60년 전 팔레스타인에 이스라엘을 세운 이래 이 지역에는 평화가 사라졌다. 그들은 히틀러와 나치 군대가 자기 조상들에게 했던 것과 비슷한 악을 저지르고 있다. 그것도 유대인에게 아무 해를 끼치지 않고 그곳에서 수천 년을 살았던 팔레스타인 사람들을 대상으로. 아렌트의 말처럼 "누구나 아이히만이 될 수 있"는 것일까.

1996년 미국 하버드대학의 젊은 교수였던 대니얼 골드하겐Daniel Goldhagen은 『히틀러의 자발적 사형집행인들』Hitler's Willing Executioners이라는 책 한 권으로 엄청난 국제적 논쟁을 불러일으켰다. '아주 평범한 독일인과 홀로코스트'라는 부제를 단 이 책에서 골드하겐은 단 하나의 의문을 해명하기 위해 입수할 수 있는 모든 자료를 다 뒤졌다. 그가 던진 질문은 아주 단순했다. '유대인 학살 명령이 왜 집행되었는가?' 골드하겐은 기존의 홀로코스트 연구가 학살 명령을 누가, 왜, 그리고 어떻게 내렸는지를 밝히는 데만 매달렸다고 비판하면서 독일인들이 그 비인간적이고 문명 파괴적인 학살 프로젝트를 왜 집행했느냐를 해명하는 것이 그 못지않게 중요하다고 주장했다.

골드하겐이 학살에 가담했던 독일 군인들의 편지와 재판기록, 면담기록, 증언 등을 남김없이 검토한 끝에 내린 결론은 충격적이었다. 그들은 대부분 정신적으로 건강한 보통 독일인이었다. 학살 명령을 거부한다고 해서 나치 군대가 무거운 처벌을 한 것도 아니었다. 독일을 포함해서 서유럽 전체에 반유대주의가 뿌리 깊게 존재하고 있었고 평범한 독일의 시민들이 여기에 감염되어 있었기 때문에 히틀러의 학살 명령을 나름의 사명감에 따라 기꺼이 집행했다는 것이 골드하겐의 주장이었다.

히틀러의 유대인 대학살은 오늘날 생존하고 있는 인간이 직접 체험한 가장 끔찍하고 극단적인 악행이었다. 나는 이것이 오래전 유럽에서 일어났기 때문에 흥미를 가지기는 했지만 나하고는 좀 거리가 먼 역사적 사건으로 받아들였다. 그러나 미국의 저명한 심리학자 필립 짐바르도Philip Zimbardo의 책 『루시퍼 이펙트』Lucifer Effect를 읽으면서 그렇지 않다는 사실을 깨닫게 되었다. 이 책의 부제는 '무엇이 선량한 사람을 악하게 만드는가'이다. 짐바르도 박사는 이 책에서 1971년 스댄피드대학에서 실시했던 모의 교도소 실험의 내용을 35년 만에 처음으로 상세하게 공개했다. 그는 실험에서 얻은 결론을 이렇게 요약했다. "악한 시스템이 만들어낸 악한 상황이 선한 사람을 악하게 만든다."

이 실험에 참여한 사람들은 방학을 이용해 학비를 벌려고 자원한 평범하고 선량한 대학생들이었다. 실험팀은 추첨을 통해 무작위로 교도관 역할과 수감자 역할을 맡을 사람을 나누었다. 그런데 불과 며칠 지나기도 전에 교도관 역을 맡은 대학생들은 대부분 수감자를 정신적·육체적으로 학대하면서도 죄의식을 느끼지 못하는 악당으로 변했다. 수감자 역할을 맡은 학생들은 대부분 인간적 자존감과 정신적 평정을

에필로그 _ 선과 선의 연대를 위하여

상실하고 학대를 받아들이는 평범한 죄수로 변해갔다. 소수의 실험 참가자만이 죄의식을 느끼거나 학대에 저항했다. 짐바르도 박사는 1주일도 지나기 전에 실험을 중단해야 했다. 이 실험에서 얻은 결론은 명확했다. 악한 행동을 만드는 요소는 세 가지다. 사람, 상황, 그리고 시스템. 악한 시스템이 지속적으로 악한 상황을 만들어내면 선한 사람도 악을 저지른다. 비유적으로 말하면 '썩은 사과 상자'에 들어가면 '멀쩡한 사과'도 '썩은 사과'가 된다는 것이다.

짐바르도 박사는 2004년 이라크 아부그라이브 교도소에서 벌어진 미군의 포로 학대 사건 조사에 참여했다. 기소된 미군 병사들을 인터뷰하고 법정에서 그들을 위해 증언했다. 그는 아부그라이브 교도소에서 일어난 악행의 책임이 부시 대통령과 럼즈펠드 Donald Rumsfeld 국방장관에게 있다고 보았다. 거짓 정보를 퍼뜨리면서 명분 없는 이라크 전쟁을 일으키고, 혐의가 분명치 않은 이라크 국민들을 마구잡이로 체포해 생활환경이 극도로 나쁜 교도소에 가두고, 정보를 얻기 위해 그들을 학대하도록 지시한 것이 여기서 일어난 악의 근원이었다는 것이다. 미국 정부는 기소된 병사들을 '썩은 사과'로 취급했다. 그러나 악을 불러온 진짜 원인은 부시 대통령과 럼즈펠드 국방장관 등 미국 행정부 고위 관리들이 일으킨 이라크전쟁과 아부그라이브 교도소의 상황이었다. 그 악한 시스템과 상황이 선량한 병사들로 하여금 죄의식 없이 악을 저지르게 만든 것이다. 아부그라이브 교도소와 스탠퍼드대학 모의 교도소에서 저질러진 악은 내용과 형식 모두가 똑같았다.

후불제 민주주의

　26년 전 나는 죄의식 없이 악에 가담했다. 수사기관의 정보원으로 의심받은 사람들을 감금하고 폭행한 다른 학생들 역시 자기가 악을 저지르고 있다는 사실을 의식하지 못했을 것이다. 그들은 선량하고 평범한 대학생들이었을 뿐이다. 우리를 그렇게 만든 것은 '악한 상황'이었다. 대학생들은 민주주의를 찾기 위해 군사독재 정권과 싸우고 있었다. 학생들은 시위를 할 때마다 많은 동료를 잃었다. 그들은 안기부와 보안사의 지하 조사실, 치안본부와 경찰청의 대공분실에 불법 감금된 채 모욕받고 고문당했다. 스스로 목숨을 끊거나 살해되기도 했다. 그곳은 전두환 정권의 아부그라이브 교도소였다.

　반면 대학 교정은 정부 규탄 집회와 시위를 할 수 있는 유일한 공간이었다. 정부는 이 공간을 '좌익 세력의 해방구'라고 불렀다. 공안기관의 지시를 받는 정보원늘이 밤낮 없이 이 '해방구'에 잠입해 학생 조직의 활동에 대한 정보를 수집했다. 이것이 우리가 '악한 행동'을 하게 만든 '악한 시스템과 악한 상황'이었다. 우리는 독재 정권과 '전쟁'을 하고 있었다. 아부그라이브 교도소에서 미군이 저지른 악에 대항하기 위해 바그다드 시장 골목에 지뢰를 매설한 무슬림 전사들처럼, 우리도 군사독재 정권이라는 악에 대항하기 위해 사람을 감금하고 폭행했던 것이다. 그들이 공안기관의 정보원이든 아니든 상관없이, 다수의 힘으로 한 사람을 감금하고 폭행한 것은 명백한 악이었다. 우리는 '독재 정권에 대한 투쟁'이라는 선한 목적을 들어 악한 방법을 정당화했다. 오랜 세월이 지났지만, 그때 서울대학교 학생회관에 감금된 채 폭행당하

에필로그 _ 선과 선의 연대를 위하여

고 공포감에 떨어야 했던 그 피해자들이 우리가 저지른 악을 용서하기를 부탁드린다.

선한 목표, 악한 방법

최근 몇 년 동안 여러 건의 재심 사건 무죄 판결이 나왔다. '한국판 마타하리'라 일컬어졌던 '여간첩 김수임 사건'은 조작으로 드러났다. '여간첩 수지 김'으로 알려진 김옥분 씨도 조작된 간첩이었음이 밝혀졌다. 대한민국 현대사의 가장 유명한 '이중간첩 이수근 사건'도 조작으로 판명되었고 그를 도운 혐의로 사형과 무기징역을 선고받았던 처조카 배경옥 씨는 40년 만에 무죄 판결을 받았다. 민청학련 사건의 배후로 몰려 일곱 명이 사형되었던 소위 인혁당 관련자들도 재심에서 무죄 판결을 받았고 주로 학교 선생님들이었던 '오송회 사건' 관련자들도 무죄 판결을 받았다. 한때 나라를 떠들썩하게 만들었던 여러 건의 납북 어부 간첩단 사건도 재심에서 속속 무죄 판결을 받았다.

이들 사건의 판결문을 보면 대부분이 원래부터 간첩 활동을 한 증거가 없었고, 피고인들은 장기간 불법 감금과 혹독한 고문 끝에 나온 앞뒤 맞지 않는 허위 진술을 했다. 공안검사는 이를 근거로 기소했고 판사들은 증거도 없이 유죄를 선고했다. 이 사건들은 대한민국 건국 이래 국가권력이 저지른 가장 끔찍한 악행에 속한다. 선량한 대한민국의 국민에게 간첩 혐의를 뒤집어씌워 불법 감금하고 고문하고 모욕한 것이다. 많은 이들이 사형되거나 고문 후유증 때문에 감옥에서 죽었다. 풀려난 경우에도 평생 병마와 싸우면서 멸시와 가난에 시달려야 했다. 부자가 연을 끊었고 부부가 갈라섰으며 자녀들이 '간첩의 자식'이라는 누명을 견디다 못해 정신을 놓았고 자살을 했다. 재심에서 무죄 판결을 받았지만 얼마간의 국가배상금이 황폐해진 그들의 인생을 보상해줄 수는 없는 일이다.

누가 이런 악을 저질렀는가? 중앙정보부에서 출발해 국가안전기획부를 거쳐 국가정보원으로 이름이 바뀐 대한민국 최강 정보기관과 경찰 대공수사부서, 검찰 공안부 그리고 법원이 합작해 악을 저질렀다. 여기 가담한 사람들을 '타고난 악당'으로 보기는 어렵다. 그들은 듬직한 남편이자 자상한 아버지였을 수 있다. 지난 시절 공안기관의 고문자들은 '반체제 인사'를 칠성판에 묶어두고 물고문, 전기고문을 하는 와중에도, 잠깐씩 아내에게 전화를 걸어 아들의 시험 성적이 올랐는지 묻고 자기네끼리 자식 걱정을 나누는 평범한 아버지들이었다. 그들은 또한 너그러운 이웃이고 의리 있는 친구였을 수 있다. 그저 상부의 명령을 충실하게 수행한 유능한 공무원이었을지 모른다. 약간의 공명심과 진급에 대한 욕심 때문에, 또는 국가 안보를 지킨다는 나름의 애국심 때문에 간첩을 만들어냈을 수도 있다. 그러나 어쨌든 그들은 결코 지울 수 없는 악을 저질렀다.

그 책임을 그들에게만 묻는 것은 옳지 않다. 없는 간첩을 억지로 만들어내도록 악한 상황을 조성한 것은 박정희, 전두환으로 이어진 독

에필로그 _ 선과 선의 연대를 위하여

재 권력이었다. 그들에게 대한민국은 북한과 전쟁 중에 있는 나라였다. 국가 안보에 보탬이 된다면 없는 간첩을 만들어내고 선량한 국민을 죽이는 것쯤은 큰 문제가 될 수 없었다. 그들은 이렇게 해서 국민을 겁주고 반정부 세력을 탄압하고 언론 자유를 봉쇄했다. 정보기관과 공안기관 종사자, 공안검사, 그리고 판사 들은 바로 이런 상황에서 여러 가지 말로 스스로를 위로하거나 속이면서 무고한 시민을 간첩으로 만들고 그 가족까지 파멸로 몰아넣은 것이다. 재심 재판부가 무죄를 선고하면서 사법부를 대신해 사과했지만 누구도 그 악의 책임이 자기에게 있다고 말하지 않는다.

제2차 세계대전이 끝난 후 열린 도쿄전범재판에서 도조 히데키東條英機 수상을 비롯한 일본 내각 각료들은 자기네가 침략전쟁을 공모하지 않았다고 주장했다. 자기가 진주만 공격을 결정했다고 시인하는 사람도 없었다. 그들의 말을 인정한다면 상황이 그런 방향으로 흘러갔고 각자 '이심전심' 그런 분위기에 따라갔을 뿐이다. 실제 그랬을 수도 있다. 나는 독일 유학 중이던 1990년대 중반 옛 동독 첩보기관 슈타지Stasi(국가보위부) 정보책임자였던 마르쿠스 볼프Markus Wolf가 텔레비전 토론회에 나와 이렇게 말하는 것을 들었다.

독일민주공화국(동독)은 인권을 억압하는 체제였다. 일부러 그러려고 한 것은 아니었다. 그런데 어느 시점에서부터 그렇게 되고 말았다. 인민들에게 미안하게 생각한다. 우리가 왜 그렇게 되었는지 성찰하고 분석하는 중이다. 원인과 경위를 파악하면 말씀드리도록 하겠다.

　30년 가까이 동독의 '스파이 왕'으로 암약했던 정보기관 수장이 공개적으로 인권 탄압을 시인하고 사과하는 것이 우선 놀라웠다. 박정희 시대 중앙정보부장이나 전두환 시대 안기부장을 지낸 분이 많은데 그 누구도 인권 탄압 사실을 시인하거나 사과하는 것을 보지 못했기 때문이다. 그런데 더 놀라운 것은 그러한 체제범죄 또는 조직적인 악을 저지른 책임자 자신이 그런 것을 의도하지 않았으며 왜 그렇게 되었는지 모르겠다고 말하는 장면이었다. 그마저 모른다면 도대체 누가 안다는 말인가. 볼프는 결국 자기가 어떤 깨달음을 얻었는지 밝히지 않은 채 세상을 떠났다.
　도조 히데키와 마르쿠스 볼프는 '나름의 진실'을 말했다고 나는 생각한다. 그들은 애국하려는 좋은 동기를 지녔을 수 있다. 국민을 위하고 사랑하는 마음이 있었을 수도 있다. 그렇지만 그들이 악한 시스템을 구축하고 악한 상황을 만들어냄으로써 선량한 사람들이 악을 저지르게 만들었다는 사실이 달라지지는 않는다. 그들이 선한 동기에 이끌렸는지 여부는 확실하게 말하기 어렵지만, 그들이 악한 시스템과 나쁜 방법을 선택했다는 사실은 분명하다. 제도화된 악은 나쁜 동기 때문만이 아니라 나쁜 방법을 선택함으로써 만들어지기도 한다.
　2009년 1월 용산 4지구 재개발 지역에서 벌어진 참극은 선한 사람도 악을 저지르게 만드는 악한 시스템의 부활을 예고했다. 사람이 여섯 명이나 죽었지만 아무도 책임지지 않았다. 대통령과 장관과 경찰청장의 입에서는 단 한마디 진심 어린 위로와 사과의 말도, 인간적 괴로움을 토로하는 한탄도 나오지 않았으며 오로지 '법질서 확립'과 '떼법 근절'처럼 국민을 위협하는 말만이 서슬 퍼런 칼처럼 난무했다. 그들은 '강자의 지배'를 '정의'와 동일시하고 국민주권 행사를 체제 전복 행위로 간주하는 사악한 체제를 복구하기 위해 경찰력과 최루탄으로 대한민국을 '포맷'하려 할 것이다.

선의 연대와 민주주의

나치가 공산주의자를 잡아갔을 때
나는 아무 말도 하지 않았다
나는 공산주의자가 아니었으니까
그들이 사민주의자를 가두었을 때
나는 침묵했다
나는 사민주의자가 아니었으니까
그들이 노동조합원을 체포했을 때
나는 항의하지 않았다
나는 노동조합원이 아니었으니까
그들이 유대인을 잡아갔을 때

후불제 민주주의

나는 방관했다
나는 유대인이 아니었으니까
그들이 나를 잡아갔을 때는
항의할 수 있는
그 누구도 남아 있지 않았다

평화와 사회정의 실현에 대한 교회의 적극적인 책임과 참여를 설파했던 독일의 저명한 신학자 마르틴 니묄러Martin Niemöller가 썼다고 알려진 이 '시'는 여러 문명국가의 교과서에 수록되어 있으며 세계의 지식인들 사이에 널리 인용된다. 포털 사이트의 블로그를 검색해보면 우리나라에서도 수많은 네티즌들이 이것을 읽고 공감하고 퍼 나르는 중이다. '처음 그들이 왔을 때'라든가 '다음은 우리다'라는 등의 제목이 붙은 경우도 있다.

하지만 니묄러는 이 '시'를 쓴 적이 없다. 이것은 애초부터 '시'가 아니었다. 독일 '마르틴 니묄러 재단'은 홈페이지www.Martin-Niemoeller-Stiftung.de에서 이 유명한 '인용문' das Zitat이 만들어진 경위를 밝히고 있다. 니묄러는 1976년 카이저스라우테른의 어느 교회 부활절 예배에서 설교를 한 다음 신도들과 간담회를 했다. 그때 누군가 독일 교회가 1933년 나치의 공산주의자 대숙청 때부터 사태의 심각성을 파악하고 무언가를 했더라면 좋았을 것 아니냐고 물었다. 니묄러는 이렇게 대답했다. "공산당이야 교회의 친구가 아니라 그 반대였지. 그래서 우린 입

에필로그 _ 선과 선의 연대를 위하여

을 다물고 있었던 겁니다."

이 간담회와 관련한 어떤 기록도 남아 있지 않다. 니묄러도 생전에 자기가 어떤 표현을 썼는지 정확하게 기억하지 못한다고 말했다. 그러나 그 발언의 취지는 분명했다. 공산주의자든 사민주의자든 노동조합원이든, 그 모두에게 일어난 일이 교회와는 관계없다고 생각해서 그냥 내버려두었다는 것이다. 니묄러의 이 말은 입에서 입으로 전해졌다. '공산주의자'가 있던 자리에 '사민주의자'와 '노동조합원', '유대인'이 들어왔다. 집시든 동성애자든 장애인이든 나치가 학살한 모든 집단을 거기 넣을 수 있다. '니묄러의 시'는 일종의 집단창작 과정을 거쳐 오늘의 형태가 된 것이다.

나쁜 시스템이 악한 상황을 만들면 선량하고 평범한 사람도 악을 저지르게 된다. 그러나 아무리 나쁜 시스템과 상황 속에서도 선을 행하는 사람들이 있다. 이런 사람들이 없다면 악한 시스템과 그것이 만드는 악한 상황은 영원히 끝나지 않을 것이다. 문명의 역사는 악한 시스템과 악한 상황이 영원히 계속되지는 않는다는 것을 입증한다. 우리들의 일상적 생활공간에는 선을 행하는 무수한 사람들이 있다. 그들은 악을 저지르는 사람만큼이나 평범하다.

눈 내리는 새벽 비탈진 산중턱 장애인 생활시설에 제설 작업 도구를 들고 찾아오는 회사원들이 있다. 홀로 사는 가난한 노인들의 말벗이 되기 위해 주말마다 달동네 가파른 골목을 오르는 여고생들이 있다. 자기 돈을 들여 임대한 스쿠버 장비를 등에 지고 호수 밑바닥 폐그

후불제 민주주의

물과 쓰레기를 치우는 청년들이 있다. 눈보라 치는 종묘공원에서 노숙자들을 위해 밥을 짓고 국을 푸고, 사라져가는 뭇 생명을 지키기 위해 끼니를 끊고 삼보일배를 하는 종교인들이 있다. 평생 모은 재산을 다 쏟아 부어 재능이 있지만 가난한 젊은이들에게 장학금을 주는 기업인들이 있다. 더 공정하고 평등한 세상을 만들기 위해 최저생계비도 안 되는 급여를 받으며 일하는 시민단체 활동가들이 있다. 해고의 위협을 감수하면서 언론 자유를 위해 파업하는 기자들이 있다. 사상과 표현의 자유를 실현하기 위해 구속을 각오하고 권력과 맞서는 사람들이 있다. 선을 행하는 사람이 이렇게 많은 세상에서 평범한 사람이 악을 저지르게 만드는 악한 시스템이 생겨나고 존속된다는 사실이 때로 잘 믿기지 않는다. 그러나 우리는 지금 악한 상황을 만드는 악한 시스템이 강력하게 작동하는 현실을 체험하고 있다.

악한 목표를 내걸고 악한 시스템을 만드는 일은 잘 일어나지 않는다. 그렇게 해서는 대중을 속일 수 없기 때문이다. 악한 시스템은 거의 언제나 선한 목적을 위해 악한 방법을 정당화함으로써 만들어진다. 악한 시스템을 만드는 권력자들은 '경제적 번영', '자유민주주의 수호', '법치주의 확립', '국가의 정통성'과 같은 선한 목표를 내세우면서 국민 개개인의 자유와 권리를 억압하고 불평등과 불공정을 조장한다. 그들은 자유민주주의를 내걸고서 표현의 자유를 제한하고 언론의 독립성을 목 조른다. 법률의 이름으로 인권을 모욕하며, 국가 안보를 내세워 평화를 위협한다.

에필로그 _ 선과 선의 연대를 위하여

　독일 바이마르공화국은 각성한 국민의 뜻과 힘보다는 권력자의 선의에 의존하는 '후불제 민주공화국'이었기에 나치에게 힘없이 자리를 내주었다. 대한민국 민주주의도 지난 10년간 헌법의 정신과 민주적 절차를 존중하려는 권력자의 선의에 크게 의존하면서 발전해왔다. 이제 우리의 민주주의도 시험에 들었다. 민주주의를 존중하려는 선의가 거의 없어 보이는 권력의 도전에 맞서, 우리는 우리의 민주공화국을 지키고 발전시켜야 한다.
　도대체 누가 어떻게 이 일을 할 수 있을까? 아무리 생각해도 다른 길이 없다. 악한 시스템이 만들어내는 악한 상황을 종식시키려면 선을 행하려는 의지를 가진 평범한 사람들이 서로 손잡는 수밖에 없다. 그렇게 하지 않으면 '처음 그들이 왔을 때' 나와는 아무 관계도 없어 보이던 악한 상황이 언젠가는 나와 내 가족을 덮칠 것이다. '다음은 우리 차례'가 되는 것이다. '남무南無라는 닉네임을 쓰는 블로거가 낸 아이디어를 받아 '니묄러의 인용문'을 다음과 같이 바꾸어본다. 이런 후회를 하지 않으려면 '선善의 연대'를 만들어야 한다. 악한 시스템을 무너뜨림으로써 선을 실현하려는 거대한 시민 행동을 조직해야 한다.

그들이 광우병 국민대책회의를 수배했을 때
나는 아무 말도 하지 않았다
나는 시민단체 회원이 아니었으니까
그들이 유모차 엄마를 기소했을 때

후불제 민주주의

나는 침묵했다
나는 촛불집회에 가지 않았으니까
그들이 전교조를 압수수색했을 때
나는 항의하지 않았다
나는 노동조합원이 아니었으니까
그들이 시민들을 불태워 죽였을 때
나는 방관했다
나는 철거민이 아니었으니까
마침내 그들이 내 아들을 잡으러 왔을 때는
나와 함께 항의해줄
그 누구도 남아 있지 않았다